科技与制度创新研究丛书
广州大学广州发展研究院文库

涂成林 等\著

本作品受『广州市宣传文化出版资金』资助

自主创新的制度安排

以广州为例

图书在版编目（CIP）数据

自主创新的制度安排／涂成林著.
—北京：中央编译出版社，2010.12
ISBN 978-7-5117-0644-7

Ⅰ.①自⋯
Ⅱ.①涂⋯
Ⅲ.①技术革新－制度－研究
Ⅳ.①F062.4

中国版本图书馆 CIP 数据核字（2010）第 224874 号

自主创新的制度安排

出 版 人	和 龑
责任编辑	董 巍
责任印制	尹 珺
出版发行	中央编译出版社
地 址	北京西单西斜街 36 号（100032）
电 话	（010）66509360（总编室）（010）66509366（编辑室）
	（010）66161011（团购部）（010）66130345（网络销售）
	（010）66509364（发行部）（010）66509618（读者服务部）
网 址	www.cctpbook.com
经 销	全国新华书店
印 刷	北京金瀑印刷有限责任公司
开 本	787×1092mm 1/16
字 数	300 千字
印 张	23
版 次	2011 年 1 月第 1 版第 1 次印刷
定 价	68.00 元

本社常年法律顾问：北京大成律师事务所首席顾问律师　鲁哈达
凡有印装质量问题，本社负责调换，电话：（010）66509618

广州市哲学社会科学规划课题
广州市宣传文化出版资金资助

广东省高校人文社会科学重点研究基地研究成果
广州大学广州发展研究院文库

目录
CONTENTS

第一章 绪论 ·· 1

  第一节 研究背景与意义 ·· 2

    一、研究背景 ·· 2

    二、研究意义 ·· 7

  第二节 国内外研究成果综述 ··· 10

    一、国外文献综述 ·· 10

    二、国内文献综述 ·· 18

  第三节 基本内容与结构 ·· 27

  第四节 研究的基本方法 ·· 33

    一、文献研究法 ·· 33

    二、科学抽象法 ·· 33

三、案例研究法 …………………………………………… 34
　　四、比较研究法 …………………………………………… 34

第二章　自主创新与制度安排的一般理论 …………………… 35
第一节　创新与制度基本概念的界定 …………………… 36
　　一、创新、技术创新与自主创新 ………………………… 36
　　二、制度、制度安排与制度创新 ………………………… 40
第二节　创新与制度理论的历史演进 …………………… 44
　　一、技术创新理论的历史演进 …………………………… 44
　　二、制度理论的历史演进 ………………………………… 46
　　三、国家创新系统理论的历史演进 ……………………… 50
第三节　技术创新与制度创新的关系理论 ……………… 53
　　一、凡勃仑和埃尔斯的"技术决定论" …………………… 54
　　二、诺思的"制度决定论" ………………………………… 56
　　三、拉坦的"互不决定论" ………………………………… 58
　　四、马克思的"辩证关系论" ……………………………… 59
第四节　技术创新与制度创新的基本关系 ……………… 61
　　一、技术创新与制度创新的相互作用机理 ……………… 61
　　二、自主创新需要制度创新做保障 ……………………… 62

第三章　自主创新的制度结构 ………………………………… 67
第一节　自主创新制度结构的内涵 ……………………… 68
　　一、自主创新制度结构概念的演变 ……………………… 68
　　二、自主创新制度结构的主要特点 ……………………… 69
　　三、自主创新制度结构的要素构成 ……………………… 71
第二节　自主创新制度结构的功能与动力机制 ………… 73
　　一、自主创新制度结构的基本功能 ……………………… 73

二、自主创新制度结构演进的动力机制 ………………………… 80
　第三节　影响自主创新的各种制度安排 ……………………………… 82
　　一、产权制度 …………………………………………………… 82
　　二、市场制度 …………………………………………………… 84
　　三、风险投资制度 ………………………………………………… 86
　　四、政府采购制度 ………………………………………………… 87
　　五、企业研发制度 ………………………………………………… 89
　　六、财政投入与税收优惠制度 …………………………………… 90
　　七、合作创新制度 ………………………………………………… 93
　　八、创新文化 …………………………………………………… 96

第四章　创新主体在制度安排中的功能定位 …………………… 99
　第一节　创新主体的内涵与类型 …………………………………… 100
　　一、创新主体的内涵 …………………………………………… 100
　　二、创新主体的类型与角色定位 ……………………………… 100
　第二节　不同创新主体的功能定位 ………………………………… 103
　　一、政府的功能定位 …………………………………………… 103
　　二、企业的功能定位 …………………………………………… 111
　　三、科研机构的功能定位 ……………………………………… 115
　　四、高等院校的功能定位 ……………………………………… 117
　　五、科技中介组织的功能定位 ………………………………… 120
　第三节　不同主体之间的相互作用机制 …………………………… 124
　　一、政府制度安排对其他主体创新活动的直接影响 ………… 125
　　二、科技中介组织是各主体间有效合作的重要纽带 ………… 126
　　三、企业与科研机构、高等院校的产学研合作模式 ………… 126
　　四、科研机构与高等院校的合作与竞争 ……………………… 127

第五章 国家创新体系建设的实践与经验 … 129

第一节 国家创新体系的概念、内涵、结构与模式 … 130
一、国家创新体系的概念 … 130
二、国家创新体系的内涵 … 131
三、国家创新体系的系统结构 … 132
四、国家创新体系的模式 … 134

第二节 我国国家创新体系的发展与现状 … 135
一、我国国家创新体系发展历程 … 135
二、我国国家创新体系建设的现状 … 137

第三节 典型国家建设国家创新体系的经验 … 141
一、美国的国家创新体系 … 141
二、英国的国家创新体系 … 145
三、日本的国家创新体系 … 149
四、韩国的国家创新体系 … 152
五、芬兰的国家创新体系 … 156

第四节 典型国家创新体系建设的启示 … 159
一、保持对自主创新的高强度高投入 … 159
二、建立开放的有活力的创新体系 … 160
三、政府要发挥积极的关键作用 … 161
四、建立宽松的创新环境与氛围 … 162
五、推动企业成为真正的创新主体 … 162
六、发挥军民科技资源的集成融合效应 … 164
七、加强对高端创新人才的培养与引进 … 165
八、建立符合本国国情的创新体系模式 … 165

第六章 原始创新的制度安排 … 167

第一节 原始创新的内涵与意义 … 168
一、原始创新的内涵 … 168
二、原始创新在自主创新体系中的作用 … 170

第二节 我国原始创新的制度障碍 … 173
一、我国原始创新的成效与不足 … 173
二、我国原始创新能力不足的制度根源 … 178

第三节 提升原始创新能力的制度设计建议 … 182
一、完善创新激励机制,降低原创成果的外部性 … 182
二、健全评估体系,提高科技资源的配置效率 … 182
三、创新人才机制,构建杰出科学家"人才链" … 184
四、拓展开放交流合作,提高创新效率 … 185

第七章 集成创新的制度安排 … 187

第一节 集成创新的内涵与类型 … 188
一、集成与集成创新 … 188
二、集成创新的基本类型 … 190

第二节 我国集成创新的现状分析 … 193
一、我国集成创新的主要模式 … 193
二、我国集成创新存在的缺陷 … 200
三、制度缺陷的成因分析 … 202

第三节 加强集成创新制度建设的建议 … 205
一、政府层面的制度建设 … 205
二、企业层面的制度建设 … 209

第八章 引进消化再创新的制度安排 ………………………… 213

第一节 引进消化再创新的理论前提 ……………………… 214
一、技术差距论 …………………………………………… 214
二、需求资源理论 ………………………………………… 215
三、后发优势理论 ………………………………………… 216
四、技术模仿理论 ………………………………………… 219

第二节 我国引进消化再创新的背景与发展阶段 ………… 220
一、我国引进消化再创新的意义 ………………………… 220
二、我国引进消化再创新的发展阶段 …………………… 223

第三节 我国引进消化再创新的现状分析 ………………… 225
一、我国引进消化再创新的基本政策 …………………… 225
二、我国引进消化再创新取得的成绩 …………………… 232
三、我国引进消化再创新存在的问题 …………………… 235
四、我国引进消化再创新的制度缺陷 …………………… 237

第四节 我国引进消化再创新的制度安排建议 …………… 241
一、完善政府的规划引导与宏观管理 …………………… 241
二、加大并落实对引进技术消化再创新的财税优惠政策 … 242
三、培育引进消化再创新的主体及中介组织 …………… 244
四、强化引进消化再创新的配套经济政策建设 ………… 244
五、注重国际技术合作与国内产学研合作 ……………… 246

第九章 自主创新研发阶段的制度安排 …………………… 249

第一节 自主创新研发阶段的内涵及其特点 ……………… 250
一、自主创新研发阶段的内涵 …………………………… 250
二、自主创新研发阶段的主要特点 ……………………… 251

第二节 研发阶段对制度安排的要求 …………………………… 254
　一、企业必须成为研发活动的主体 ……………………………… 254
　二、政府必须强力支持研发活动 ………………………………… 254
　三、建立完善的开放的研发联盟机制 …………………………… 255
　四、可行的吸引人才的战略和机制 ……………………………… 258
　五、完善的知识产权保护制度 …………………………………… 259

第三节 我国自主创新研发阶段的制度缺陷 …………………… 260
　一、整体研发投入强度不足,结构不尽合理 …………………… 260
　二、企业未能担当起真正研发主体的角色 ……………………… 262
　三、政府财政研发投入明显不足 ………………………………… 263
　四、体制弊端导致研发效率明显偏低 …………………………… 264
　五、人才激励机制缺乏导致人才外流严重 ……………………… 265

第四节 自主创新研发阶段的制度设计建议 …………………… 267
　一、建立对企业管理层新的激励与考核机制 …………………… 267
　二、建立政府研发资金投入机制和绩效考核机制 ……………… 269
　三、创新科研体制,培养创新文化 ……………………………… 270
　四、建立产学研合作开放的研发联盟体系 ……………………… 271
　五、建立合理的研发人员激励制度安排 ………………………… 272
　六、建立高效的研发管理体系 …………………………………… 273

第十章 自主创新孵化阶段的制度安排 …………………… 277

第一节 自主创新孵化阶段的内涵及模式 ……………………… 278
　一、自主创新孵化阶段的基本内涵 ……………………………… 278
　二、自主创新孵化阶段的主要模式 ……………………………… 279

第二节 孵化阶段对制度安排的要求 …………………………… 283
　一、有完善的孵化器制度,具有良好的孵化平台 ……………… 283
　二、有完善的风险投资体系,种子资金充足 …………………… 284

三、有政府强有力的政策支撑与扶持 …………………………………… 286
　　四、有严格的知识产权保护制度 ………………………………………… 287
　　五、有门类齐全的科技中介服务体系 …………………………………… 288
　　六、有勇于创业、容忍失败的良好社会环境 …………………………… 289
　第三节　我国自主创新孵化阶段的制度缺陷 ……………………………… 290
　　一、孵化器管理的制度性缺陷造成较低孵化能力 ……………………… 290
　　二、风险投资发育不善导致孵化融资困难 ……………………………… 291
　　三、科技体制的制约造成创新成果与市场严重脱节 …………………… 292
　　四、激励与保障制度缺失致使成果孵化动力不足 ……………………… 293
　　五、科技中介服务体系尚不完善 ………………………………………… 294
　第四节　自主创新孵化阶段的制度设计建议 ……………………………… 295
　　一、大力发展企业孵化器，构建良好的创业平台 ……………………… 295
　　二、建立并完善风险投资体制，拓宽投融资渠道 ……………………… 298
　　三、建立和完善知识产权制度，保护创新的合法权益 ………………… 299
　　四、完善科技中介服务体系，推动创新成果的孵化进程 ……………… 300
　　五、继续推进科技体制改革，改革创新成果评价体系 ………………… 301
　　六、合理分摊孵化成本，构建良好的创业生态 ………………………… 302
　　七、强化创新主体合作，构建"官产学研金"合作体系 ……………… 303

第十一章　自主创新成果市场化阶段的制度安排 …………………… 305
　第一节　自主创新成果市场化的内涵与特点 ……………………………… 306
　　一、自主创新成果市场化的基本内涵 …………………………………… 306
　　二、自主创新成果市场化阶段的特点 …………………………………… 307
　　三、影响自主创新成果市场化的主要因素 ……………………………… 308
　第二节　市场化阶段对制度安排的要求 …………………………………… 309
　　一、具有市场化初期风险投资的有效介入机制 ………………………… 309
　　二、具有多层次多渠道的资本市场体系 ………………………………… 310

三、具有完善的中小企业征信担保服务体系 ………………… 311
四、具有完善的税收优惠政策体系 …………………………… 313
五、具有公共财政采购创新产品的制度安排 ………………… 314
六、具有严格的专利保护制度体系 …………………………… 315
七、具有推进可持续的研发的制度安排 ……………………… 315

第三节 我国自主创新成果市场化阶段的制度缺陷 …………… 316
一、科技金融结合成效不明显,企业获得银行贷款困难重重 … 316
二、资本市场发育很不完善,中小型高新技术企业融资难 …… 318
三、风险投资发展差强人意,远不能满足市场需求 ………… 318
四、税收优惠政策存在一定缺陷,对企业支持力度和广度
　　有待加强 ………………………………………………… 320
五、公共财政采购政策没有给予自主创新产品有效支持 …… 321
六、企业经营管理水平低,随意性与家族化管理倾向明显 … 323
七、漫长的专利审批和维权诉讼制度,专利产品保护不尽人意 … 323

第四节 自主创新成果市场化阶段的制度设计建议 …………… 324
一、组建科技开发银行,创新担保制度,发挥商业银行的
　　融资功能 ………………………………………………… 324
二、继续发展风险投资,为初创企业提供有效的原始资本
　　筹集渠道 ………………………………………………… 326
三、构建多层次资本市场体系,提升高新技术企业的再
　　融资能力 ………………………………………………… 327
四、完善税收优惠政策体系,减轻高新技术企业经营压力 …… 330
五、不断完善公共财政资金采购制度,降低自主创新产品的
　　入市难度 ………………………………………………… 331
六、加大专利产品保护力度,严打盗版、仿冒等侵权行为 …… 331
七、加快现代企业制度建设,提升创新企业管理水平 ……… 332
八、重视创新产品的衍生产品研发,确保企业可持续发展 …… 333

第十二章　结语 …………………………………………… 335

参考书目 ………………………………………………… 341

也算后记 ………………………………………………… 351

第一章

绪 论

　　《礼记·大学》中有句名言："苟日新，日日新，又日新。"意思是说，如果能每天除旧更新，就要天天除旧更新，不间断地更新又更新。《诗经·大雅》中也有这样一句话："周虽旧邦，其命惟新。"意思是说周朝虽然是一个古老的国家，但因为能够不断革新，所以历久而不衰。可见，我国古代圣贤早就明白了创新对推动社会进步、民族兴盛的具有重要作用这个道理。从本章开始，我们将围绕创新问题展开一系列探讨，开始一段漫长的思想旅程。

第一节 研究背景与意义

一、研究背景

纵观西方发展史,无论是古代的雅典、罗马,还是近现代的英国、美国,创新在这些国家的崛起中都扮演着关键的角色。正是凭借蒸汽机、纺织机的发明与广泛应用,英国在18世纪引领了第一次技术革命,而一举成就了"日不落帝国"的霸业。美国在第一次世界大战后,则凭借在电气化技术、信息技术、生物技术等方面的重大创新,引领了世界第二、第三次技术革命,而成为了新的世界霸主。

决定创新的因素不仅传承于一个民族的文化传统,一个国家的科技基础和经济水平,而且依赖一个国家所具备的适宜创新的制度环境。英国著名科学史学家李约瑟博士其巨著《中国科学技术史》中提出了著名的"李约瑟之谜",他在介绍了中国古代的发明和发现后说,"可以毫不费力地证明,中国的这些发明和发现远远超过同时代的欧洲,特别是15世纪之前更是如此"。但令他感到奇怪的是,自明清以来,中国的科技进步却基本处于停滞,而欧洲同期却发生了工业革命,科技进步飞速前进,并将中国远远抛在身后。后来许多学者对"李约瑟之谜"进行破解,虽然给出的答案五花八门,但有一点是一致的,那就是都认为是制度原因导致了中国科技的衰落。诺贝尔经济学奖获得者道格拉斯·诺思(Douglass. C. North)在研究西方国家崛起的原因时,也详细论证了制度在西方世界崛起中的决定性作用,指出是制度引发了创造现代西方文明的产业革命。我国改革开放总设计师邓小平也有一句名言:"制度比人强",认为制度问题带有根本性、全局性、稳定性和长期性。制度安排先行,既能避免社会管理陷入事务主义的泥潭,也能避免事先就对某一特定利益主体的偏袒现象。

在经济全球化时代,科技发展速度越来越快,科学技术的竞争日益成为国家间竞争的焦点。谁在知识和技术方面占据优势,谁就能够在发展上掌握主动。同样,在全球化的环境下,资本、信息、技术和人才要素在全球范围内的流动和配置日益普遍,因此,科技的竞争,说到底也是制度的竞争。谁的制度安排更加合理,资金、人才、技术等资源就会流向那里。发展中国家与发达国家的差距主要是制度的差异。一国经济并不是生产要素的简单叠加,土地、劳动力和资本、技术这些要素,只有在制度的保障下才可以发挥其功能。[①] 为了占据世界科技领域的制高点,几乎所有世界发达国家都不约而同地把推进科技创新作为共同的战略选择,不仅纷纷把科技创新上升为国家战略,而且争相提出自己的制度保障措施。例如,美国政府发表《为了国家利益的科学》报告,提出美国的国家战略目标就是要保持美国在科学知识最前沿的领先地位;英国政府在其《竞争力白皮书》中把创新作为一国经济的基石,明确提出确保科学基础,创新为核心;日本政府也相继提出了科技创新立国和知识产权立国的国家战略。

中华人民共和国成立以来特别是改革开放 30 多年以来,我国取得了"两弹一星"、载人航天、杂交水稻、陆相成油理论和应用、高性能计算机、人工合成牛胰岛素、基因组研究等一大批重大的自主创新成果,为推动经济社会发展和改善人民生活提供了有力的技术支撑,大大增强了我国的综合国力和国际竞争力。但同时我们也要清醒看到,目前我国科技的总体水平同世界先进水平相比仍有较大差距,同我国经济社会发展的要求还有许多不相适应的地方。由于我国科技水平还比较低,科技对经济的贡献率还比较低,经济社会发展的主要推动力还是靠高投资和高资源消耗,我国的经济发展方式还非常粗放,大部分是靠牺牲环境、牺牲资源而取得的,严重影响了我国的可持续发展。

---

① 卢现祥主编:《新制度经济学》,武汉大学出版社 2004 年版,第 20 页。

自主创新的制度安排

让我们先看一组令人震惊的数据。当前,我国每千瓦时平均供电煤耗比发达国家约高出50克标准煤,火电厂耗水率每千瓦时比国际先进水平高出40%多,主要电力企业的劳动生产率不到世界先进水平的1/3;仅仅一年的电力增加量就超过了英国的发电量总和,这些容量的大部分是通过烧煤来实现的;每年因电能利用效率低下共造成电力浪费约2000亿千瓦时;水资源浪费已经超过美国,工业万元产值的平均耗水量为225立方米,是发达国家的5-10倍。据世界一家权威能源机构的统计数字显示,每万美元GDP消耗能源吨油当量,美国为2.33,德国为1.46,日本为1.31,中国则高达7.24。[①]另据美国耶鲁大学和哥伦比亚大学公布的《2006年环境表现指数》报告数据显示,全球二氧化碳排放量平均值为每实现100万美元国内生产总值(GDP)排放363吨二氧化碳气体,而我国比平均值高出一倍,高达731吨。同时,由于缺乏技术支撑,产品技术含量低,导致我国虽然是"世界工厂",但却处于全球产业链条的末端。我国消耗了大量的能源和资源,损坏了生态环境,却只换来了微薄的利润。例如,在西方市场上,芭比娃娃的单价是20美元左右,我国作为玩具生产大国,每个芭比娃娃我们只能挣35美分;辛辛苦苦组装一台电脑,我们才赚6个苹果的钱。[②]

国际发展经验表明,当一个国家的人均GDP达到1000-3000美元水平的时候,传统要素对经济增长的贡献率呈递减趋势,创新的贡献率明显上升,这个国家就进入了经济社会的重要转型期。一些拉美国家,早在20年前人均GDP就已经达到2000美元,但至今仍在2000-3000美元水平,主要原因就在于没有自主创新,制造业严重依赖外国技术、投资,这就是所谓的"拉美陷阱"。2008年我国人均GDP已达到了3000美元,我国经

[①] 参见"密切关注,积极应对——对'智慧地球'的分析和认识",《中国经济时报》2009年7月28日。

[②] 张景安:"实施自主创新战略建设创新型国家",《董事会》2007年11月14日,http://finance.sina.com.cn/economist/jingjiguancha/20071114/15594173839.shtml

济社会发展正处于战略转型的关键时期。党中央在十七大报告中正式提出到 2020 年要实现人均国内生产总值比 2000 年翻两番,全面建设成小康社会的发展目标。要实现这个宏伟发展目标,如果继续保持目前 39% 左右的科技进步贡献率水平,这就意味着从现在起,我们的投资率必须有大幅度的增加,从目前的 40% 大幅提升到 52% 的高水平。但事实上这几乎是不可能做得到的。这就表明,原来的大投资、大消耗的发展老路已走不通了,因此,我们必须进行科技创新。必须推动我国经济增长从资源依赖型向创新驱动型转变,推动经济社会发展切实转入科学发展的轨道。

我国的发展经验也表明,任何科技创新必须以我为主,一味靠引进技术是绝对行不通的。20 世纪 90 年代以来,我国提出了"市场换技术"(FDI) 发展战略,将引进外资的重点从资本逐步转移到引进国外的先进技术上来,希望通过技术贸易和外国的直接投资,尽快缩短与发达国家的技术差距。但多年来的实践证明,"市场换技术"战略远没有达到预期的目标。在"市场换技术"的思路下引进的外资,尽管从国外获得了一些技术,但这些技术大都是低端的或是已被淘汰的技术,而关系国民经济命脉和国家安全的核心技术、关键技术是买不来的。"市场换技术"战略只是让出了我国的市场,很多产业反而陷入了技术依赖的被动局面,抑制了民族产业的发展。可见,一个国家只有拥有强大的自主创新能力,才能在激烈的国际竞争中把握先机、赢得主动。

而大力推进自主创新,提高自主创新能力,不仅仅是一个技术问题,也不仅是一个资金投入问题,更多的是一个制度问题。历史已经多次证明,没有一个先进的制度安排,技术的自主创新将成为空谈。

近年来,自主创新已引起举国上下的高度重视,党和国家还从战略高度给予制度上的保证。2005 年 10 月,党的十六届五中全会通过的《中共中央关于制定国民经济和社会发展第十一个五年规划的建议》明确指出,要深入实施科教兴国战略和人才强国战略,把增强自主创新能力作为科学技术发展的战略基点和调整产业结构、转变增长方式的中心环节,首次提

> 自主创新的
> 　　制度安排

出要把增强自主创新能力作为国家战略，致力于建设创新型国家。2006年1月，党中央、国务院召开全国科学大会，胡锦涛同志在《坚持走中国特色自主创新道路，为建设创新型国家而努力奋斗》报告中提出，实施自主创新的战略，用15年的时间把我国建设成为创新型国家，他明确提出要把提高创新能力作为调整结构、转变增长方式、提高国家竞争力的关键，要把推进自主创新作为国家未来发展的主导方针与战略。《国家中长期科学和技术发展规划纲要（2006—2020）》是我国落实自主创新战略的纲领性文件，其中特别强调了企业创新在自主创新战略中的重要性。2007年10月，党的十七次全国代表大会将建设创新型国家明确为国家战略，明确"提高自主创新能力，建设创新型国家"是"国家发展战略的核心，是提高综合国力的关键"。

在短短三年时间内，我国自主创新战略经过了三次内涵上的提升，标志着我国自主创新发展战略获得了根本的制度保障，这为今后我国科技创新发展打下了坚实基础。但我们也要看到，虽然目前我国自主创新发展战略已经明确，但在一些具体的制度安排上还存在诸多问题，如科技投入力度还有待加强，知识产权制度有待完善，这需要我们在今后的工作中对其进行不断发展与完善。

专栏1-1：自主创新尤为需要制度保障

在金融危机严重影响广东经济的形势下，华为、奥飞等一批知名企业依靠自主创新和知识产权应对危机，逆势飘红的势头，让我们为广东近年致力发展知识产权取得的成绩感到可喜，但同时也应清醒看到，广东80%以上的中小企业仍因缺乏核心专利技术、自主品牌，在产业链低端苦苦挣扎。广东当前自主创新能力还存在资源不足、结构单一、水平不高等问题。

在前不久的第四届中国企业文化国际论坛上，一名企业家亲口所诉的遭遇或许最能反映广东目前在发展自主创新方面存在的问题。这名企业家创业十几年一直走自主研发的道路，但新产品开发了一个又一个，企业始终没有做大做强。主要原因是每当他开发一个适销的新产品,总有其他企业通过"挖墙脚"等不正当手段迅速生产出与其新产品近似的产品。研发费用投入了不少,却没有换来等价的利润回报。打官司维权,门槛高、举证难,且诉讼时间长,企业拖不起;申请行政部门维权,却又遇到处罚轻、执行弱,处罚过后侵权行为春风吹又生的困境。在一个"山寨"文化泛滥,而司法、行政两种救济途径又很难给企业知识产权有效保护的制度环境里,正直的企业坚持自主研发、自主创新,总是特别艰难。

因此,广东发展自主创新尤为需要有力的制度保障。一方面,应完善司法、行政保护知识产权的"硬"制度,降低受理门槛、提高审判效率、加大处罚力度,严厉打击形形色色的违法侵权行为;另一方面,应建立起自觉尊重维护知识产权的"软"制度,增强企业守法经营观念,培养公民知识产权意识,为自主创新营造良好社会环境和制度土壤。

【资料来源:孙伟,"自主创新尤需制度保障———回应'自主知识产权应对金融危机的强大利器'",《羊城晚报》2009 年 5 月 10 日】

二、研究意义

第一,有助于填补自主创新的制度安排与设计方面研究的理论空白,从而促进和深化自主创新制度安排的理论研究和学科建设。

随着创新与制度理论的不断发展,如何认识制度在技术创新中的作用成为一个重要研究课题。从国内外学者的研究成果看,出现了"技术决定论"、"制度决定论"、"互不决定论"等截然不同的观点。我们认为,"技术决定论"与"制度决定论"的观点虽然各有侧重,但都有失偏颇。"技术决定论"始终将制度看作是一种阻碍技术创新的消极力量,而完全否认了制度创新对技术创新的促进作用,这显然是不科学的。而"制度决定论"将制度创新看作是推动经济增长和技术创新的惟一力量,否认了技术进步的内在因素的影响,否认了技术创新对制度创新的重要作用,这种把制度创新过于夸大和绝对化的观点也是有失偏颇的。因此,我们提出了应该把技术创新和制度创新放在一个动态的创新系统中去研究的观点，认为技术创新与制度创新构成了一个动态的创新系统，两者之间互相联系，又互相推动，是创新系统中的两个不可或缺的基本要素。

从目前已有的研究文献看，目前学术界虽然有大量关于自主创新的研究成果，也有一些学者对自主创新的一项或几项制度安排（如知识产权保护、专利制度）进行了研究，但却很少有对自主创新的制度安排进行系统的、完整的研究成果。本书不仅深入研究了自主创新与制度安排的一般理论，考察了制度创新与自主创新的一般关系，而且还深入研究了自主创新的具体制度安排，包括在自主创新的不同形式（原始创新、集成创新、引进消化再创新）里会对制度设计提出什么样的要求，在一个完整的自主创新链条的不同阶段（研发阶段、孵化阶段、市场化阶段）需要什么样的制度设计与之相匹配，以及自主创新的不同主体（政府、企业、科研机构、高校、科技中介）在制度设计中的角色定位与功能需求。这些研究成果对于推动我国自主创新制度安排的理论研究与学科建设，无疑具有明显的理论意义与现实意义。

第二，本书对自主创新的不同方面提供了一系列制度设计的具体建议，这将有助于我国自主创新战略的发展与实施，具有很强的实际应有价值。

提高自主创新能力，建设创新型国家，已成为新时期我国的主导战略之一，这是我国积极应对国际间激烈竞争，保持经济社会可持续发展的客观需要。改革开放30多年来，我国科技实力虽有长足的发展，但总体上自主创新的状况与发达国家相比，仍有很大的差距。一般说来，一国的自主创新水平既与该国整体的科学发展水平是密切相关的，也与相关的制度因素有着密切的关系。尤其是，当一国的科学发展的综合水平已经达到一定的高度时，相关的制度安排的推动力或者阻滞力就上升成为一个关键的因素。因此，对自主创新进行合理的制度设计就成为影响我国自主创新战略能否顺利实施的重要前提。本书按照两条不同的主线为自主创新战略进行了初步的制度设计,一条是根据创新类型的不同,从原始创新、集成创新和引进消化再创新等三个方面为其量体裁衣提出了针对性很强的制度安排,另一条是根据创新链条的不同阶段,对自主创新的研发、孵化和市场化三个环节提出了符合其自身特点的个性化制度安排。

专栏1-2:建设创新型国家应注意的十个关键点

据香港《大公报》报道,著名经济学家萧灼基指出,自主创新是中国当前调整经济结构、创造新经济增长点、解决经济深层次矛盾、提高国际竞争力的根本之策。他认为建设创新型国家应注意以下十个关键点。

第一,应加强基础技术和前沿技术研究。技术创新应从头抓起,从基础着手,就国家的整体科技规划而言,应特别重视基础研究。不能只顾及短期利益,只研究应用技术,基础不打好就很难进行尖端技术研究。

第二,应拓展对技术的原始创新、集成创新、消化吸收再创新。原先我们在创新技术力量薄弱的情况下,比较重视引进技术进行吸收消化,下来应把重点放在技术的原始创新上,才能从根本上摆脱受制于人的技术格局。

第三,应集中力量在一些重点领域和关键环节上取得突破。当前最重要的要在关乎国家整体发展的节能技术研究上下功夫,力求取得突破。

第四,加大科学技术重大基础设施建设的投入,为科技创新提供必要的物质保障。特别是对一些国家重点实验室要加大支持力度,在经费投入和人员配备上优先考虑,为科技成果转化创造条件。

第五,科技创新要有一定的体制保障。当前提倡自主创新,应以企业为主体而非以政府为主体,应以市场为导向而非以行政为导向,应走产学研相结合的道路,而非各行其是、相互脱节。这一切,都需要有良好的体制保障。

第六,政府要从财税制度上对自主创新行为给予激励,并实行政府采购制度,完善风险投资机制,支持创新的科学研究及创新成果的转化。

第七,应加强技术转让的中介服务。目前很多创新成果只能是论文成

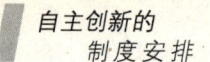

果、研究成果，而不能转化为生产成果、市场成果和效益成果，就是因为评估机构、转让机构等中介服务发展不完善，市场化运作不规范，导致创新的效益得不到充分的体现。

第八，加大知识产权保护力度。加强对侵权行为的打击，不仅出于减少贸易摩擦的需要，更主要是为创新活动提供强有力的保护。这同时也是尊重知识、尊重人才、尊重创新的具体表现。

第九，充分利用全球性的科技资源，把创新和引进有机结合起来。提倡自主创新并非要搞技术封闭，应取他人之长补自己之短，积极开展技术交流和交易。

第十，应将人力资源当作第一资源，把教育当作建设创新型国家、创新型社会的关键。良好的教育体系不仅能培养出大量科技领域的拔尖人才，也是提高全民族整体素质的必由之路，这就是建设创新型国家最重要的基础。

【资料来源："著名经济学家萧灼基谈建设创新型国家十大关键点"，新华网，2006年1月10日，http://news.xinhuanet.com/politics/2006-01/10/content_4031561.htm】

第二节　国内外研究成果综述

一、国外文献综述

最早对创新问题进行研究的主要是西方发达国家的学者，并已取得了丰硕的研究成果，形成了技术创新、制度创新和国家创新体系等一系列理论与流派。不过，由于我们掌握的国外文献资料有限，难以对外国学者的研究成果一一列举出来，因此，我们仅选择了他们在技术创新与制度创新

第一章 绪 论

方面的一些代表性的观点进行分析。

（一）熊彼特的创新理论

美籍奥地利经济学家熊彼特（Joseph Alois Schumpeter）的有关创新问题的论述是现代创新理论的重要基石。他在1912年出版的《经济发展理论》著作中，首次对"创新"概念进行了较为完整的论述。他认为，创新是生产要素的新组合，是一国经济增长的动力。此后，他在1928年发表的《资本主义的非稳定性》一文中，又提出了创新是一个过程的概念，他把创新定义为一种生产函数的转移，或是一种生产函数的新组合，其目的在于获取潜在的超额利润。熊彼特明确将经济发展与创新视同一物，提出了经济发展是一个创新为核心的演进过程的重要观点。他具体探讨了以下五种情况：（1）采用一种新产品或者一种产品的一种新的特性；（2）采用一种新的生产方法，也就是在有关的制造部门中尚未通过经验检验的方法，这种方法并不必然建立在新的科学发展的基础之上，它也可以指商业上处理一种产品的新方式；（3）开辟一个新的市场，也就是有关国家的某一制造部门以前未曾进入的市场；（4）掠取或者控制原材料或半制成品的一种新的供应源，而无论这种来源是已经存在的，还是第一次创造出来的；（5）实现一种工业上的新的组织，比如形成一种垄断地位或者打破一种垄断地位。熊彼特还明确将发明与创新区别开来，认为发明不能带来经济的效益，只有创新才具有实际的意义，他说，"只要发明还没有得到实际上的应用，那么在经济上就是不起作用的。"[①]

后人将熊彼特的创新理论概括为两个技术创新模式：一是企业家创新模式。这个模式主要是英国萨塞克斯大学科学政策研究所的沃尔什等人根据熊彼特的《经济发展理论》中有关技术创新与企业发展和经济发展的理论提炼出来的，包括三个核心思想，第一，从科学的最新进展到重大发明之间存在着一种非特定方式的流动（非持续性）；第二，一组企业家（在

---

① 熊彼特：《经济发展理论》，商务印书馆1991年版，第98页。

熊彼特看来，它们是资本主义经济的主要推动力）认识到这些创新的未来潜力，并且准备冒险进行开发和创新；第三，一旦进行了一项重大创新，它将导致现存市场结构的不均衡，成功的创新者获得了额外的增长速度和暂时垄断利润（即熊彼特租金）作为报酬。另一个是大企业创新模式。这个模式是菲利普斯、弗里曼等人根据熊彼特1942年出版的《资本主义、社会主义和民主》一书中关于资本主义经济的"创造性毁灭"的判断以及有关大企业在这一过程中的决定性作用的观点提炼出来的。其核心思想是，第一，技术来自企业内部的创新部门；第二，成功的技术创新使企业获取超额利润，企业因此得以壮大，形成暂时的垄断；第三，大量模仿者的加入削弱了垄断者的地位。显然，熊彼特提出的两个创新模型都强调创新的主体是企业家或企业，同时都认为技术创新是企业内生的，是技术进步推动着经济的长期增长，因此后来也有学者将这两个技术创新模型合称为技术推动模型。

（二）西方学者关于制度创新的争论

随着创新理论研究的不断深入，西方学者逐渐认识到制度是影响技术创新的一个重要因素。但究竟怎样看待制度创新与技术创新的相互关系，西方学术界却一直争论不休。"对技术与制度变迁之间的相互关系的明确理解一直是那些对发展的历史和制度方面感兴趣的经济学家和其他社会科学家所感到困惑的。"[①] 并形成了以凡勃仑和埃尔斯为代表的"技术决定论"、诺思为代表的"制度决定论"、拉坦的"互不决定论"等多种观点。

（1）凡勃仑和埃尔斯的"技术决定论"

凡勃仑（Thorstein B Veblen）是早期制度主义学派的创始人，他认为技术创新对制度创新起着决定性的作用。他在其代表作《有闲阶级论》中对此进行了深入的阐述，他认为制度是保守的，人们对于现有的制度、思

---

① 拉坦："诱致性制度变迁理论"，载《财产权利与制度变迁》，上海三联书店1994年版，第329页。

想习惯、精神面貌和观点等,除非是出于环境的压迫而不得不改变,一般总是要想无限期的坚持下去。因而,人们要进行制度创新其实是面对外部压力的无奈之举。"不管怎样,人们在为了符合改变了的形势的要求而调整思想习惯的时候,总是迟疑不决的,总是有些不大愿意的,只是在形势的压力下,已有的观点站不住脚的时候,才终于这样做。""制度与习惯观念因环境改变而做出的调整,是对外来的压力的反应,其性质是对刺激的反应。"① 不过,虽然凡勃仑反复强调了技术创新对制度创新的决定性影响,但也承认制度创新对技术创新也有一定的促进作用,而旧的制度成见则会对技术创新产生不利影响。他多次指出,技术洞察和发明或多或少受制度成见的不利影响,但是制度并非总是这种消极作用。

凡勃仑的追随者埃尔斯(C. E. Ayres)是一个更加彻底的"技术决定论"者,他将凡勃仑的技术创新对制度创新起到决定性作用的观点进行了进一步发挥。他在1944年出版的代表作《经济进步理论》中认为,"人类历史充满了两种力量持续不断的冲突,技术的动态力量不断发生变化,而仪式这种静态力量——身份制、习俗和传统信仰——对抗变迁"。② 1961年,他又在另一部重要著作《通向理性社会:工业文明的价值》中提出,"技术本质上不断发展的,而社会的制度结构本质上静止的,抗拒变革的。"③ 由此可以看出,在埃尔斯看来,制度是抗拒社会变革的阻碍力量,对技术创新没有任何积极作用,只有技术才是推动社会变革的惟一力量。

(2)诺思的"制度决定论"

不过,凡勃仑和埃尔斯的"技术决定论"遭到了一些新制度经济学家的激烈反对,以诺思(Douglass C. North)为代表的新制度经济学派提出

---

① 凡勃仑:《有闲阶级论》,商务印书馆1964年版,第139–142页。

② C. E. Ayres, The theory of economic progress, Uniersity of North Carolina Press, 1944, P. 176.

③ C. E. Ayres, Toward a reasonable society: the values of industrial civilization, Austin: University of Texas Press, 1961, P. 233.

了与"技术决定论"截然相反的另一种观点——"制度决定论",即制度创新决定技术创新,而不是技术创新决定制度创新。在新制度经济学家看来,虽然技术创新对制度创新有很重要的作用,如技术创新可以增加制度安排改变的潜在利润,降低某些制度安排的操作成本,但他们坚持认为制度创新对技术创新起着决定性的作用。诺思在《西方世界经济增长的经济理论》和《庄园制的兴衰——一个理论模式》中指出,对经济增长起决定性作用的是制度因素而非技术性因素。诺思在1973年与托马斯合著出版的《西方世界的兴起》一书,对"制度决定论"的观点进行的详细的论述。他认为,对技术创新的知识产权保护制度的建立,这才是刺激技术创新长久、稳定发展的根本性手段。好的制度选择会促进技术创新,没有这种制度上的创新,也就不会有后来产业革命的重大历史成果的出现。"付给数学家报酬和提供奖金是刺激努力出成果的人为办法,而一项专为包括新思想、发明和创新在内的知识产权而制定的法律则可以提供更为经常的刺激。没有这种所有权,便没有人会为社会利益而拿私人财产冒险。"① "制度环境的改善会鼓励创新,结果私人受益率接近社会收益率。鼓励为具体的发明带来了刺激,但并没有为知识财产的所有权提供一个合法的依据。专利法的发明则提供了这种保护。"② 诺思在专著《经济史中的结构与变迁》中还指出,改进技术的持续努力只有通过建立一个能持续激励人们创新的产权制度以提高私人收益时才会出现。是产权制度(尤其是专利制度)和市场制度的完善引发了导致现代西方文明的工业革命。

(3)拉坦的"互不决定论"

同属于新制度经济学派的拉坦(V. W. Ruttan)主张"互不决定论"观点。他在《诱致性制度变迁理论》一文中,从制度变迁的需求和供给两个角度充分论证了引起技术创新与制度创新原因是非常相似的,技术创新

---

① 诺思、托马斯:《西方世界的兴起》,华夏出版社1999年版,第8页。
② 诺思、托马斯:《西方世界的兴起》,华夏出版社1999年版,第191页。

与制度创新之间其实并不存在谁决定谁或者说谁更重要的问题。首先,他认为对技术创新与制度创新的需求的原因是非常类似的。例如,土地(或自然资源)价格相对于劳动力价格的提高,诱致了用于减少对由土地的无弹性供给所导致的有制约的生产技术创新,同时也引致了导致能更准确地定义与配置土地的产权的制度创新。劳动力相对于土地(自然资源)的价格的提高,导致了能使资本替代劳动的技术创新,同时也导致了能增进代理人的生产能力并增进工人对他自己的就业条件进行控制的制度创新。由技术创新所形成的新的收入流以及制度效率的收益引致了对产品的相对需求的变化,以及新的和更为有利可图的产品创新的机会的开辟。这导致了消费模式更为多样化,而且由技术变迁或制度变迁所形成的新的收入流又引致了用于修正新的收入流在要素所有者之间进行分割以及改变个人与集团之间的收入分配的进一步的制度变迁。其次,他认为引起技术创新与制度创新的供给转变的力量也是非常相似的。"假定制度变迁的供给与技术变迁的供给之间的类似性是有理论根据的。正如当科学和技术知识进步时,技术变迁的供给曲线会右移一样,当社会科学知识和有关的商业、计划、法律和社会服务专业的知识进步时,制度变迁的供给曲线也会右移。进而言之,社会科学和有关专业知识的进步降低了制度发展的成本,正如自然科学及工程知识的进步降低了技术变迁的成本一样。"①

(三) 国家创新系统理论

西方学术界在熊彼特之后的创新研究中,形成了两条相对独立的研究路线:一个是以曼斯菲尔德((Edwin. Mansfield))、卡曼(Morton. I. Kanmien)、施瓦茨(Nancy. L. Schwartz)、门斯(G. Mensch)、斯通曼(P. Stoneman)、多西(G. Dosi)等为代表的以技术创新和技术推广为研究对象的技术创新经济学派,另一个是以戴维斯(Lance. E. Davis)、

---

① 拉坦:"诱致性制度变迁理论",载《财产权利与制度变迁》,上海三联书店1994年版,第338-339页。

诺思、拉坦、希克斯（J. Hicks）等为代表的以组织创新和制度创新为研究对象的制度创新经济学派。从20世纪80年代开始，随着制度创新理论的兴起，一些技术创新经济学家对影响技术创新的制度因素的这个课题开始关注。他们逐渐纠正过去单纯注意技术因素的偏差，开始从系统工程角度来研究技术创新问题，并提出了现在备受世界各国政府和企业重视的国家创新系统理论。

国家创新系统概念最早是由英国经济学家弗里曼（Christopher Freeman）于1987年在其出版的《技术与经济绩效：来自日本的经验》一书中提出来的。他在考察日本的技术创新活动及其经济起飞的奇迹后得出结论，人类历史上技术领先的国家先后从英国、德国、美国到日本的转移，并不仅仅是技术创新的结果，还包括了许多制度与组织等方面的创新活动，因此，从总体上看，实际上是一种国家创新系统发生演变的结果。他认为，创新的成功和失败取决于国家调整其社会经济范式以适应技术经济范式的要求和可能性的能力。几乎在同时，美国经济学家纳尔逊也提出了国家创新系统的概念。他在1988年出版的《作为演化过程的技术变革》一书中，主要分析了美国的国家创新系统构成。1993年纳尔逊在其主编的《国家创新系统》一书中进一步指出，现代国家的创新系统既包括各种制度因素以及技术行为因素，也包括致力于公共技术知识的大学和研究机构，以及政府的基金和规划之类的机构。其中私人以盈利为目的的企业是所有这些创新系统的核心，它们相互竞争而彼此合作。另外，丹麦技术创新经济学家伦德瓦尔也是国家创新系统理论的创始人之一，他在1992年出版的《国家创新体系：建立一种创新和互动型学习的理论》中提出，国家创新体系是指包括了国家含义上的要素和关系，这些要素和关系从狭义上讲是与研究开发有关的机构和制度，如研究开发部门、技术学院和大学，从广义上讲则包括了影响学习和研究的经济结构和制度，如生产系统、营销系统、金融系统等。

国家创新系统概念一经提出，立即成为技术创新研究领域最为热门的课题，其后波特（M. E. Porter）、佩特尔（Patel）、帕维特（Pavitt）、麦德考富（Metcalfe）、埃兹克维茨（Henry Etzkowitz）、雷德斯多夫（L. A. Leydesdorff）等学者分别从各自的研究领域进一步拓展和丰富了国家创新系统理论。

波特在1990年完成的《国家竞争优势》一书中从企业角度对国家创新系统理论进行了研究，他认为国家的竞争优势正是建立在成功进行技术创新的企业基础之上的。从某种意义上讲，国家只是作为一个公司的外在环境发挥作用，加强或者是削弱其竞争能力，因此政府可以以不同的方式影响创新过程。波特的国家创新体系理论强调了政府在技术创新过程中的职能作用，认为政府应该追求的主要目标是为国内企业创造一个适宜的、鼓励创新的环境。

吉本斯（Gibbons）在1993年提出，国家创新系统的差异因为所选择的工业资本主义的类型不同而不同。他定义了两种类型的国家创新系统：技术动力型的国家创新系统和缺乏技术远见的国家创新系统。佩特尔与帕维特在1994年对国家创新系统定义为"其激励结构和能力决定着一国技术学习的速度和方向（或者改变生产活动的量与构成）的国家系统"。[①]

麦德考富在1995年提出，国家创新系统是一套迥异不同的系统组合，它们一起或者单独对新技术的发展和扩散作出贡献，而且提供了一个政府在其中制定并执行政策以影响创新过程的框架，因而是一个相互联系以生产、储藏并转移含有新技术的知识、技能和人造原型的制度。

埃兹克维茨与雷德斯多夫在1995年出版的《大学与全球知识经济》一书中提出了国家创新系统的大学－政府－产业的三重螺旋模型。他们认为知识资本化不同阶段需要用有关创新的模型来详细描述多种相互关系，因此，大学、产业界、政府对这一过程的参与组成了创新的三重螺旋

[①] 李冬梅：《现代化进程中农业园区制度结构的研究》，浙江大学2004年博士论文。

模型。

联合国经合组织（OECD）的经济学家在开展了长达数十年的"国家创新体系项目"的研究后，在1997年发表的《国家创新系统》报告中认为，创新是不同主体和结构间复杂的互动作用的结果。技术变革并不以一个完美的线性方式出现，而是系统内部要素之间的相互作用。研究报告还指出，研究国家创新系统的政策含义是纠正技术创新中的系统失效和市场失效，即纠正企业因目光短浅而对技术开发的投入不足，通过产学研合作计划、网络计划，建立创新中介机构，以纠正创新的系统失效。

二、国内文献综述

（一）对技术创新与制度创新的基础理论研究

我国学者在技术创新、制度创新等方面的研究是对熊彼特的创新理论和西方制度经济学的制度创新理论的继承与发展。其中最具代表性的理论研究成果是林毅夫的强制性制度变迁理论和吴敬琏的制度决定技术的观点。

林毅夫根据拉坦的诱致性制度变迁理论在《关于制度变迁的经济学理论：诱致性变迁与强制性变迁》一文中提出了强制性制度变迁观点。他认为，由于制度安排不能获取专利，诱致性变迁会碰到难以解决的外部性或"搭便车"问题，这就需采取国家干预来弥补这一不足。这种通过国家干预，由政府合法引致的制度变迁就称之为强制性制度变迁（创新）。是否采取强性变迁取决于统治者对采取这一措施和预期成本与预期收益的比较，只有收益大于成本，强制性变迁（创新）才能被推行；反之，收益小于成本，或者威胁到统治者的生存，强制性变迁（创新）不可能被实施，整个社会则将继续处于一种持续性的制度非均衡状态。林毅夫同时对制度安排进行了定义，将制度安排分为正式制度安排和非正式制度安排两种类型。他认为，在正式的制度安排中，规则的变动和修改，需要得到受它管束的一群（个）人的准许，而非正式制度安排中规则的变动与修改完全由个人完成,它用不着也不可能由群体行动完成。

对我国制度创新理论研究产生重大影响的另外一位学者是吴敬琏,他提出的"制度重于技术"、"制度安排决定科技发展"的观点成为后来我国学术研究和国家政策制定的理论依据。吴敬琏在其2002年出版的《制度重于技术》一书中指出,我国高技术产业发展不太成功的最大教训就是过于强调技术创新,而忽视了制度创新,政府的注意力过于集中在确定"攻关"的重点和为进行"攻关"分钱分物分人上。他对"把科学发明和技术本身的演进,看作推动高技术产业发展的主要力量,以为只要投入足够多的资金和人力,去开发和引进预定需要开发的各项高新技术,就能保证高技术产业的快速发展"的观点进行了严厉批判。他认为,这种把科学发明和技术本身的演进看作推动高技术产业发展的主要力量的看法,是一种"想当然的肤浅推理",是一种虚假的"唯物主义历史观","一个国家、一个地区高新技术产业发展的快慢,不是决定于政府给了多少钱,调了多少人,而是决定于是否有一套有利于创新活动开展和人的潜能充分发挥的制度安排、社会环境和文化氛围。"[①] 其后,吴敬琏还在多个场合再次论述了制度重于技术的观点。他2006年9月在接受《中国改革》杂志采访时表示,"我坚持一个观点:制度安排的作用重于技术演进自身。只有建立充满活力的新体制,才能实现经济增长方式的转变,才能真正做到自主创新,才能最终建成创新型国家。"[②] 后来,他在2008年发表的《技术创新的制度基础是现代市场经济体制》一文中也进一步论证了"竞争性的现代市场经济体制是技术创新基础性的条件",而在计划经济体制下是根本没有办法使技术进步这样一个创造性破坏过程常规化和制度化的。计划经济体制也许能够在少数重点赶超上取得成就,比如"两弹一星"为代表的军

[①] 吴敬琏:《制度重于技术》,中国发展出版社2002年版,第23页。
[②] "技术创新的背后是制度创新——吴敬琏教授访谈录",《中国改革(综合版)》2006年第9期。

工技术，而作为整个国民经济的主要技术政策措施，这一套做法并不是实现普遍技术进步的有效方法。

近年来国内学者在技术创新、制度创新方面的还作出了许多重要理论成果。如：1998年杨瑞龙在《我国制度变迁方式转换的三阶段论——兼论地方政府的制度创新行为》一文中提出了"中间扩散型"制度变迁方式的理论假说，并通过实证分析，指出了我国由一个集权型计划经济的国家有可能成功地向市场经济体制渐进过渡的现实路径：改革之初的"供给主导型"制度变迁逐步向"中间扩散型"制度变迁方式转变，并随着排他性产权的逐步建立，最终过渡到与市场经济内在要求相一致的"需求诱致型"制度变迁方式，从而完成体制模式的转换。傅家骥在1998年出版的《技术创新学》一书中提出了一个较为权威的技术创新概念，并从微观的角度系统地探讨了技术创新的起源、技术创新与组织体制变革、技术创新的扩散、技术创新与经济的良性循环。王春法在1998年出版的《技术创新政策：理论基础与工具选择》专著中对技术创新政策进行了深入研究。他认为，降低技术创新过程中的不确定性，从而缩短发明—技术创新时滞，是技术创新政策的核心功能。袁庆明在2003年出版的《技术创新的制度结构分析》是近年来我国学者在制度结构理论方面研究较为系统深入的一部专著。他对技术创新的制度结构进行了层次性分析，提出制度结构分为根本性制度、重大性制度和辅助性制度三个层次。他同时对技术创新制度结构的动态演讲、功能、效率等深层次问题进行了系统研究。董静在2004年出版的《企业创新的制度设计》中从微观的企业角度来研究制度结构，她构建了一个比较完善的企业创新的制度体系，认为这一制度体系主要由企业外部制度（包括市场制度和政府的相关制度）、企业内部制度和企业产权制度构成，每一组成部分均包含各种具体的制度安排，它们相互作用，互为条件，共同构成了企业创新的制度环境。

专栏1-3：硅谷和128公路的兴衰启示

环绕大波士顿的128公路地区和以斯坦福大学为中心的硅谷是美国两

个最著名的高技术产业基地。尽管它们开发的技术是相近的,而且在同一个市场上活动,但结果却是前者逐步走向衰落,后者却蒸蒸日上。原因何在呢?美国学者 A·萨克森尼安所著的《地区优势:128 公路地区与硅谷》令人信服地证明,发生这种差异的根本原因在于,它们存在的制度环境和文化背景不同。他指出,硅谷的优势在于它的有利于高新企业发展的制度环境和文化背景;而 128 公路地区由兴盛而转向衰落,却是由于它未能改变不利于人们创造力发挥的制度因素和文化传统。

从初始条件来看,128 公路地区的新技术产业诞生在新英格兰地区,那里是美国最老的工业基地。该地区的新技术产业主要依托麻省理工学院(MIT)等古老的名牌大学。二战期间,MIT 的教授和毕业生们在华盛顿主管军事技术研究的机构中确立了自己的显赫地位。这种地位显然对 128 公路地区高技术产业在 40 至 50 年代的兴起发挥了重要作用。硅谷地区的工业虽然也受到战时国家科研基金和军事定货的恩惠,但是它所在的加州毕竟远离首都。这种初始条件形成了各自的传统:MIT 以政府和成熟的大公司为导向,而斯坦福大学则着重为小企业提供重要机会。

从企业模式上来看,128 公路地区的大公司具有分散的自给自足的组织结构,使他们偏重于在企业内部孤立地进行技术改进,而对市场信息的重要性往往熟视无睹,并且在实验和学习中缺乏自由全面的讨论。硅谷的创业者们则摒弃传统的企业模式,它们力图把企业建成不存在等级差别的共同体,使每一个成员都把共同的目标转化为自己的个人追求。大多数公司让职员拥有一定数量的公司股权。以上这种机制使得人力资源从 128 公路地区源源流向硅谷,尽管后者的房地产售价远高于前者,但却丝毫没有影响自己的强大吸引力。

从文化传统上来看,128 公路地区的新英格兰传统使这里等级森严、僵化、保守,而硅谷则不理睬繁文缛节,它造就了一批勇于进取和敢于冒险的人。任何等级制度这在里毫无意义;企业也采用灵活的工作制,人们倾向于不拘小节,这种随意性使他们得到共享理念并迅速行动的机会。硅谷的信息传递速度比美国其他任何地方都快得多。变化是硅谷地区最重要的文化特征之一。

对于我国政府领导人和地区发展规划制定者来说，由这种比较可以得到的启发是：高新技术产业蓬勃发展，并不取决于政府的组织科研攻关的能力和公共资金投入，而是依赖于人力资本潜力的充分发挥。因此，主要的注意力应当放到创建能够充分发挥人力资本作用的经济体制、社会环境和文化氛围方面去。具体而言，主要有以下三点：第一，支持一切有创业能力和愿望的人创立自己的事业；放手发展民营企业；把目前大量存在的产权边界模糊、政企职责不分、附属于行政机构和事业单位的经济单位改造成为真正的企业。第二，建立游戏规则，保护包括知识产权在内的财产权利，确立能够保证公平竞争和优胜劣汰的市场环境。第三，摒弃中国传统文化中某些不利于人潜能发挥的评价标准和落后习俗，努力营造宽松、自由、兼收并蓄、鼓励个性发展和创造的文化氛围，从而焕发人们的聪明才智，为高新技术产业的发展作出创造性的贡献。

【资料来源：吴敬琏，《制度重于技术》，中国发展出版社2002年版】

（二）对国家创新系统的理论研究

20世纪90年代中期，国家创新体系理论逐步引入中国，并被我国学者开始广泛研究。如果从研究方向和取得的研究成果来进行划分，我国学者在国家创新体系研究方面主要三大类。第一类是对国家创新系统的理论分析，包括对国外的创新系统的理论介绍，并通过对国家创新系统的理论分析，结合中国实际情况从宏观理论上予以探讨和研究，提出我国建立国家创新系统的政策建议。如，齐建国完成的《技术创新——国家系统的改革与重组》研究报告是我国学者首次运用国家创新系统理论来分析中国的宏观经济体制问题。他认为一个典型的国家创新体系包括四个部分：创新人才与基础知识生产、创新方案与思路生产、创新过程的实施、创新成果的扩散和创新需要的反馈。而这四部分又可细分为六个子系统，即教育培训系统、科学技术基础研究系统、应用研究与开发系统、民用企业系统、军事国防系统和市场需求与开发系统。"上述六个子系统构成了一种完整标准的国家技术创新系统,它的每个子系统都与国际国内大环境有信息和要素交换,因而是一种开放系统。"① 石定寰和柳卸林也是我国较早从事国家创新系统理论研究的学者,他们在《建设我国国家创新体系的构想》(1998年)、《建设面向二十一世纪的国家技术创新体系》(1999年)、《国家创新系统:现状与未来》(1999年)等研究成果中认为,要推动一国的技术创新,仅靠企业的力量是不够的,靠市场的自由竞争也是不够的,必须通过建立国家创新体系来进行运作。他们认为理想的国家创新系统应该由七大部分构成:(1)以国立公共研究所和国家重点实验室以及高校为主体的基础研究体系;(2)以企业和国家使命性开发研究机构为主体的开发性研究体系;(3)以企业为主体的知识应用体系;(4)以高校为主体的基础知识和应用知识生产与传播体系;(5)以政策为主要手段的国家调控体系;(6)以教育培训等中介服务机构为主体的创新支撑体系;(7)以国家科技计划和创新战略为引导的国家创新引导体系。张凤与何传启在1999年出版的《国家创新系统——第二次现代化的发动机》一书中提出了"四系统论",依据功能分工的原则把国家创新体系进行了横向分割,认为国家创新系统由知识创新系统、技术创新系统、知识传播系统和知识应用系统四大系统构成。王春法在2002年出版的《国家创新体系与东亚经济增长前景》一书中,利用国家创新体系理论框架来解释东亚经济为何能持续30年实现高速增长,从技术创新与经济实绩相联系的制度安排这样一个非常独特的角度来分析和把握东亚经济奇迹的产生及未来的发展趋势。他将国家创新体系的结构分为内圈因素和外圈因素两个层次,其中内圈因素包括:作为科学技术知识供应者的科研机构与研究型高校;作为技术创新主体的企业;作为科学技术知识转移和扩散机构的教育培训和中介组织。外

---

① 齐建国:"技术创新——国家系统的改革与重组",载《知识经济与国家创新系统》,经济管理出版社1998年版。

圈因素包括：作为国家创新体系协调结构的政府；金融体系和历史文化因素。陈华在2008年的新著《生产要素演进与创新型国家的经济制度》中提出，当技术演进为首要生产要素时，一种与之相适应的制度体系建设就显得尤为重要。通过制度型的安排有效地把物质资源配置到有利于技术创新的领域之内，是创新型国家建设的关键。

这一时期，国内学者在国家创新系统理论方面取得的研究成果还有：路勇祥等著的《创新与未来——面向知识经济时代的国家创新体系》（科学出版社1998年版）、曾国屏与李正风的专著《中国创新系统研究——技术、制度与知识》（山东教育出版社1999年版）、冯之浚主编的《国家创新系统的理论与政策》（经济科学出版社1999年版）与《国家创新系统研究纲要》（经济科学出版社2000年版）、中国社科院研究生院等主编的《知识经济与国家创新体系》（经济管理出版社1998年版）、苏敬勤与吴爱华的《基于国家创新体系的创新机制分析》（《科学管理研究》，2001年第2期）、林衡博与陈运兴的《弗里曼国家创新体系理论的改进》（《当代经济》，2003年第6期）、徐继宁的《国家创新体系的理论认识及其国际比较》（《高校教育管理》，2007年第3期）等。

第二类主要是介绍国外建设国家创新体系的先进经验，以期为我国国家创新体系建设提供理论参考与借鉴。曾国屏与李正风的《世界各国创新系统——知识的生产、扩散与利用》（山东教育出版社1999年版）、余日昌的《西欧国家的创新个性》（《世界经济与政治论坛》，2006年第6期）、邱举良等的《国家创新体系的演进之路——美日韩三国技术创新模式案例分析与启示》（《科学新闻》，2007年第3期）、谢富纪的《典型创新型国家建设的经验与借鉴》（载《自主创新与国家强盛——建设中国特色的创新型国家中的若干问题与对策研究》，科学出版社2008年版）、孙福全等的《主要发达国家的产学研合作创新——基本经验及启示》（经济管理出版社2008年版）等。

第三类主要是关于各个创新主体（政府、企业、高校、科研机构和科技中介)在国家创新体系中的功能定位研究。目前我国学者在这方面取得研究成果较多。如,王海燕与赵立新的《政府在国家创新系统中的定位》(《经济论坛》,2000年第19期)、张千帆与焦洪涛的《协调管理——国家创新系统中政府职能的定位》(《华中科技大学学报(社会科学版)》,2000年第4期)、郑传锋的《国家创新体系建设中的政府职能定位》(《经济师》,2003年第5期)等论文主要研究了政府在国家创新体系中的功能定位;曹洋等的《科技中介组织在国家创新系统中的功能定位及其运行机制研究》(《科学学与科学技术管理》,2007年第4期)等论文研究了科技中介在国家创新体系中的功能定位;余峰的《高校在创新型国家建设中的作用和定位》(《湖北教育学院学报》,2007年第5期)、潘黎与刘元芳的《研究型大学在创新型国家中的角色定位》(《科技管理研究》,2006年第8期)等论文研究了高校在国家创新体系中的功能定位;彭少麟的《论科研院所创新系统定位与技术创新平台的构建》(《科技管理研究》,2000年第1期)等论文研究了科研机构在国家创新体系中的功能定位。

(三) 对制度安排的微观研究

在微观具体自主创新制度安排方面的研究成果主要有两类,一类是根据创新方式的不同,在横向上从原始创新、集成创新、引进再创新三个方面具体研究自主创新的制度安排问题。例如,严建新的《原始性创新刍议》(《发明与创新》,2003第5期)、陈雅兰的《原始性创新的理论与实证研究》(武汉理工大学2005年博士论文)、陈雅兰和郭伟锋的《原始性创新的风险分析与风险管理》(《学术交流》,2005年第10期)、任元彪的《原始创新动力问题探讨》(《科学学研究》,2007年6月增刊)、汪寅等的《基于知识螺旋的原始创新过程与机制研究》(《科学学与科学技术管理》,2007年第8期)、周文能的《关于原始性创新与国家竞争力的思考》(《科学学与科学技术管理》,2007年第11期)等论文就是从原始创新的理论和提高我国原始创新能力的对策建议方面进行研究的。江辉与陈劲的《集成创新———类新的创新模式》(《科研管理》,2000年第5期)、徐冠华的

《加强集成创新能力建设》(《中国软科学》,2002年第12期)、慕玲与路风的《集成创新的要素》(《中国软科学》,2003年第11期)、王众托的《系统集成创新与知识的集成和生成》(《管理学报》,2004年第4期)和《高技术产业发展中的系统集成创新研究》(《吉林大学社会科学学报》,2005年第1期)、孟浩等的《创新集成与集成创新探析》(《科学学研究》,2006年8月增刊)、张纪的《开放环境下的我国集成创新战略》(《科技创业月刊》,2007年第7期)、桂萍的《企业集成创新的实现机制研究》(《价值工程》,2008年第7期)、张方华的《企业集成创新的过程模式与运用研究》(《中国软科学》,2008年第10期)等则是从集成创新角度对其内在机制和加强集成创新的制度安排方面进行了深入研究。杨坤的《论中国技术引进的机制》(东北财经济大学2001年硕士学位论文)、姜波的《中国技术引进问题与对策研究》(哈尔滨工程大学2002年硕士学位论文)、柏振忠的《我国技术引进效率存在的问题探析》(《理论月刊》,2007年第8期)、李宏等的《试论技术引进与我国自主创新发展战略》(《现代财经》,2007年第12期)、林晓强等的《基于系统观的企业引进消化吸收再创新研究》(《中国科技论坛》,2008年第2期)等论文则是引进再创新的角度进行具体研究。

另一类是根据创新时段的不同,在纵向上从自主创新的研发、孵化、市场化三个环节对自主创新的制度安排进行具体研究,并提出了一些较具操作性的制度设计。在研发环节,我国学者对如何激励研发投入等方面进行了深入研究,例如黄颖等的《企业研发活动中的委托代理》(《问题研究》,2004年第10期)、陈志俊与张昕竹的《科研资助的激励机制研究》(《经济学季刊》,2004年第1期)、潘颖雯与万迪昉的《研发不确定性与研发人员激励契约的设计研究》(《科学学与科学技术管理》,2007年第8期)、杨刚的《政府科技研发投入激励机制研究》(《工业技术经济》,2008年第5期)、孔宪香的《研发型人力资本创新的市场激励制度研究》(《现代管理科学》,2008年第10期)、任秀奎与祝士明的《我国研发转化体系构建模式研究》(《科学学与科学技术管理》，2009年第1期)。在科技成果转化方面，更是近年来我国学者的一个研究重点，围绕如何提高我国科技成果转化水平、促进科技成果产业化方面进行了大量的研究，无论是在基础理论还是对策建议方面都取得了丰硕的成就。例如，王先庆的《高校科技成果转化：过程与机制》(《深圳大学学报》，2001年第3期)、王蕾的《我国科技成果转化中的融资问题》(《经济界》，2001年第5期)、刘涟与索柏民的《高等院校科技创新成果转化模式研究》(《科技与管理》，2002年第1期)、陈劲与常立农的《我国科技成果转化主要模式分析和探讨》(《湖南轻工业高等专科学校学报》，2002年第2期)、郭洪波的《科技成果转化法律制度比较研究》(《政治与法律》，2005年第1期)、万金荣与张庆海的《中外科技成果产业化模式的比较研究》(《学习与探索》，2006年第3期)、郭锦杭的《中国高校科技成果研发及其产业化的法律问题浅究》(《广东行政学院学报》，2006年第4期)、敬志伟的《科技成果转化：建设创新型国家的关键环节》(《红旗文摘》，2006年第19期)、吴坤的《我国高技术成果转化的制度性障碍分析》(《科技情报开发与经济》，2007年第8期)、贾康等的《促进我国自主知识产权成果产业化的财政政策研究》(《经济研究参考》，2007年22期)等。

第三节 基本内容与结构

本书共有十二章，从内容的逻辑结构上可以分为以下几个部分。

第一部分是对课题研究背景和理论基础的研究。包括第一章和第二章。第一章为绪论，重点阐明了自主创新制度安排的研究背景与研究意义，介绍和梳理了当前国内外关于技术创新、制度创新等方面的研究状况和基本观点，还介绍了本课题的研究内容和研究方法。第二章是自主创新与制度安排的一般理论,先是明确界定了创新和制度这两个最基本的概念,以避免出现概念歧义;然后系统研究了技术创新理论、制度创新理论和国家创新系统理论的历史发展和逻辑联系,对当前学术界在技术创新与制度创新两者之间关系上的四种针锋相对的观点,即凡勃仑和埃尔斯为代表的"技术决定论"、诺思为代表的"制度决定论"、拉坦的"互不决定论"以及马克思的"辩证关系论"进行了分析和评价;我们对技术与制度的关系持一种系统论的观点,认为应该把技术创新和制度创新放在一个动态的创新系统中去研究,技术创新与制度创新构成了一个动态的创新系统,两者之间互相联系,又互相推动,是创新系统中的两个不可或缺的基本要素。自主创新需要制度创新作保障,我国制定的自主创新战略要想顺利实施,就必须预先做好有利于自主创新的制度安排,从体制改革、机制完善、政策扶持、人才培养、作风建设等方面形成一个鼓励和支持自主创新的良好文化和制度环境。也就是说,制度创新应该是需要优先解决的问题,也是在我国自主创新取得突破的关键所在。

第二部分是研究自主创新的相关理论问题。包括第三章、第四章和第五章。第三章主要研究自主创新的制度结构。首先对自主创新的制度结构进行了重新定义,总结了自主创新制度结构具有的复杂多样性、结构层次性、相互关联性、动态演进性四个主要特点;同时较为深入地研究了自主创新制度结构的功能与动力机制,认为制度结构具有降低创新过程中的交易费用、减少创新活动的外部性、激发开展自主创新活动的积极性、减少自主创新活动的不确定性、约束创新主体的机会主义行为、促进市场竞争等六个方面的功能;明确了推动自主创新制度结构演进的动力,一是创新者之间互动形成自发演进力量,另一个是人为制度设计形成的外部力量,此外,本章还对产权制度、市场制度、风险投资制度、政府采购制度、企业研发制度、财政投入与税收优惠制度、合作创新制度、创新文化等几种典型的制度安排类型进行了介绍和评析。第四章主要研究自主创新主体在制度安排中的功能定位。自主创新主体包括政府、企业、科研机构、高等院校、科技中介组织等五种基本类型，其中企业、科研机构、高等院校是技术创新主体，而政府和科技中介组织则是技术服务主体，其在技术创新活动中的功能是各不相同的。比如，政府在自主创新的制度安排中发挥着主导作用，扮演着宏观主体的关键角色，主要功能为提供创新环境、制定创新战略和规划、制定激励政策、组织共性和战略性技术研发、协调创新活动等几种。企业是研究开发投入的主体、技术创新活动的主体和创新成果应用的主体，主要功能为科技经费投入、科技活动的组织与技术开发、科技成果的生产转化、企业内部制度创新与自我激励。科研机构和高校在角色定位上是知识创新的主体，科研机构的主要功能为基础理论与前沿技术研究、社会公益研究与技术服务、知识传播与人才培养等三个方面，高校要承担的主要功能有创新型人才培养、基础理论研究、技术服务与科技成果转化三种。科技中介组织在自主创新活动处于第三方的位置，起着重要的纽带和催化作用，主要功能有技术咨询与信息服务、科技成果的工程化服务、孵化器功能、人力资源配置、监督与调节功能等，不同创新主体之间存在着一定的相互作用机制。第五章重点研究国家创新体系的相关问题。比如，国家创新体系的概念、内涵、结构与模式等，提出国家创新体系具有制度属性，是一个知识和技术流动的网络，是一种国家行为，具有明显的国家边界，是一个动态的开放系统等五个基本内涵；同时将国家创新体系的系统结构划分为知识创新系统、技术创新系统、知识传播系统、知识应用系统、创新支撑系统和国家调控系统六大子系统；本章不仅研究了我国的国家创新体系发展历程、现状和问题，而且系统地研究了美国、英国、日本、韩国、芬兰等几个典型创新型国家的成功经验以及对我国构建国家创新体系的启示。

第三部分是对自主创新不同类型的制度安排研究。包括第六章、第七章和第八章。第六章主要研究原始创新的制度安排。在厘清原始创新的基本内涵及其在自主创新体系中的地位与作用的基础上，具体分析了我国原始创新发展方面存在的制度制约，指出我国原始创新当前存在的体制与机制问题，并提出了提高我国原始创新水平的制度设计建议，如完善激励机制，降低原创成果的外部性；健全评估体系，提高科技资源的配置效率；创新人才机制，培养杰出科学家人才"链"；拓展开放交流合作，提高创新效率。第七章主要研究集成创新的制度安排。具体探讨了集成与集成创新的基本内涵，并将集成创新划分为水平化集成创新、垂直化集成创新及网络化集成创新三种主要类型；也分析了我国集成创新的主要模式、发展现状与存在的问题，并提出了提高我国集成创新水平的制度设计建议，其中在政府层面需要增强创新主体集成创新的意识、加大对企业的科技投入、加大知识产权保护力度、搭建集成创新的支持和媒体平台、构建适应集成创新的有效协调与整合、促使产学研合作上一个新台阶；在企业层面需加大创新资金的合理投入、培育集成创新的文化底蕴、建立健全创新激励机制、加强与外界合作等。第八章主要研究引进消化再创新的制度安排。首先研究了技术差距论、需求资源理论、后发优势理论、技术模仿理论等与引进消化再创新相关的基础理论，然后分析了我国在引进消化再创新方面的现状、问题，提出我国在技术引进消化吸收再创新方面存在一系列制度制约，并针对这些问题提出有利于消化吸收创新的制度安排建议，具体包括完善政府的规划引导与宏观管理；加大并落实对引进技术消化吸收再创新的财税优惠政策；加强引进技术消化吸收再创新人才建设；培育消化吸收和创新的主体及中介组织；强化引进消化吸收再创新的配套经济政策建设；注重国际技术合作与国内产学研合作等。

  第四部分是研究自主创新不同阶段的制度设计。包括第九章、第十章和第十一章。第九章主要研究自主创新研发阶段的制度安排。其中，探讨了研发阶段的基本内涵与特点及其对制度设计的要求，包括企业能担当起自主创新研发的主体角色、研发活动得到政府强有力的支持、有完善的研发联盟机制、有可行的人才战略和有助于吸引人才的灵活机制、有完善的知识产权保护制度等研发阶段必不可少的制度安排要求。分析了我国在研发阶段存在着研发投入强度不足、企业创新动力与研发能力较弱、财政研发投入明显不足、研发效率明显偏低、缺乏有效的人才管理与激励机制等制度缺陷,提出了建立企业管理层新的激励与考核机制,提高企业研发投入的积极性;建立稳定的财政科技投入机制和政府研发资金使用绩效考核机制,不断提高研发力度和效率;创新科研体制,培养创新文化,为研发活动营造一个良好的外部环境;推动产学研研发联盟发展,建立更加开放的研发合作体系;建立合理的研发人员激励制度安排;建立高效的研发管理体系,提高自主创新研发的成功率等制度设计建议。第十章主要研究了自主创新孵化阶段的制度安排。首先探讨了自主创新成果孵化的基本内涵和模式,认为完善的孵化器制度、完善的风险投资体系、政府强有力的政策支撑与扶持、严格的知识产权保护制度、门类齐全的科技中介服务体系、勇于创业和容忍失败的良好社会环境是自主创新成果孵化阶段必不可少的制度安排;还分析了我国自主创新孵化阶段的制度缺陷,提出了大力发展企业孵化器,构建良好的创业平台;建立并完善风险投资机制,扩宽融资渠道;构建完善的知识产权保护制度,保护合法权益;不断完善科技中介服务体系,有效推动自主创新成果孵化进程;推进科技体制改革,创新自主创新成果评价体系;合理分摊孵化成本,构建良好的创业生态;强化创新主体之间的有机联系,构建"官产学研金"合作体系等具体的制度设计建议。第十一章主要研究内容是自主创新成果市场化阶段的制度安排,首先探讨了市场化的基本内涵与特点,认为自主创新成果市场化阶段存在资本高投入、市场风险和财务风险高、高成长性与高收益、是一个持续创新的过程等主要特点,确立了有风险投资家的积极介入、有多层次的资本市场体系、有完善的中小企业征信担保服务体系、有完善的税收优惠政策体系、公共财政采购自主创新产品、有严格的专利保护制度体系、有可持续的研发能力等自主创新成果市场化阶段必不可少的制度安排条件;同时,分析了我国自主创新成果市场化阶段的制度缺陷提出了组建科技开发银行,创新担保制度,更好发挥传统金融机构的融资功能;大力促进风险投资发展,为初创企业提供更有效的原始资本筹集渠道;构建多层次的资本市场体系,提升高新技术企业的再融资能力;创新并完善税收优惠政策体系，减轻高新技术企业经营压力；不断完善公共财政资金采购制度，降低自主创新产品的入市难度；加大专利产品保护力度，严厉打击盗版、仿冒等侵权行为；加快现代企业制度建设，推动管理、决策走上正规化与制度化；高度重视后续衍生产品研发，确保企业的可持续发展等具体的制度设计建议。

第五部分是结论，包括第十二章。对本书的研究结论进行全面梳理，突出一些关键性的结论。

本书研究的基本框架与思路如下图所示。

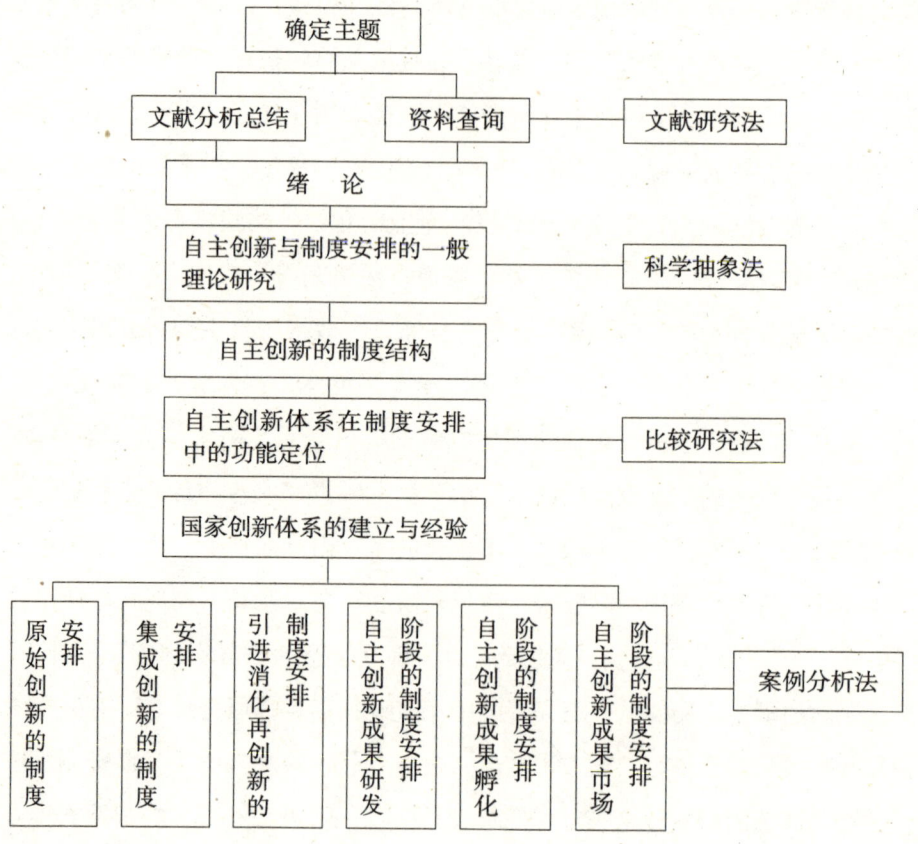

第四节 研究的基本方法

正确的研究方法是获取可靠的研究成果的必要手段和工具。在本书中，我们综合运用了文献研究法、科学抽象法、案例分析法、比较研究法等多种研究方法。下面，我们就这些研究方法做些简单的说明。

一、文献研究法

文献研究法主要指搜集、鉴别、整理文献，并通过对文献的研究，形成对事实科学认识的方法。任何一门学科的发展都是具有很强继承性的，现在的人们进行科学研究，可以说都是站在前人的肩膀上的，是以前人的研究为基础的。合理利用前人研究留下的文献资料，了解前人研究的状况，可以避免重复前人已经做过的工作，避免前人走过的弯路，把精力放在创造性的研究工作上来。为了全面掌握当前国内外学者在技术创新、制度创新等问题上的研究状况和基础理论资料，我们选取了国家图书馆中文图书库和学位论文库、中国学术期刊网和报刊文章等为文献数据源，充分地占有文献资料，这样不仅很好地掌握了与本书相关的科研动态和前沿发展，而且较全面地了解和消化吸收了前人在自主创新与制度安排方面取得的基础理论成果，为本书的研究提供了很好的参考与借鉴。

二、科学抽象法

科学抽象法是马克思主义唯物辩证法的具体运用，在辩证认识过程中包括了研究方法和叙述方法。研究方法是从具体到抽象、从现象到本质的认识方法，叙述方法是从抽象到具体、从本质到现象的逻辑方法。这种方法把外在感性认识所接触到的现象作为研究的起点，系统地使用抽象力，力求透过现象寻找其背后本质联系。本书在研究技术创新与制度创新的动态关系、制度结构的动态演进、各个创新主体之间的相互作用机理等问题时，主要就是采取这种研究方法。

三、案例研究法

案例研究法也称个案研究法，是由美国哈佛大学法学院为解决法律教育中的问题而在1880年创始的，现在这种研究方法已在许多领域被广泛应用，成为许多学科重要的研究手段。案例研究法一般需要遵循典型性、实效性、真实性和启发性四大原则。案例研究是本书的一个非常突出的研究方法。在本书中，我们在每章都开设了3-5个专栏，精选了一些经典的案例进行深入剖析，这样不仅使我们的研究更加透彻，也增强了本书的可读性。

四、比较研究法

根据《牛津高级英汉双解辞典》的定义，比较研究法就是对物与物之间和人与人之间的相似性或相异程度的研究与判断的方法。更通俗的表述是：比较研究法指的是根据一定的标准，对事物发展的现象在不同情况下的不同表现进行对比研究，辨别其异同之处，从而得出科学的研究结论。在本书中，这种研究方法被广泛运用。在国家创新体系研究中，我们选择了美国、英国、日本、韩国、芬兰等发达国家以及我国的国家创新体系建设典型制度安排进行了比较分析，为进一步改进我国国家创新体系的制度设计提供了很好的借鉴与启迪。同时，我们在本书的结构安排上，也特意将原始创新、集成创新和引进消化再创新的制度安排，研发阶段、孵化阶段和市场化阶段的制度安排进行了分章节比较研究，更加清晰明了地看出不同的创新方式、不同的发展阶段需要不同的制度安排，从而使我们的研究更加深入与透彻。

第二章

自主创新与制度安排的一般理论

　　科学研究总是在一定的理论指导下进行的，理论的形成又以概念的厘清为前提。为使本课题研究有一个清晰的概念基础和理论基础，本章将着重点研究所涉及的基本概念和相关理论。

第一节　创新与制度基本概念的界定

创新与制度是与本书研究的两个最基本的概念。但由于国内外学者这两个概念有着相当不同的理解和认识，迄今为止尚未形成一个严格的、统一的定义。为了避免因概念分歧而出现理解上的误差，本书在进行其他研究之前有必要对这些概念进行界定和明晰。

一、创新、技术创新与自主创新

1. 创新的概念

创新这一概念的起源最早可以追溯到 600 年前，即在 15 世纪时人们就开始使用"创新"这个术语。创新的原意是新东西、新概念。但对"创新"概念最完整的描述，最早是还是由美籍奥地利经济学家熊彼特提出来的。熊彼特在 1912 年出版的《经济发展理论》著作中，首次对"创新"概念进行了较为完整的论述。他认为，创新是生产要素的新组合，是一国经济增长的动力。此后，他在 1928 年发表的《资本主义的非稳定性》一文中，又提出了创新是一个过程的概念，他把创新定义为一种生产函数的转移，或是一种生产函数的新组合，其目的在于获取潜在的超额利润。具体说来，熊彼特的创新概念包括了五个方面的内容：（1）引入新的产品或提供产品的新质量；（2）采用新的生产方法；（3）开辟新的市场；（4）获得新的供给来源；（5）实现新的组织形式。后来人们将他这五个方面的内容进一步归纳为五类创新，即：产品创新、市场创新、技术创新、资源配置创新、制度创新。熊彼特这个定义的最大特点就是赋予了"创新"概念一个全新的经济学内涵，首次与发明、创造等概念严格的区分开来。他认为创新是一个经济学概念，而发明、创造则是一个技术概念。创新不是指科学技术上的发明创造,而是指把已发明的科学技术引入企业中,形成一种新的生产力。

此外,关于创新的概念还有以下几个比较有代表性的观点:纳尔逊和温特把创新定义为"现在的决策规则的变化"。① 彼得·德鲁克认为"创新的行动就是赋予资源以创造财富的新能力"。② 国内有的学者把创新定义为"一种推陈出新、追求创意的鲜明意识;一种勇于思索、积极探求的心理取向;一种善于把握机会的机敏和灵性;一种积极改变自己及改变环境的应变能力"。③ 这些概念都从不同角度、在不同程度上反映了创新的本质特点。

我们认为,创新在本质上是新事物代替旧事物的过程,只有既与过去的东西有实质性不同,又符合市场需要和实践规律的事物和现象才是创新概念所要求的"新"。同时,我们主张要根据不同实践的具体需要对创新下不同的定义。一般地说,创新包括科学创新、技术创新、制度创新、理论创新和文化创新等不同方面。这样理解创新,有以下几方面的优点:其一,这有利于人们从总体上把握创新的本质,对创新有个较为统一的标准;其二,这有利于社会各阶层、各群体,在社会生活中处于不同角色的人,参与创新行为,避免创新成为一个简单的或不切实际的口号;其三,这有利于对人们的创新行为进行经济学与非经济学的方面的综合评估。

2. 技术创新

技术创新概念是在熊彼特创新理论的基础上提出来的。伊诺思在1962年发表的《石油加工业中的发明与创新》一文中首次明确提出了技术创新的概念。他认为,"技术创新是几种行为综合的结果。这些行为包括发明的选择、资本投入的保证、组织建立、制定计划、招用工人和开辟市场

---

① 范·杜因:《经济长波与创新》,上海译文出版社1993年版,第104页。
② 彼德·德鲁克:《创新与企业家精神》,企业管理出版社1989年版,第30页。
③ 中央教育科学研究所,《创新教育》,教育科学出版社1999年版,第177页。

等。"在此之后，还有很多技术经济学家和研究机构从不同角度对技术创新概念进行了定义。目前比较权威的技术创新概念有以下几种：一是美国国会图书馆研究部给出的定义为，技术创新是一个从新产品或新工艺设想的产生到市场应用的完整过程。它包括新设想产生、研究、开发、商业化生产到扩散等一系列的活动。二是经济合作与发展组织（OECD）对技术创新的定义为，新产品的产生及其在市场上的商业化以及新工艺的产生极其在生产过程中应用的过程。三是美国国家科学基金会（NSF）认为，技术创新是将新的或改进的产品、过程或服务引入市场。四是我国学者傅家骥从企业的角度给出技术创新的定义："技术创新是企业家抓住市场的潜在盈利机会，以获取商业利益为目标，重新组织生产条件和要素，建立起效能更强、效率更高和费用更低的生产经营系统，从而推出新的产品、新的生产（工艺）方法、开辟新的市场、获取新的原材料或半成品供给来源或建立企业的新的组织，它是包括科技、组织、商业和金融等一系列活动的综合过程。"[①]

我们认为，上述几种定义，虽然表述方式不尽相同，但都抓住了技术创新活动的系统性和动态性的基本特征，都把技术创新看作是一种把新的技术设想转变能在市场上销售的新产品、新工业的动态过程。只不过这几个概念有狭义和广义之分，有的单纯强调概念的技术方面，有的强调概念的经济或社会方面而已。我们这里所指的技术创新属于广义的概念。

3. 自主创新

自主创新是一个近10多年来才出现的、具有中国特色的新名词。从目前数据库的检索结果来看，陈劲应该是我国最早提出自主创新概念的学者。1994年他在《从技术引进到自主创新的学习模式》一文中提出，"发展中国家技术引进的终极目标应该是：实现较多的自主技术创新、提高发

---

① 傅家骥主编：《技术创新学》，清华大学出版社1998年版，第13页。

第二章 自主创新与制度安排的一般理论

展的竞争性与持久性。"① 从这段话可以看出,陈劲早期提出的"自主创新"这个概念的基本含义还是"自主技术创新",它指的是在引进、消化国外先进技术的过程中,继技术吸收、技术改进之后的一个特定的技术发展阶段。② 在此之后,我国还有很多学者对自主创新进行了定义,不过他们的自主创新概念都是相对于技术引进而提出来的,概念内涵也基本是等同于"自主开发"。他们把引进国外技术、消化吸收划归到跟踪模仿的范畴,认为它们并不属于自主创新的概念范畴。例如当时傅家骥等学者将技术创新划分为自主创新、模仿创新、合作创新的分类方法就在我国学界得到了广泛采用。

实践证明,盲目提倡所有企业都一窝蜂地搞自主技术开发、不搞技术引进的观点并不符合我国的国情,也是不可能实现的空想。因此,从 2003 年开始,一些学者就提出来,技术引进、消化吸收也应该纳入自主创新的概念范畴。在 2006 年召开的全国科技大会上,胡锦涛同志在其讲话中首次从国家战略层面对自主创新进行了定义:"是指以获取自主知识产权、掌握核心技术为宗旨,以我为主发展与整合创新资源,进行创新活动,提高创新能力的科技战略方针。"这个定义包括了三个方面的涵义:一是加强原创性创新,努力获得更多的科学发现和技术发明;二是加强集成创新,使各种相关技术有机融合,形成具有市场竞争力的产品和产业;三是在引进国外先进技术的基础上,积极促进消化吸收和再创新。③

由此可见,自主创新这个概念区别于其他创新的典型特征是:首先,自主创新是拥有自主知识产权的创新。创新者自己拥有专利、商标等创新成果,这是自主创新的最核心特征;其次,自主创新是以自己为主而有独创性的创新。自主创新虽然在研究、开发过程中并不排斥与他人合作或借

---

① 陈劲:"从技术引进到自主创新的学习模式",《科学管理》1994 年第 2 期。
② 赵刚、孙健:《自主创新的人才战略》,科学出版社 2007 年版,第 8—9 页。
③ 钱俊生主编:《自主创新与建设创新型国家学习读本》,中共党史出版社 2006 年版,第 13 页。

鉴他人的技术成果,但自主是前提,关键性核心技术必须依托自身力量通过独立的研究开发活动而获得。

二、制度、制度安排与制度创新

1. 制度的概念

我国是一个具有悠久的文化传统的国家,长期受儒家思想的侵润与熏陶,是一个非常讲究制度的民族,既要尊重"祖宗家法",又强调"其命维新",因此制度在我国是一个古老而宽泛的概念。"制度"一词最早出现在《周易》中,《周易本义》记载:"说以行俭,当位以节,中正以通。天地节而四时成,节以制度,不伤财,不害民。""君子以制数度,议德行。"[①] 从这一引文可以看出,《周易》所谓的"制度"直接体现出社会的一种节制、中庸和和谐的状态,而这种状态节省了交易费用,促进了经济增长,而掌握制定制度权力的人必需识别整个社会的规制状态,保证均衡,推动整个社会的道德秩序的演进。《礼记》对制度也有专门描述。《礼记·礼运》中记载,"天子有田以处子孙,诸侯有国以处子孙,大夫有采以处子孙,是谓制度。"制度构成了一种社会秩序,制度的设立可以实现"法相序,信相考,百姓睦,天下肥",相反,就是"坏国,丧家,亡人"。[②]《商子·一言》中记载:"凡将立国,制度不可不察也,法治不可不慎也,国务不可不谨也,事本不可不专也。制度时,则国俗可化而民从制;法治明,则官无邪;国务一,则民应用;事本专,则民喜农而乐战。"[③]《商子》对制度的理解显然比《周易》、《礼记》更直观化,他将制度直接与法治、国务和事本相联系,这一制度实际上就是组织或者是政治制度,通过政治组织的强化作用,改变所谓的"国俗",实现"喜农乐

---

① 朱熹:《周易本义》,中国书店1992年版,第98-99页。
② 陈浩:《礼记集说》,中国书店1992年版,第184-200页。
③ 山东大学《商子译注》编写组编:《商子译注》,齐鲁书社1982年版,第66页。

战",保证国家的强大。①

制度也是现代制度经济学中的一个最基本概念。制度学派的开山大师凡勃伦在他 1899 年出版的《有闲阶级论》一书中较早给出的制度定义为:"制度实质就是个人或社会对有关的某些关系或某些作用的一般思想习惯;而生活方式所构成的是在某一时期或社会发展的某一阶段通行的制度的综合,因此从心理学方面来说,可以概括地把它说成是一种流行的精神态度或一种流行的生活理论。"② 其后,旧制度经济学派的康芒斯、安德鲁·斯考特、新制度经济学派的诺思、舒尔茨、拉坦等人都对制度给出了各式各样的定义。其中诺贝尔经济学奖获得者诺思是新制度经济学家中给制度下定义最多的人。他认为,"制度提供了人类相互影响的框架,它们建立了构成一个社会、或确切地说一种经济秩序的合作与竞争关系。""制度是一系列被制定出来的规则、守法秩序和行为道德、伦理规范,它旨在约束主体福利或效用最大化利益的个人行为"③,"制度是一个社会的游戏规则,更规范地说,它们是决定人们的相互关系的系列约束。制度是由非正式约束(道德的约束、禁忌、传统和行为准则)和正式的法规(宪法、法令、产权)组成的。"④ 诺思给出的这些制度定义虽然表述不同,但实质内涵是一致的,即制度是一种"游戏规则"。

制度经济学家虽然给出的制度定义五花八门,但大家在制度的本质认识上其实取得了一致,即制度就是一种规范人的行为规则,它们能够约束人们的行为,可以将人们的行为导入可合理预期的轨道。因此,我们赞成诺思将制度认定为一种"游戏规则"的观点。

---

① 秦海:《制度、演化与路径依赖——制度分析综合的理论尝试》,中国财政经济出版社 2004 年版,第 7-8 页。
② 凡勃仑:《有闲阶级论》,商务印书馆 1964 年版,第 139 页。
③ 诺思:《经济史中的结构与变迁》,上海人民出版社 1994 年版,第 225-226 页。
④ 诺思:《制度、制度变迁与经济绩效》,上海三联书店 1994 年版,第 3 页。

2. 制度安排

制度安排的概念并没有太大争议，目前学术界比较倾向于接受我国学者林毅夫的观点，即制度安排是"管束特定行动模型和关系的一套行为规则。"这就包括了制度的创造、制度的选择、制度的采用、制度的执行、制度的建设。一般而言，一项制度安排至少要包括以下两个功能：一是使其成员能够获得在这种安排结构之外不可能获得的追加收入；二是提供一种能影响产权（或法律）变迁的机制，以改变个人或团体可以合法竞争的方法。① 林毅夫将制度安排分为正式制度安排和非正式制度安排两种类型。他认为，在正式的制度安排中，规则的变动和修改，需要得到受它管束的一群（个）人的准许。也就是说，无异议是一个自发的、正式的制度安排变迁的前提条件，因此它的变迁需要创新者花时间与精力去与其他人谈判以达成一致意见。正式的制度如家庭、企业、工会、医院、大学、政府、货币、期货市场等等。而非正式制度安排中规则的变动与修改完全由个人完成，用不着也不可能由群体行动完成。最初，个别创新者往往被其他人认为是违犯了现行规则。只有当这个社会中的大多数人放弃了原来的制度安排并接受新制度安排时，制度安排才会发生变换。价值、意识形态和习惯就是非正式的制度安排的例子。② 另外，制度安排还可以从其他角度进行分类。例如，从时间的角度看，制度安排可以分为暂时性制度安排和永久性制度安排；从制度安排的实施主体看，也可以分为个人、团体和政府三种制度安排类型。

3. 制度创新

制度创新（也称制度变迁）的概念是从创新概念中发展过来的。所谓制度创新，就是指人们为了获得在现存制度结构内无法实现的潜在受益，

---

① 何自力等：《比较制度经济学》，南开大学出版社2003年版，第297页。
② 林毅夫："关于制度变迁的经济学理论：诱致性变迁与强制性变迁"，载《现代制度经济学》（下），北京大学出版社2003年版。

寻求、设计并建构一种新的制度安排的过程。其实质就是在一定的制度环境约束下，制度创新者为了获得更大化的潜在利润而设计并实施一项新的制度安排。制度创新的过程本质上是制度的供求状态由均衡到不均衡，再由不均衡到均衡的过程。①

　　诺思和戴维斯将制度创新分为个人、团体与政府三种类型，认为各种创新形式所需的成本与所带来的收益各不相同，制度决定者会选择一种能实现最大净收益的创新形式。林毅夫在此基础上进一步区分了诱致性制度变迁和强制性制度变迁，并强调了意识形态和国家在制度变迁中的重要作用。所谓诱致性制度变迁是指一个（群）人在响应制度不均衡引起的潜在利润时所进行的自发性变迁。由于制度安排不能获取专利，诱致性变迁会碰到难以解决的外部性或"搭便车"问题。因此，"如果诱致性变迁是新制度安排的唯一来源的话，那么一个社会中制度安排的供给将少于社会最优"，即制度供给不足，这就需采取国家干预来弥补这一不足。这种通过国家干预，由政府合法引致的制度变迁就称之为强制性制度变迁。那么是否一旦出现制度供给不足时，政府就会采取强制性变迁措施呢？林毅夫认为是否采取强性变迁取决于统治者对采取这一措施和预期成本与预期收益的比较，只有收益大于成本，强制性变迁才能被推行；反之，收益小于成本，或者威胁到统治者的生存，强制性变迁（创新）不可能被实施，整个社会则将继续处于一种持续性的制度非均衡状态。②

---

　　① 何自力等：《比较制度经济学》，南开大学出版社2003年版，第294页。
　　② 科斯、威廉姆森、阿尔钦等：《财产权利与制度变迁——产权学派与新制度经济学译文集》，上海人民出版社1994年版，第261–264页。

第二节　创新与制度理论的历史演进

任何新的理论和新的思想都有其历史演进的轨迹，都是以往理论和实践的继承与发展，因此，为了全面了解自主创新和制度安排的相关理论，我们有必要先追溯理论的源头，探寻其历史发展的轨迹。

一、技术创新理论的历史演进

1. 技术创新理论的源起——熊彼特的创新理论

熊彼特是创新理论的创立者，这一点在国内外理论界几乎没有争议。他不仅最早提出了创新的概念，而且提出了两个著名的创新模式，即企业家创新模式（熊彼特创新模式Ⅰ）和大企业创新模式（熊彼特创新模式Ⅱ）。熊彼特在1912年出版的《经济发展理论》中，提出了著名的"企业家创新模式"。他认为，技术创新要遵循以下发展模式：（1）有一个与科学新发展相关但不能确定的发明流，他们大半处在现有企业和市场结构之外，基本上不受市场需求的影响；（2）一群企业家意识到这些发明的未来潜能，准备冒创新的风险。这种冒险行动是一般资本家和经理不敢采取的；（3）一旦成功做出一项根本性的创新，将使现有市场结构处于不均衡状态，成功的创新者将获得短期的超额垄断利润。但这种垄断利润会随着大量模仿者的进入而被削弱。熊彼特在1942年出版的《资本主义、社会主义和民主》一书中对企业家创新模式进行修改，进而提出了大企业创新模式。其核心思想是：（1）技术来自企业内部的创新部门；（2）成功的技术创新使企业获取超额利润，企业因此得以壮大，形成暂时的垄断；（3）

大量模仿者的加入削弱了垄断者的地位。①

熊彼特提出的这两种创新模式,虽然存在一些区别,例如,企业家创新模式强调的是企业家在创新中核心作用,而大企业创新模式强调的是创新活动主要的承担者是企业内部的研究开发机构,但这两个模式的基本内涵还是一致的,即都强调技术是推动创新的核心因素,而对制度因素没有给予足够的重视。熊彼特"几乎没有谈到政府对工业、技术和科学的政策,或大学、政府机构与工业研究与开发之间的关系。"② 因此,后来学者就将这两个模式统称为"技术推动模式",即强调技术创新是企业内生的,是技术进步推动着经济的长期增长,换言之,技术创新的速度、规模和方向取决于技术进步的速度、规模和方向,更多的研究开发投入就意味着更多的技术创新产出。③ 也正因为如此,熊彼特虽然并没有明确的提出技术创新的概念,但熊彼特的创新理论后来却被有些学者称之为技术创新理论的起源。

2. 技术创新理论的演进——新熊彼特主义

在熊彼特之后,自 20 世纪 50 年代中期开始,施穆克勒、罗森伯格、弗里曼等西方经济学家围绕熊彼特的创新理论,继续对科技进步与经济结合的方式、途径、机制以及影响因素等问题展开研究,逐步形成了完善的技术创新理论。由于这些理论是依据熊彼特创新理论一脉相承发展起来的,因此也被称为新熊彼特主义。不过,技术创新理论虽然渊源于熊彼特的创新理论,但并不是熊彼特创新理论的简单套用,而是将熊彼特创新理论与新古典学派经济理论(微观经济理论)整合一起用于技术创新研究的

---

① 袁庆明:《技术创新的制度结构分析》,经济管理出版社 2003 年版,第 4—5 页。
② 多西等:《技术进步与经济理论》,经济科学出版社 1992 年版,第 7 页。
③ 陈华:《生产要素演进与创新型国家的经济制度》,中国人民大学出版社 2008 年版,第 34 页。

产物，其中更多地包含了经济理论、经济史、经济统计三者合一的研究方法。①

技术创新理论与熊彼特创新理论相比，一个最大进步就是以技术创新和市场创新为研究对象，明确引入了市场机制。技术创新理论认为，推动技术创新的因素不仅有技术因素，还有市场因素。技术只是实现经济发展的一个必要条件，但仅仅依靠技术并不能实现经济发展，必须通过技术创新活动将技术与生产、市场结合起来，才能实现经济增长和社会进步。因此，技术创新是由技术和市场需求共同推动的结果，两者的作用不可偏废。技术创新理论学派的代表人物罗森伯格就这样说过：发明活动由需求和技术共同决定，需求决定了创新的报酬、技术决定了成功的可能性及成本。

不过，应该看到，技术创新理论虽然成功引入了市场因子，比熊彼特创新理论更为完善，但该理论坚持认为，技术创新是推动经济增长和社会进步的关键因素，而对与技术创新活动直接关联的国家制度因素以及相应的社会、历史、文化背景等因素没有给予足够的重视。

二、制度理论的历史演进

1. 近代制度经济学派的制度理论

近代制度经济学派是在反对当时的正统经济理论——新古典经济学理论的基础上发展起来的。近代制度经济学派主要从技术性（资源配置的技术）的角度研究经济活动，并不考察经济活动中的制度问题。其典型代表是凡勃仑、加尔布雷斯、康芒斯等一批美国制度主义学者。

近代制度经济学派的基本思想是进化主义，研究对象非常广泛，包含了经济学、政治学、社会学、心理学、法学、生物学等方方面面。他们是以"社会达尔文主义"作为哲学基础和思想立足点，运用生物学模拟方

---

① 赵建春、张治学等：《技术创新原理及体系构建》，河南人民出版社2002年版，第4页。

法，结合有关的心理分析和知识认识论等思想，分析经济系统的演进与进化。他们坚持制度进化的观点，认为制度体系是不能人为设计的，它本质上是一个自发的动态进化与演进体系；制度变迁模式的差异主要是由惯例、文化传统、选择环境、历史初期条件等自发性因素决定的。他们侧重于从动态演化的角度，特别是从"自然选择"和"适应性学习"两种演化机制角度分析经济制度的形成与演化，并强调经济系统与制度系统的演化是非线性的、复杂的，其方向是盲目的、不确定的，由此他们认为，制度演化不一定朝着最优的方向移动。①

近代制度经济学派虽然在第二次世界大战时一度成为美国经济思想中的主流派，但最终还是败在了新古典经济学派的手下，究其原因，是因为近代制度经济学派的制度理论存在着明显的缺陷：一是他们的观点是反理论的，尤其是反对古典经济学理论，他们只是对正统经济理论的不满和批判，而没有形成自己的系统的理论框架，没有提出理论工具（或范式）供别人去使用。"除了一堆需要理论来整理不然就只能一把火烧掉的描述性材料外，没有任何东西留传下来。""他们杂文般的笔调读后确实令人痛快，仅此而已，人们很难沿着他们的足迹继续前进。"② 二是片面地强调了文化、习俗、传统等意识形态在制度创新中的基础作用，忽视了社会生产方式对于经济制度所起到的物质基础与决定性的作用，同时也忽视了制度体系设计中的人为意识性和目的性与人类行为在制度体系设计中的主动性、创造性和有为性。因此，近代制度经济学派的制度理论虽然对于民间的、自然的非正式规则或内在制度有一定的理论解释能力，但对于政府主导的人为推进的正式规则或外在制度的变革，难以做出合理的理论解释。③

---

① 陈华：《生产要素演进与创新型国家的经济制度》，中国人民大学出版社2008年版，第26-27页。

② 卢现祥主编：《新制度经济学》，武汉大学出版社2004年版，第27页。

③ 陈华：《生产要素演进与创新型国家的经济制度》，中国人民大学出版社2008年版，第27页。

2. 新制度经济学的制度理论

新制度经济学与近代制度经济学理论并没有"血缘"上的继承关系，甚至可以说他们的理论观点还是对立的。近代制度经济学派极力反对新古典经济理论，而新制度经济学派的制度理论却发源于新古典经济理论，它是对新古典经济理论的修正，而不是取代。

交易费用理论和产权理论是新制度经济学制度创新理论的两块基石。其创始人科斯在1937年和1960年先后发表了《企业的性质》、《社会成本问题》两篇影响深远的文章，提出了著名的交易费用概念，对制度因素与生产要素配置之间的关系进行了分析，阐述了在交易费用不可能为零的情况下，生产的制度结构存在的重要性。交易费用概念的提出，为新制度经济学家分析经济体制中的生产制度结构及其意义铺平了道路。从20世纪70年代开始，德姆塞茨、阿尔钦、张五常、诺思等新制度经济学家就从交易费用这个基本概念出发，对生产要素的产权等问题进行了大量而富有成效的研究，认为"一切制度归根结底是产权制度，因而，所有的交易成本在本质上都可以被归结为产权界定和实施的成本。"[①]

新制度经济学制度创新理论的核心思想就是强调了制度创新对于经济增长的决定性作用地位。他们认为，"有效率的经济组织是经济增长的关键"，而"有效率的组织需要在制度上作出安排和确立所有权。"[②] 过去人们一般认为是资金、劳动力、技术之类的要素短缺制约了经济的发展，而制度创新理论的分析恰恰表明，制度短缺或制度供给的滞后同样会严重制约经济的发展。

不过，新制度经济学的制度理论也存在一些明显不足，具体表现在：一是新制度经济学回避了政治因素对经济活动的影响，而且首先假定大的

---

① North D.: Institutions, Institutional Change and Economic Performance, Cambridge University Press, 1990.

② 诺思、托马斯：《西方世界的兴起》，华夏出版社1999年版，第5页。

制度环境即社会基本制度规则为外生给定的，只着重研究一些具体层面的制度安排。二是与近代制度经济学派的制度理论正好相反，他们过于强调了国家在制度创新中的作用，而忽视了自然演进的功能与作用，这同样是有失偏颇的。

3. 马克思政治经济学的制度理论

马克思虽然没有从一般意义上给"制度"下过一个明确的定义，但马克思政治经济学却形成了一套完善的制度理论。诺思这样评价说，"在详细描述长期变迁的各种现存理论中，马克思的分析框架是最有说服力的，这恰恰是因为它包括了新古典分析框架所遗漏的所有因素：制度、产权、国家和意识形态。"[①]

马克思认为，制度因素是社会经济发展中的内生变量，而不是独立于社会经济发展之外的。一种制度一旦形成，它并不是不变的，而是随着社会生产的发展以及经济关系的变化而不断变化的。在生产力和生产关系、经济基础和上层建筑的矛盾运动中，人类社会制度由低级向高级逐步演进。对于经济制度变迁的方式或途径，马克思政治经济学认为是量变到质变、渐进与革命的统一。

同时，与西方制度经济学派只注重制度的形式而忽视制度的本质不同，马克思政治经济学力图揭示出制度的本质。马克思认为，制度是对生产活动中人与人之间的关系作出的一种规范性安排。制度根本上反映的就是不同的人、集团和阶级之间的经济利益关系，而对于人们之间经济利益关系的不同安排，又会直接影响到人们经济活动的动力，从而影响到经济活动的效率。因而，制度在本质上解决的人们相互之间的利益关系又是与经济效率直接联系在一起的。

马克思对制度本质的这一界定，有三个方面的含义。第一，制度是对社会生产中处于不同地位的人的一种具有强制性和约束性的确认，当某一

---

① 转引自卢现祥主编的《新制度经济学》，武汉大学出版社2004年版，第28页。

制度能使不同利益集团的不同地位保持下去,那么,这实际上也就规范了他们之间的利益关系。因此,从本质上看,制度要解决的就是利益关系问题。第二,制度的改变和调整的根本目的也是在于经济利益。一方面,制度所体现的总是在社会经济中占优势地位的集团和阶级的利益,制度的本质就是反映经济利益关系。另一方面,在社会经济中占优势地位的集团或阶级,也会对现存的制度进行改变和调整,但这种改变和调整不涉及到制度性质的变化,只是在不改变基本性质的框架内,根据生产力和经济发展的客观要求,对其形式和局部内容的改变和调整,其目的也是为了更好地维护和实现自身的利益。第三,制度的本质是人与人之间的利益关系,会直接影响人们在经济活动中的动力,进而影响到经济活动的效率。这样,制度就通过经济利益、经济动力与经济效率联系在一起。这就说明,制度的本质既是经济利益问题,也是经济效率问题。换言之,经济利益是决定经济活动的动力,经济动力直接影响经济效率,经济效率是经济利益的延伸。因此,经济活动是否具有充分的动力,是否具有高的效率,其根源在于是否处理好了经济利益关系,是否建立了合理的制度。

三、国家创新系统理论的历史演进

从20世纪80年代开始,随着制度创新理论的发展,许多技术创新经济学家开始关注影响技术创新的制度因素,他们逐渐纠正过去单纯注重技术因素的偏差,开始从系统工程角度来研究技术创新问题,并最终促成了以弗里曼、纳尔逊和伦德瓦尔等人提出了备受各国政府关注的国家创新系统理论。从某种意义上说,国家创新系统理论的提出,就是将技术创新研究与制度创新研究融合起来的最新研究成果。[①] 国家创新理论强调,各种组织机构(包括企业、研究开发部门、大学、金融机构、政府等)和制度结构(包括存在于组织内部的各种制度安排和组织外部的制度环境)是影

---

① 袁庆明:《技术创新的制度结构分析》,经济管理出版社2003年版,第15页。

响一国的国家创新系统创新绩效的关键因素。因此，国家创新理论的提出，标志着现代创新理论研究已从单纯的企业创新研究过渡到了创新的机制体制、创新环境、国家体系等制度层面。①

国家创新系统概念最早是由英国经济学家弗里曼在 1987 年出版的《技术与经济绩效：来自日本的经验》一书中提出来的。他在考察日本技术创新活动及其经济起飞的奇迹后得出结论：人类历史上技术领先的国家先后从英国、德国、美国到日本的转移，并不仅仅是技术创新的结果，还包括了许多制度与组织等方面的创新活动，最终可以归结为国家创新系统发生演变的结果。弗里曼特别强调在剧烈的技术变革情况下将技术创新与组织创新、社会创新结合起来的必要性。技术创新的成功和失败，取决于国家调整其社会经济范式以适应技术经济范式的要求和可能性的能力。如果某一国家的社会经济制度范式无法与技术经济范式的要求相适应，就会陷入"技术创新陷阱"。②

几乎同时，美国经济学家纳尔逊也提出了国家创新系统的概念。他在 1988 年出版的《作为演化过程的技术变革》一书中，主要分析了美国国家创新系统的构成。纳尔逊认为："现代国家的创新体系从制度上讲是非常复杂的，当它们涉及到制度要素和每个企业时，它们既包括致力于公共技术知识的大学，也包括政府基金与计划。"③ 1993 年，纳尔逊在其主编的《国家创新系统》一书中进一步指出，现代国家的创新系统既包括各种制度因素以及技术行为因素，也包括致力于公共技术知识的大学和研究机构，以及政府的基金和规划之类的机构。其中以盈利为目的的私人企业或

---

① 陈华：《生产要素演进与创新型国家的经济制度》，中国人民大学出版社 2008 年版，第 40 页。

② 陈华：《生产要素演进与创新型国家的经济制度》，中国人民大学出版社 2008 年版，第 36—37 页。

③ 转引自王春法的《国家创新体系与东亚经济增长前景》，中国社会科学出版社 2002 年版，第 45 页。

机构是所有这些创新系统的核心,它们既相互竞争,也是彼此合作的关系。

丹麦技术创新经济学家伦德瓦尔也是国家创新系统理论的创始人之一。与前两位学者以国家层面的创新系统为研究对象有所不同的是,他着重研究了技术创新过程中的创新者与用户相互作用的问题,并把国家当作这种创新者与用户相互作用的基本背景框架。因此,伦德瓦尔也被称为国家创新系统研究的微观学派。他认为,国家创新系统是指包括了国家含义上的要素和关系,这些要素和关系从狭义上讲是与研究开发有关的机构和制度,如研究开发部门、技术学院和大学,从广义上讲则包括了影响学习和研究的经济结构和制度,如生产系统、营销系统、金融系统等。①

国家创新系统理论一经提出,立即在国内外学术界甚至各国政界都产生了巨大反响,以至于自20世纪90年代以来,国家创新系统理论迅速成为技术创新研究领域最为热门的课题。不仅学术界普遍采用这个理论来分析各国科技政策系统的效率并对其功能进行评估,而且受到了各国决策者的高度重视,逐渐将国家创新系统理论引入到政策制定领域,成为许多国家制定科技与经济发展政策的重要理论依据。

专栏2-1:苏联现象的警示

苏联在20世纪下半叶提出"由外延增长方式向内涵增长方式的转变"以后,从1971—1975年的第九个五年计划开始,一直把加强对科学研究工作的领导、加快技术引进、有计划地进行企业的更新改造确定为重点,企图通过指令性的计划安排和大量的国家投资"加快技术进步"。为此,苏联建立了世界上规模最为宏大的官办教育体系和科研体系。但是,苏联加快技术进步从而实现经济增长方式转变的努力,并没有取得成功。直到苏联解体,苏联经济也没有达到主要靠提高效率(内涵增长)实现高速增长的要求,相反,全要素生产率却逐年下降。这种"苏联现象",即一方面

---

① Lundvall B. A.: National Systems of Innovation, London: Pinter, 1992.

是庞大的教育研究和开发体系,一方面是越来越低的增长率和全要素生产率的现象提示我们,庞大的研究开发和教育体系在缺乏适宜的制度条件的情况下,是无法提供足够的激励,使经济增长转移到依靠效率改进和技术进步的基础之上的。这里的症结在于,苏联建立了一种封闭、僵硬的行政性科研体制和缺乏活力的国有企业体制,压抑和损害了科学家和其他专业人员的积极性和创造性。

【资料来源:"技术创新的背后是制度创新——吴敬琏教授访谈录",《中国改革》2006年9月】

第三节 技术创新与制度创新的关系理论

综前所述,可以看出,人们对创新与制度的认识经历了一个历史的发展过程,现在国内外学术界都已认识到,制度是影响技术创新的一个重要因素。但是,制度创新与技术创新究竟是何种关系,仍然是众说纷纭,没有定见。"对技术与制度变迁之间的相互关系的明确理解一直是那些对发展的历史和制度方面感兴趣的经济学家和其他社会科学家所感到困惑的。"[1]

新制度经济学派的代表拉坦认为,在制度与技术创新的关系方面存在着两种对立的观点:一种是制度创新依赖于技术创新,另一种是技术创新依赖于制度创新,这就是所谓"技术决定论"和"制度决定论"。拉坦将凡勃仑及其追随者、马克思都划归为"技术决定论"一派,而将诺思、托马斯等人划归为"制度决定论"一派。拉坦的这种划分虽然不无道理,但

---

[1] 拉坦:"诱致性制度变迁理论",载《财产权利与制度变迁》,上海三联书店1994年版,第329页。

他将马克思也划为"技术决定论"一派却是比较牵强的,连罗森伯格也认为,"把马克思当作技术决定论者等于忽视他关于历史变革本质的辩证分析。"① 值得注意的是,拉坦在其《诱致性制度变迁理论》一文中也对技术创新与制度创新的关系提出了自己的独特看法,他认为技术创新与制度创新两者是相互影响、相互依赖的关系,但二者并不是相互决定的,这种"互不决定论"的观点也可以算是一家之言。所以,我们将技术创新与制度创新的关系理论具体分为四种有代表性的观点,即以凡勃仑和埃尔斯为代表的"技术决定论"、以诺斯为代表的"制度决定论"、以拉坦的"互不决定论"以及马克思的"辩证关系论"等,下面对这四种观点做一具体评析。

一、凡勃仑和埃尔斯的"技术决定论"

"技术决定论"者的基本立场是,技术是自主的,遵循其内在的规律和"轨迹"而自我发展。在他们看来,技术创新是技术自身逻辑发展的产物,决定了制度创新和社会进步,是最终起决定性作用的力量。而制度则是技术的附庸,不适应技术的制度必将淘汰,只有适合奉技术的制度才有存在的理由。② 持这一观点的主要是早期制度主义学派的代表人物凡勃仑及其弟子埃尔斯。

凡勃仑是早期制度主义学派的创始人,他坚持技术创新对制度创新具有决定性的作用。在其代表作《有闲阶级论》一书中,凡勃仑明确表示,制度是由物质环境(技术)决定的,"制度必须随着环境的变化而变化,因为就其性质而言它就是对这类环境引起的刺激发生反应时的一种习惯方式。"在他看来,制度是保守的,因为人们对于现有制度、思想习惯、精神面貌和观点等,除非是出于环境的压迫而不得不改变,一般总是希望无

---

① N. Rosenberg: Inside the black box. London: Cambridge University Press, 1982, P. 35 – 38.

② 卢现祥主编:《新制度经济学》,武汉大学出版社 2004 年版,第 147 页。

第二章 自主创新与制度安排的一般理论

限期的坚持下去。因此,他认为,人们之所以进行制度创新其实是面对外部压力的无奈之举。"不管怎样,人们在为了符合改变了的形势的要求而调整思想习惯的时候,总是迟疑不决的,总是有些不大愿意的,只是在形势的压力下,已有的观点站不住脚的时候,才终于这样做。""制度与习惯观念因环境改变而做出的调整,是对外来的压力的反应,其性质是对刺激的反应。"凡勃仑还有一个观点,即认为人们生活过程的效率或便利程度的改变也会对制度创新产生巨大的影响。"如果一个团体在以前的情况下进行的那种生活方式,在当时的环境下,就那个团体的生活过程的效率或便利程度而言,曾经获得在大体上尽其力达到的最高成就;那么在这个时候,同样的,没有改变的生活方式,在改变了的环境下,就不再能产生以前那样的尽其力可以达到的最高成就……,这时如果能改变方式来适应改变了的情况,就会减少便利程度下降的可能。"①

不过,虽然凡勃仑反复强调了技术创新对制度创新的决定性影响,但也承认制度创新对技术创新具有一定的促进作用,承认旧的制度成见会对技术创新产生不利的影响。"在凡勃仑的讨论中,通行的制度可能对技术变迁有着深刻的影响。这是因为,像其他所有活动一样,技术活动是从文化上嵌入的,进而又受到制度框架中的成见和目标的影响。""凡勃仑多次指出了技术洞察和发明或多或少受制度成见的不利影响,但是制度并非总是这种消极作用。凡勃仑对商业系统的理解是,个人主义及金钱利益的制度原则固然阻碍技术洞察,但还没有到掠夺性文化的制度原则不利于技术洞察的那种程度。"②

凡勃仑的弟子和思想追随者埃尔斯是一个更加彻底的"技术决定论"者,他将凡勃仑关于技术创新对制度创新起决定性作用的观点进一步发挥

---

① 凡勃仑:《有闲阶级论》,商务印书馆 1964 年版,第 139－142 页。
② 卢瑟福:《经济学中的制度》,中国社会科学出版社 1999 年版,第 115－116 页。

到极致，认为技术视是经济进步与增长的动态因素，而制度则是静态的因素。他这样说："由于其固有的特征，制度本质上静态的，在社会变革过程中，制度始终起着消极的作用，它抵抗变革。"① "技术本质上不断发展的，而社会的制度结构本质上静止的，抗拒变革的。"② 在具体考察资本主义制度时，埃尔斯写道："我们考察资本主义制度越多，它们对工业社会发展的贡献不是创造性的这一点就变得越清楚。"③ 显然，在埃尔斯看来，制度是抗拒社会变革的阻碍力量，对技术创新没有任何积极作用，只有技术才是推动社会变革的惟一力量。

二、诺思的"制度决定论"

凡勃仑和埃尔斯的"技术决定论"遭到了当时和后来的一些新制度经济学家的激烈反对，在新制度经济学家看来，制度是整个社会的"游戏规则"，是社会得以维系和发展的基础，制度创新对技术创新具有决定性的作用。新制度经济学派的主要代表人物诺思一反"技术决定论"的观点，明确提出"制度决定论"。他认为，正是制度创新决定了技术创新，而不是技术创新决定制度创新，"反复强调了制度变迁比技术变迁更为优先且更为根本的观点。"④ 诺思断言，唯有制度创新才对技术创新具有一种决定性的影响，因为正是制度决定了技术进步的实际速率和一个经济的实际绩效。

诺思在 1973 年与托马斯合著的《西方世界的兴起》一书中，对"制度决定论"的观点作了详细论述。他认为，好的制度选择会促进技术创

---

① C. E. Ayres: The industrial economy: Its technological basis and institutional destiny. Cambridge, MA: Houghton Mifflin, 1952, P. 49.

② C. E. Ayres: Toward a reasonable society: the values of industrial civilization, Austin: University of Texas Press, 1961, P. 233.

③ C. E. Ayres: Moral confusion in Economics, International Journal of Ethics, 45, January, P. 189

④ 拉坦："诱致性制度变迁理论"，载《财产权利与制度变迁》，上海三联书店 1994 年版，第 331 页。

新，会刺激社会个人的创新欲望。诺思通过研究表明，对技术创新的知识产权保护制度的建立，是刺激技术创新长久、稳定发展的根本性手段。如果没有这种制度创新，就不会有后来的西方产业革命的重大历史成果的出现。"付给数学家报酬和提供奖金是刺激努力出成果的人为办法，而一项专为包括新思想、发明和创新在内的知识产权而制定的法律则可以提供更为经常的刺激。没有这种所有权，便没有人会为社会利益而拿私人财产冒险。"① "制度环境的改善会鼓励创新，结果私人受益率接近社会收益率。鼓励为具体的发明带来了刺激，但并没有为知识财产的所有权提供一个合法的依据。专利法的发明则提供了这种保护。"②

诺思在建立其制度创新理论时，虽然也承认技术创新对制度创新有很重要的作用，比如，技术创新可以增加制度安排改变的潜在利润，降低某些制度安排的操作成本，但他认为历史上大的制度创新的原动力并不仅仅在于技术进步，而主要是人口的重大变化，这一变化改变了人口与资源的比例，也就使资源稀缺性增加，从而对经济制度效率的改进形成压力，促进经济制度向效率更高的方向变迁。③ 他在解读现代意义上的经济增长为什么首先发生在荷兰和英国时，就是力图用实证的方法论证制度创新对技术创新的决定作用。诺思认为："在这两个国家，持久的经济增长都起因于一种适宜所有权演进的环境，这种环境促进了从继承权完全无限制的土地所有制、自由劳动力、保护私有财产、专利法和其他对知识财产所有制的激励措施，直到一套旨在减少产品和资本市场缺陷的制度安排。"④ "在诺思与托马斯看来，荷兰和英国在1500－1700年间的发展比法国和西班牙更快的事实，就是正在形成的国家对持续的财政危机的回应所产生的特定

---

① 诺思、托马斯：《西方世界的兴起》，华夏出版社1999年版，第8页。
② 诺思、托马斯：《西方世界的兴起》，华夏出版社1999年版，第191页。
③ 汪立鑫：《经济制度变迁的政治经济学》，复旦大学出版社2006年版，第25页。
④ 诺思、托马斯：《西方世界的兴起》，华夏出版社1999年版，第23－25页。

的产权形式的结果。"①

三、拉坦的"互不决定论"

同属于新制度经济学派的拉坦,虽然也认同技术创新与制度创新之间相互影响、相互依赖的观点,承认"导致技术变迁的新知识的产生是制度发展过程的结果,技术变迁反过来又代表了一个对制度变迁需求的有力来源。"但他对诺思的制度创新比技术创新更为优先且更为根本的观点却并不赞同。他认为争论关于技术创新或制度创新相对优势的观点一般是不具有生产性的,技术创新与制度创新之间的相互依赖性很高,因此必须在一个持续的相互作用的逻辑中来进行分析。因此,他既不赞成"技术决定论",也不赞成"制度决定论",实际是主张"互不决定论"观点。②

拉坦在《诱致性制度变迁理论》一文中,从制度变迁的需求和供给两个角度充分论证了引起技术创新与制度创新原因的相似性,说明二者间并不存在谁决定谁或者说谁更重要的问题。首先,拉坦认为,对技术创新与制度创新的需求的原因是非常类似的。例如,土地(或自然资源)价格相对于劳动力价格的提高,诱致了用于减少对由土地的无弹性供给所导致的有制约的生产技术创新,同时也引致了导致能更准确地定义与配置土地的产权的制度创新。劳动力相对于土地(自然资源)的价格的提高,导致了能使资本替代劳动的技术创新,同时也导致了能增进代理人的生产能力并增进工人对他自己的就业条件进行控制的制度创新。由技术创新所形成的新的收入流以及制度效率的收益引致了对产品的相对需求的变化,以及新的和更为有利可图的产品创新的机会的开辟,这导致了消费模式更为多样化,而且由技术变迁或制度变迁所形成的新的收入流又引致了用于修正新的收入流在要素所有者之间进行分割以及改变个人与集团之间的收入分配

---

① 拉坦:"诱致性制度变迁理论",载《财产权利与制度变迁》,上海三联书店1994年版,第331页。

② 袁庆明:《技术创新的制度结构分析》,经济管理出版社2003年版,第32页。

的进一步的制度创新。① 其次,拉坦认为,引起技术创新与制度创新的供给转变的力量也是非常相似的。"假定制度变迁的供给与技术变迁的供给之间的类似性是有理论根据的。正如当科学和技术知识进步时,技术变迁的供给曲线会右移一样,当社会科学知识和有关的商业、计划、法律和社会服务专业的知识进步时,制度变迁的供给曲线也会右移。进而言之,社会科学和有关专业知识的进步降低了制度发展的成本,正如自然科学及工程知识的进步降低了技术变迁的成本一样。"②

四、马克思的"辩证关系论"

虽然在马克思政治经济学理论中,并没有明确使用技术创新与制度创新这样的概念,但马克思其实在其对资本主义起源和对资本主义现实的研究中,很早就涉及了技术创新与制度创新的关系问题,"马克思比他的同时代学者更深刻地洞见了技术与制度变迁之间的历史关系。他将发明看作是一个社会进程,而不是先验的洞见或偶然的天赋灵感的结果。在马克思的体系中,阶级斗争反映了经济制度的演进与生产技术进步之间的不断'冲突'"。③

马克思关于技术创新与制度创新关系的辩证论述,主要体现在生产力与生产关系的辩证思想中。"马克思企图将技术变迁与制度变迁结合起来。马克思最早阐述的生产力(它常常被马克思用来指技术系统)与生产关系(常意指人类组织和具体的产权方面)的相互关系,是将技术限制与制约同人类组织的局限性结合起来所作的先驱性努力。"④ 在马克思看来,生产力是社会生产中最活跃、最革命的因素,经常处于不断的发展变化中,而

---

① 袁庆明:《技术创新的制度结构分析》,经济管理出版社 2003 年版,第 32 页。
② 拉坦:"诱致性制度变迁理论",载《财产权利与制度变迁》,上海三联书店 1994 年版,第 338—339 页。
③ 拉坦:"诱致性制度变迁理论",载《财产权利与制度变迁》,上海三联书店 1994 年版,第 338 页。
④ 诺思:《制度、制度变迁与经济绩效》,上海三联书店 1994 年版,第 177 页。

| 自主创新的
| 　　制度安排

生产关系一经建立，则是相对稳定的。技术的发展变化（技术创新）决定着制度的变迁（制度创新）。当马克思强调技术创新对制度创新具有决定性作用的时候，与凡勃伦的"技术决定论"有相通之处，这导致一些学者将马克思主义划归到"技术决定论"阵营，比如，拉坦在评论马克思的观点时就这样说，"尽管马克思强调了生产方式的变化（技术变迁）与生产关系的变化（制度变迁）之间的辩证关系，但他相信前者提供了社会组织变迁的更为动态的力量。"①

如果对马克思生产力与生产关系的理论稍作深入分析便可以看出，马克思并不像凡勃伦、埃尔斯等"技术决定论"者那样，片面地否定制度创新对技术创新的积极作用，相反，在马克思看来，制度创新对技术创新也是具有重大作用的。马克思在《政治经济学批判》1859年序言中这样写道：社会的物质生产力发展到一定阶段，便同他们一直在其中活动的现存生产关系或财产关系（这只是生产关系的法律用语）发生矛盾，于是这些关系便由生产力的发展形式变成生产力的桎梏。那时社会革命的时代就到来了。随着经济基础的变更，全部庞大的上层建筑也或慢或快地发生变革。由此可以清晰的看出，马克思在强调生产力（技术创新）决定生产关系（制度创新）的同时，也承认生产关系（制度创新）对生产力（技术创新）具有巨大反作用力——促进或阻碍的作用。当生产关系适应生产力的性质和状况时，它就会对生产力产生强大的促进作用，而当生产关系不适应生产力的性质与状况时，又会阻碍生产力的发展。这就是说，当一种制度一旦阻碍了技术进步和社会发展，就会迎来彻底的制度创新（革命）。

---

① 拉坦："诱致性制度变迁理论"，载《财产权利与制度变迁》，上海三联书店1994年版，第329-330页。

第四节 技术创新与制度创新的基本关系

前面我们介绍和分析了技术创新与制度创新的关系的四种观点，可以看出，"技术决定论"与"制度决定论"各执一端，均有失偏颇。"技术决定论"始终将制度看作是一种阻碍技术创新的消极力量，完全否认了制度创新对技术创新的促进作用，其理论缺陷是明显的。"制度决定论"将制度创新看作是推动经济增长和技术创新的惟一力量，否认了技术创新对制度创新的重要作用，这种把制度创新过于夸大和绝对化的观点，也是明显站不住脚的。拉坦仅从引起技术创新与制度创新原因的某些相似性，就得出二者"互不决定论"的观点，显然也缺乏足够的说服力。只有马克思的"辩证关系论"从哲学的高度上分析了技术创新与制度创新之间的辩证关系，为我们正确理解二者的关系提供了科学的认识方法。

不过，对技术创新与制度创新关系的认识，当然不能仅仅停留在马克思的生产力与生产关系基本原理上。我们对技术与制度的关系持一种系统论的观点，认为应该把技术创新和制度创新放在一个动态的创新系统中去研究，换言之，技术创新与制度创新构成了一个动态的创新系统，两者之间互相联系，又互相推动，是创新系统中的两个不可或缺的基本要素。

一、技术创新与制度创新的相互作用机理

在我们看来，技术创新是生产力中最活跃的因素之一，因为推动其他创新的初始力量往往首先来自于技术创新。技术创新推动了生产力的发展，生产力的发展也会对技术创新提出新的要求，生产力的内部矛盾在推动生产力的发展和技术进步的同时，也在不断冲击着原有的生产关系。当原有的制度（生产关系）越来越不适应生产力的发展和技术创新的要求

时，就会使劳动者进行技术创新的积极性受到一定程度的抑制，生产力发展的速度也将受到阻碍，而要确保生产力的不断发展和技术的继续进步，就必然会提出新的制度设计和安排的需要，从而提出变革原有的生产关系、进行制度创新的必然要求，这就使得制度创新成为推动生产力发展和技术创新的关键性力量。而一旦新的制度形成以后，就能为生产力发展和技术进步提供一个更加优质的制度环境，使以制度设计为主的生产关系更好地适应生产力发展的需求，这会更好地调动劳动者的技术创新积极性，推动生产力实现更大的发展。总之，以技术创新为主的生产力总是在不断发展和进步的，是社会生产中最活跃、最革命的因素，而以制度创新为内核的生产关系则在不断地适应生产力的发展需求，处于一种相对被动的状态之中，技术创新与制度创新总是从适应到排斥再到适应，从相对稳定到变革再到相对稳定的过程之中。

综上所述，可以看出，技术创新是制度创新的源泉和动力，也是制度创新的基本前提，而制度创新又是推进技术创新的基础，是技术创新得以进行的保障，双方构成相互联系、相互促进的有机整体。由技术创新和制度创新共同形成的创新系统，总是处于一种动态平衡的状态；而且，这个创新系统还是在技术创新与制度创新的共同作用下不断发展，形成推动社会和经济发展的强大现实力量。因此，我们既要看到技术创新是促进制度创新的关键所在，也要充分认识到制度创新对技术创新的重要作用，单纯强调一方面的作用而完全否认另一方面，既不是科学的认识论，也不符合客观实际。

二、自主创新需要制度创新做保障

改革开放30多年来，我国经济与社会发展虽然取得了举世瞩目的成就，但也暴露出了不少问题。例如，我国引以为豪的经济成就许多是依靠高投入、低产出的粗放式生产方式取得的，带来了极大的资源消耗、环境污染等严重的问题，是一种不可持续的发展模式；又如，我国现在虽然成

第二章 自主创新与制度安排的一般理论

为了"世界工厂",但我们的产品大部分是科技含量和附加值较低的"大路货",处于国际"微笑曲线"的底部,我国目前自主创新能力较弱,一些战略性的高技术含量和高附加值的产品主要还是依赖进口,科技发展已不能适应经济社会增长的需要。

正是在这种背景下,胡锦涛同志在 2006 年 1 月 9 日召开的全国科技大会讲话提出,提高自主创新能力,建设创新型国家才是我国未来的强国之道。提高自主创新能力,要解决的问题很多,诸如研发和消化吸收经费投入不足,自主核心技术缺乏,以企业为主体的自主创新体系尚未完全形成,技术创新机制不健全等,面临的问题可谓千头万绪,那么应该从哪里入手?我们认为,要想提高我国的自主创新能力,确保建设创新型国家的战略顺利实施,首要的工作是做好自主创新的制度安排,从体制、机制、政策、人才和环境氛围等方面着手,形成一个鼓励和支持自主创新的良好制度环境。换言之,自主创新要取得突破,必须在制度创新方面有所作为。历史已经证明并将继续证明,现阶段制约我国科技发展的主要问题就是制度短缺,一些过时的制度已成为技术创新和社会发展的最大"桎梏"和"瓶颈",而新的制度体系还没有形成,不能为自主创新提供充足的制度资源。在这种情况下,制度创新就成为推动自主创新的决定性力量,合理的制度安排更是我国自主创新战略取得成功的关键因素。

我国经济学家吴敬琏有一个著名的观点,叫做"制度重于技术"、"制度安排决定科技发展"。吴敬琏早在 1999 年在北京高技术产业国际周资本市场论坛上就提出,我国高技术产业发展不太成功的最大教训就是过于强调技术创新,而忽视了制度创新。"在过去几十年间,制定了许多个发展高技术、新兴产业等等的规划,发动过多次科学和技术'攻关'的运动。政府的注意力集中于确定'攻关'的重点和为进行'攻关'分钱分物分人上。流行的观点是:把科学发明和技术本身的演进,看作推动高技术产业发展的主要力量,以为只要投入足够多的资金和人力,去开发和引进预定需要开发的各项高新技术,就能保证高技术产业的快速发展。"他认为,这种把科学发明和技术本身的演进看作推动高技术产业发展的主要力量的看法,是一种"想当然的肤浅推理",是一种虚假的"唯物主义历史观",他因此提出,"如果我们热心于发展我国的高技术产业,就首先应当热心于落实各项改革措施,建立起有利于高技术以及相关产业发展的经济和社会制度。只有这样的制度安排,才是推进技术进步和高技术产业发展的最强大的动力。""一个国家、一个地区高新技术产业发展的快慢,不是决定于政府给了多少钱,调了多少人,而是决定于是否有一套有利于创新活动开展和人的潜能充分发挥的制度安排、社会环境和文化氛围。"① 吴敬琏在 2006 年 9 月接受记者采访时提出,"我坚持一个观点:制度安排的作用重于技术演进自身。只有建立充满活力的新体制,才能实现经济增长方式的转变,才能真正做到自主创新,才能最终建成创新型国家。"② 从一定意义上说,"制度重于技术"、"制度安排决定科技发展"的观点,也是本书的立论前提。我们认为,当现存的制度已不再适应技术创新发展的要求时,制度创新便成为了必须优先考虑的决定性因素。要解决这个问题,必须对自主创新的制度安排进行深入的研究。

专栏 2-2:金融危机与珠江三角洲地区改革发展规划纲要

由于珠三角地区企业存在产业层次总体偏低、产品附加值不高、贸易结构不够合理、创新能力不足等一系列问题,在本轮全球金融危机冲击下,珠三角区域内大量加工贸易企业破产倒闭,珠三角地区也因此成为我国受此次金融危机影响最大的一个区域。为了扶持珠三角产业的发展,提升企业的市场竞争力,国务院及时出台了《珠江三角洲地区改革发展规划纲要(2008-2020)》,为珠三角企业发展做出了新的制度安排。

---

① 吴敬琏:《制度重于技术》,中国发展出版社 2002 年版,第 4-23 页。
② 参见"技术创新的背后是制度创新",《中国改革(综合版)》2006 年第 9 期。

1. 推进核心技术的创新和转化。

重点开展电子信息、生物与新医药、先进制造等关键领域的自主创新,掌握一批行业核心和共性技术。实施产业前沿技术重大攻关计划,开展关键领域联合科技攻关,实施节能减排与可再生能源、创新药物的筛选与评价等自主创新重大专项,支持产学研合作和区域联合承担国家重大科技专项。支持国家重大创新成果在珠江三角洲地区转化。

2. 强化企业自主创新主体地位。

支持探索促进自主创新的政策举措,鼓励率先建立和完善增强企业自主创新能力的政策体系。完善企业自主创新激励机制,全面落实企业研发费用税前加计扣除等自主创新优惠政策,加大创新产品的政府采购力度。支持企业与全国高等院校、科研院所共建高水平的技术研发机构和人才培养机构,组建企业技术中心,共同承担国家重大科技项目。

3. 构建开放型的区域创新体系。

深化粤港澳科技合作,建立联合创新区,支持联合开展科技攻关和共建创新平台。规划建设深港创新圈,加强穗港产学研合作,加快国家创新型城市建设,形成以广州－深圳－香港为主轴的区域创新布局。支持广州国家级开发区开展创新发展模式试验。实施企业国际合作创新试点,鼓励企业设立境外研发机构,积极承接跨国公司研发中心转移。

4. 深化国家与地方创新联动机制。

国家有关部门与广东省联合开展自主创新综合试验,积极推进协调管理、考核评价、科技体制等方面的体制机制改革,促进国家与地方创新资源的高效配置和综合集成,上下联动凝聚创新合力。

5. 加强自主创新环境建设。

优化整合财政资源,加大财政投入,完善创新创业融资环境。实施知识产权和技术标准战略,加大知识产权保护和应用力度,支持开展行业、国家和国际标准的制订工作。支持开展工业设计人员等职业能力评价认证体系试点。创新人才引进、培养、评价、任用、表彰激励和服务保障机制,实施高端人才引进计划和培养工程。

【资料来源:《珠江三角洲地区改革发展规划纲要(2008-2020)》,人民网,2009年1月8日,http://politics.people.com.cn/GB/1026/8644751.html】

第三章

自主创新的制度结构

自主创新活动并不是由某项制度安排来推动的,而是由各种各样的制度安排构成的一整套制度系统共同作用的结果。在这个制度系统中,各种制度安排并不是孤立的,而是通过一种实施机制相互作用,相互影响,形成一种制度结构。这样,所谓自主创新制度结构就是指促进和支持自主创新活动的多种制度安排以及它们的实施机制共同构成的一个制度系统。

第一节 自主创新制度结构的内涵

一、自主创新制度结构概念的演变

制度结构的概念最早是由新制度经济学家舒尔茨提出来的。他在1968年发表的《制度与人的经济价值的不断提高》一文中认为,"制度结构由四种基本形式的制度构成:(1)用于降低交易费用的制度,如货币、期货市场等;(2)用于影响生产要素的所有者之间配置风险的制度,如合约、分成制、合作社、公司、保险、公共社会安全计划等;(3)用于提供智能组织与个人收入流之间的联系的制度,如财产、包括遗产法、资历和劳动者的其他权利等;(4)用于确立公共品和服务的生产与分配的框架的制度,如高速公路、飞机场、学校和农业实验站等。"[①] 林毅夫在1989年首次提出一个高度抽象化的制度结构定义,"制度结构是一个社会中正式的和不正式的制度安排的总和。"[②] 诺思在1990年将制度结构的概念进一步完善,他看到了不同的制度安排在制度结构中会互相作用和影响,认为实施机制也是制度结构的构成部分,提出制度结构应该由正式规则、非正式规则和实施机制等三个部分组成。[③]

自主创新制度结构的概念是从新制度经济学中的制度结构概念引申而来的。1982年,国家创新系统理论提出者之一的纳尔逊在他的《政府与技术进步》一书中首次使用了"技术进步的制度结构"这个概念。他后来进

---

① 舒尔茨:"制度与人的经济价值的不断提高",载《财产权利与制度变迁》,上海三联书店1994年版,第253页。

② 林毅夫:"关于制度变迁的经济学理论:诱致性变迁与强制性变迁",载《财产权利与制度变迁》,上海三联书店1994年版,第377—378页。

③ 诺思:《制度、制度变迁与经济绩效》,上海三联书店1994年版,第7页。

一步在《美国支持技术创新的制度》一文中对技术创新的制度结构进行了论述，他认为市场制度、专利制度、政府支持技术创新的政策和计划、大学和 R&D 内部化、风险投资与鼓励创新合作的制度等都是支持技术创新的主要制度因素。同一时期，国家创新系统理论的另两位主要提出者弗里曼和伦德瓦尔也从不同角度谈到了技术创新的制度结构。我国学者袁庆明对技术创新的制度结构做出了一个比较完整的定义："技术创新的制度结构就是促进和支持技术创新的各种具有不同地位和作用的正式制度安排与非正式制度安排以及它们的实施机制耦合而成的制度体系。"[①] 我们认为，自主创新的制度结构指的是促进和支持自主创新活动的多种制度安排以及它们的实施机制共同构成的一个制度系统。

二、自主创新制度结构的主要特点

1. 复杂多样性

制度安排是构成自主创新制度机构的基本要素。从上面的制度结构的定义就可以看出，支持自主创新的制度安排并不是单一的，而是种类繁多，既有用明确的法律、政策、规章、契约等明文形式确定下来的正式制度安排，也有像道德规范、风俗习惯、意识形态等自发形成并被人们广泛接受和认同的非正式制度安排。影响自主创新的制度安排，虽然有我们经常提到的市场制度、产权制度、风险投资制度等经济性制度，也有政治、思想、文化等其他社会制度，这些都是制度结构的重要制度要素。对于制度结构的这种复杂多样性，纳尔逊就曾有过这样的描述，"假如说技术变化比标准经济理论所描述的远为复杂而斑驳陆离，那么支持技术进步的制度结构则也是如此。"[②]

2. 结构层次性

我们这里所说的层次性包括两个方面涵义：一方面是指自主创新的制

---

① 袁庆明：《技术创新的制度结构分析》，经济管理出版社 2003 年版，第 52 页。
② 纳尔逊："美国支持技术进步的制度"，载《技术进步与经济理论》，经济科学出版社 1992 年版，第 380 页。

度结构的各种制度安排的内部构成上是具有明显层次性的。新制度经济学家诺思从制度的根本和非根本意义上将制度分成"基础性制度安排"和"第二级制度安排"两个层次。文森特·奥斯特罗姆将制度结构分为四个层次，即宪法层次、集体行为层次、操作层次和选择层次。袁庆明依据不同制度安排在技术创新活动中的重要程度，将制度结构分为根本性制度安排、重大性制度安排和辅助性制度安排三个层次。从这里可以看出，虽然他们分类方法上存在一定的差异，但都明确阐述了制度结构存在层次性的特点。另一方面是指制度结构的外部系统构成上与制度安排、国家（或区域）创新体系之间是具有明显的层次性的。制度安排是制度结构的基本构成要素，制度结构是制度安排的总和。而国家（或区域）创新体系是由制度结构和创新主体（政府、企业、高校、科研机构和中介机构）共同构成的更高层次的系统。

3. 相互关联性

制度结构不仅是各种制度安排的总和，还通过实施机制相互作用和影响，因此，自主创新制度结构中的各种制度安排并非孤立存在的，而是相互依存，相互影响。某一个制度安排的创新效果和稳定性取决于它是否与其他相关制度安排能否相容、互补，是否能与整个制度结构相协调。各项制度能否相容、互补与协调是决定整个制度结构有效性的关键。通常来说，非正式制度的规则对正式制度的规则提供合法性依据，正式制度的效率受到社会文化、意识形态、价值体系等非正式制度安排的影响。诺思因而指出，正式制度通常必须由非正式制度加以补充和发展，两者共同决定经济绩效。① 2007 年，诺贝尔经济学奖得主约瑟夫·斯蒂格利茨教授在北京大学中国经济研究中心发表演讲时也认为，设计良好的创新体系，应该是一个混合的系统。他提出，在社会创新体系中，不能过度夸大知识产权

---

① 金德万："如是我闻丛札·正式制度与非正式制度"，中国社会科学院网站，http://www.cass.net.cn/file/2004122829925.html

的重要性，而是可以考虑将专利（知识产权）制度、奖励机制和政府资金支持三种方式作为创新制度的一个组合。①

4. 动态演进性

纳尔逊在《美国支持技术进步的制度》一文中提出，"随着科学和技术的发展，不同科学和技术领域里的研究与发展的特点会发生变化，同样，和研究与发展相适应的制度结构也会变化。"自主创新制度结构中的各种制度安排并非静止不动的，而是动态存在的，处于一个不断演进的过程中。至于制度结构的演进方式，纳尔逊认为主要有渐变和剧变两种。渐变即是自主创新制度结构中的原有制度安排循序渐进地进行不断更新和完善；剧变就是自主创新制度结构中的原有的制度安排被一种新的制定安排所完全取代。"通常是渐变，但有时也剧变。"② 渐变是自主创新制度结构演进的最常见形式，剧变是制度结构渐变到一定临界点后的必然结果。

三、自主创新制度结构的要素构成

对于自主创新的制度结构的构成要素，国家创新系统理论的代表性人物纳尔逊、弗里曼、伦德瓦尔等西方学者都从不同的角度提出了自己的构成体系。纳尔逊在1987年发表的《美国支持技术进步的制度》一文中首次以美国为研究对象对技术创新的制度结构进行了分析，他认为有利于技术创新的制度结构主要是由市场经济制度、专利制度、政府支持技术进步的政策和计划、研究与开发制度等构成的。而另一位著名的国家创新系统理论奠基人弗里曼在其1988年发表的《日本：一个新国家创新系统？》一文中，以日本为研究对象对技术创新的制度结构进行了分析。他认为有利于技术创新的制度结构主要由政府的产业政策、教育

---

① 约瑟夫·斯蒂格利茨："创新的制度设计"，《财经》2007年第6期。
② 纳尔逊："美国支持技术进步的制度"，载《技术进步与经济理论》，经济科学出版社1992年版，第395页。

与培训制度、终生就业制度、红利制度等构成。与纳尔逊、弗里曼以一个国家为研究角度不同,伦德瓦尔是从分析创新产品与用户的互相作用这个比较微观的角度来研究技术创新制度结构的构成的。1992年他在《创新是一个相互作用的过程》一文中提出,有利于技术创新的制度结构主要由"有组织的市场"制度、相互信任和尊重的行为准则、政府的产业与技术政策等构成。

我国一些学者也对自主创新的制度结构构成进行了研究。其中比较有代表性的观点有,一是有的学者根据对自主创新作用的重要程度不同,将影响技术创新的制度结构因素划分为根本性制度、重大性制度和辅助性制度三大类。其中根本性制度主要为产权制度和市场制度;重大性制度主要为股份制、企业内部研究开发制度、政府采购与税收—补贴制度、风险投资制度等;辅助性制度主要包括政府的其他经济政策(不包括上述转为促进技术创新的经济政策)和一国的政治、思想文化制度。① 二是有的学者按照制度在规范人们行为时所表现的强制性的不同,将影响自主创新的制度结构分为自愿性制度安排与强制性制度安排两种;三是有的学者按照制度的表现形式的不同,将影响自主创新的制度结构分为有形的制度安排与无形制度安排两种。

本书的主要依据是林毅夫对制度结构的定义,从制度变迁的实现方式的角度,将影响自主创新的制度结构分为正式制度安排和非正式制度安排两大类。正式制度安排"指的是这样一种制度安排:在这种制度安排中规则的变动和修改,需要得到其行为受这一制度安排管束的一群(个)人的准许。也就是说,无异议是一个自发的、正式的制度安排变迁的前提条件。……与此相反,非正式制度是指:在这种制度安排中规

---

① 袁庆明:《技术创新的制度结构分析》,经济管理出版社2003年版,第77、94、120页。

则的变动和修改纯粹由个人完成,它用不着也不可能由群体行为完成。"① 正式制度安排与非正式制度安排的最根本区别在于:正式制度安排是人们有意识地设计并创造出来的成文的法律、政策或契约,其实施需要得到权威机构的强制推动;而非正式制度的形成和实施都是自发的,主要是一些不成文的、指导人们行为的道德观念、伦理规范、风俗习惯等。支持自主创新的正式制度安排主要有产权制度、市场制度、企业研发制度、政府税收优惠政策、政府采购制度、教育培训制度、合作创新制度、风险投资制度等。支持自主创新的非正式制度安排主要有创新文化、企业家精神等。

第二节 自主创新制度结构的功能与动力机制

一、自主创新制度结构的基本功能

从发生学的角度看,制度无非具有两种功能:满足人的需要与限制人的需要。新制度经济学将制度的功能进一步细分为六个方面,即降低交易成本、为实现合作创造条件、提供人们关于行动的信息、为个人选择提供激励系统、约束主体的机会主义行为、减少外部性等。②

我们认为,自主创新制度结构的基本功能与制度的满足和限制的基本功能是一致的,也就是提供激励与施加约束两种功能。而这两大基本功能是通过降低自主创新的交易费用、减少创新活动的外部性和不确定

---

① 林毅夫:"关于制度变迁的经济学理论:诱致性变迁与强制性变迁",载《财产权利与制度变迁》,上海三联书店1994年版,第390页。
② 卢现祥主编:《新制度经济学》,武汉大学出版社2004年版,第136-140页。

性、提供激励机制、提供市场竞争、促进合作创新等六大具体功能来实现的。

（一）降低交易费用，减少创新成本。

1937年，英国经济学家罗纳德·科斯在《企业的性质》一文中提出了著名的交易费用理论，他将交易费用解释为"利用价格机制的成本"，他认为交易费用决定了企业的存在，企业之所以采取不同的组织方式，其最终目的也是为了节约交易费用。科斯的制度起源理论揭示了交易费用与制度形成的内在联系：交易费用的存在必然导致制度的产生，制度的运行有利于稳定有序的形成，从而能实现交易费用的节约。[①] 我国经济学家张五常也认为，制度安排对交易费用有直接影响，他提出，好的经济制度可以有效降低协调成本，即节省交易费用；不好的经济制度则会提高社会的协调成本，即增加交易费用。

在自主创新活动中，会产生搜索信息的费用、谈判费用、协商费用、合约执行费用以及监督费用等各种各样的交易费用。这些交易费用的存在，提高了自主创新的成本，减少了创新的预期利润，从而抑制了自主创新活动的积极性。导致交易费用产生的原因主要是因为人的有限理性。由于人们的认知能力和所掌握的知识与信息是有限的，才会出现搜索费用、谈判协商费用、监督费用等。同时，人们具有"欺诈性地追求自我利益"的动机，即机会主义动机，这也会使得交易费用大增。如果人是完全理性的，就不存在交易费用问题。[②] 而研发的企业内部化制度、科技中介机构、技术交易市场和科技园等制度安排可以有效降低自主创新活动的交易费用。因为这些制度安排的存在，能使自主创新活动有章可循，有规则可依，可以抑制机会主义的动机，促进技术的交流与合作，

[①] 卢现祥主编：《新制度经济学》，武汉大学出版社2004年版，第137页。
[②] 董静：《企业创新的制度设计》，上海财经大学出版社2004年版，第85－86页。

这样就可以大大降低自主创新过程中的交易费用，增加创新活动的经济性和成功率。

（二）减少创新活动外部性，增加创新收益率。

外部性指由于市场活动而给无辜的第三方造成的成本。外部性分为正外部性和负外部性两种。其中正外部性是指某个组织或个人的活动使他人或社会受益，而受益者无须花费代价；负外部性是某个组织或个人的活动使他人或社会受损，而造成外部不经济的组织或个人却没有为此承担成本。自主创新活动具有明显的正外部性，即个人或组织无法阻止他人免费享用自己的创新成果。诺思将自主创新活动的外部性解释为：个人行为所引起的私人成本不等于社会成本，私人收益不等于社会收益。换句话说，自主创新活动的正外部性会导致自主创新活动带来的社会收益大于私人收益，从而使得创新者难以从技术创新中获得应有的利益，这也就是我们通常所说的"溢出效应"。自主创新的这种"溢出效应"通过"知识溢出"和"市场溢出"而最终体现为"利益溢出"，而这种"利益溢出"势必会严重影响了人们从事技术创新的积极性，从长远看将导致整个社会创新动力不足和创新能力的衰竭，并由此造成社会发展的停滞。而要解决创新活动的外部性，关键就是要通过合理的制度安排减少创新活动的外部性，让外部性内部化，从而使创新者的私人收益率尽可能接近社会收益率。建立排他性的产权制度是减少创新活动外部性的最关键的一项制度安排，诺思甚至将其看作是西方世界兴起的根本原因："有效率的经济组织是经济增长的关键，一个有效率的组织需要在制度上作出安排和确立所有权便造成一种刺激，将个人的经济努力变成私人收益率接近社会收益率的活动。"[①]

（三）提供激励机制，激发创新积极性。

制度从本质上讲就是对人的行为选择的干预，其中激励是制度的一项

[①] 诺思、托马斯：《西方世界的兴起》，华夏出版社1999年版，第5页。

基本功能。制度结构对自主创新的激励机制主要是通过传递提倡什么或鼓励什么的信息、引领创新观念、指导创新行为而达到的,一般需要借助奖励或惩罚的强制力量得以监督执行。制度的激励手段一般有行为激励、物质激励和精神激励三种。"天下熙熙皆为利来,天下攘攘皆为利往",获得利益是通常人们采取行动的基本动机。这种利益既可能为金钱、财富等物质利益,也可能是声誉、地位等精神利益。因此,人们的获利动机能否得到满足就成为影响自主创新活动的主要因素之一。而制度结构中的专利制度、财政补贴与奖励制度、税收优惠制度、企业家年薪制、股票期权制等制度安排,提供了强有力的激励机制,正好有力保证了创新者通过自主创新活动的成功获得财富、地位和声望的愿望和要求,从而对创新者的开展创新活动的积极性和主动性产生极大的促进作用。

(四)减少不确定性,降低创新风险。

创新是对未知领域的探索和尝试,创新过程中存在着诸多不可预测的风险,具有很强的不确定性。诺思认为,"制度在一个社会中的主要作用是通过建立一个人们相互作用的稳定的(但不一定是有效的)结构来减少不确定性。"① 我国学者王春法认为,技术创新过程中的不确定性可以归纳为四种不同类型,即技术方面的不确定性、市场方面的不确定性、技术创新收益分配的不确定性和制度环境方面的不确定性。而制度的存在正好减少自主创新活动的不确定性,降低创新活动风险。在他看来,制度设计的主要任务就是要探索一套能够有效地降低创新过程中的不确定性的制度安排。降低技术创新过程中的不确定性,从而缩短发明—技术创新时滞,是技术创新政策的核心功能。所谓发明—技术创新时滞就是指从最初的专利发明到最终作为商品进入市场并为消费者接受的长期过程。"一般来说,技术前景的不确定性和市场前景的不确定性、创新收益的不确定性以及制度环境方面的不确定性与发明—创新时滞的关系是一种正比关系,即不确

---

① 诺思:《制度、制度变迁与经济绩效》,上海三联书店1994年版,第7页。

定性越小，企业创新风险就越小，发明—创新时滞就越短；反之，不确定性越大，企业创新的风险也就越大，发明—创新时滞也就越长。"① 在自主创新的制度结构中，政府采购制度、风险投资制度等制度安排可以有效减少自主创新活动的不确定性，降低创新活动风险，增强人们对自主创新活动的成功预期。

（五）约束机会主义行为，维护正常市场秩序。

人的有限理性使人具有随机应变、投机取巧，通过非常隐蔽的欺骗性手段追求个人利益最大化的行为倾向。而且，在自主创新活动中，由于存在信息不对称，信息沟通不通畅的问题，致使创新活动存在较大的"道德风险"，创新主体的机会主义行为倾向明显。所谓机会主义，也称投机主义（Opportunism），就是为了达到自己的目标就可以不择手段，突出的表现是不按规则办事，其最高追求是实现自己的目标。在自主创新活动中，主要存在两种机会主义行为，一种是事前机会主义行为，主要指创新者故意夸大技术的市场价值、淡化采用技术的风险或者承接技术的难度，致使技术采用者在对创新技术做出评价时形成额外耗费，或做出错误决策；另一种是事后机会主义，主要是指创新者只向技术的承接者提供与技术相关的显性知识、而不提供重要的隐性知识，这样就会增加技术承接者的学习费用和失败风险。可见，人的这种自私自利、损人利己的机会主义行为倾向必然将导致市场秩序的混乱，因此有必要通过制度安排来对其进行限制与约束。合理的制度安排有助于制约创新中的机会主义行为，为创新提供稳定的社会秩序。以科斯等为代表的新制度经济学派认为，在既定的制度下面，"每个人不过是一只拴在树上的狗"。制度就是拴着狗的绳子的长度，正如绳子的长度决定了狗活动的范围一样，制度告诉并强制规定人们可以做什么，不可以做什么，从而限制了人们的活动的范围，决定了人的

---

① 王春法：《技术创新政策：理论基础与工具选择》，经济科学出版社1998年版，第153—157页。

活动在操作层面的选择集。①

（六）促进市场竞争，维持企业创新压力。

合理的制度安排可以为企业发展构建一个充满竞争性的市场环境，使企业时刻具有危机感，从而对企业形成强大的自主创新压力，迫使企业必须不断进行创新以获得先进技术和产品，并形成核心竞争力，否则就会面临被市场淘汰的危险。自主创新制度结构的这种功能主要是指市场制度。市场制度的这种功能已得到许多经济学家的充分论证。美国经济学家内森·罗森堡和L. E. 小伯泽尔在《西方致富之路——工业化国家的经济演变》一书对西方技术发展史进行研究后发现，西方国家之所以从18世纪开始全面赶超中国和阿拉伯等东方国家，主要原因就是西方国家在中世纪中后期建立了一种有利于不断创新的市场体制。我国杰出的经济学家孙冶方最早看到了技术进步与经济体制之间的依赖关系，他把计划经济体制下的那套固定资产管理办法叫做"复制古董、冻结技术进步"的体制，认为社会主义现代化建设，必须主要依靠对现有企业的技术改造。后来吴敬琏进一步论证了"竞争性的现代市场经济体制是技术创新基础性的条件"，而在计划经济体制下是根本没有办法使技术进步这样一个创造性破坏过程常规化和制度化的。计划经济体制也许能够在少数重点领域赶超上取得突出成就，比如"两弹一星"为代表的军工技术，而作为整个国民经济的主要技术政策措施，这一套做法并不是实现普遍技术进步的有效方法。②

专栏3-1："李约瑟之谜"：为什么近代工业和科技革命没有发生在中国？

英国著名科学史专家李约瑟博士在其巨著《中国科学技术史》中介绍

---

① 卢现祥主编：《新制度经济学》，武汉大学出版社2004年版，第140页。
② 吴敬琏、范世涛："技术创新的制度基础是现代市场经济体制"，《当代经济》2008年第8期。

了中国古代的发明和发现后说,"可以毫不费力地证明,中国的这些发明和发现远远超过同时代的欧洲,特别是15世纪之前更是如此"。但他感到奇怪的是,中国在科学理论方面的成就却少之又少,甚至没有发现逻辑学上的三段论。尽管中国古代对人类科技发展做出了很多重要贡献,但为什么科学和工业革命没有在近代的中国发生?这一令人费解的问题就是著名的"李约瑟之谜"。

其实14世纪后中国的技术创新并未完全停滞,为何与西方相比,仍大大落后了呢?关键的事实在于,14世纪后中国技术创新有所减缓,而西方在18世纪工业革命后的技术创新则大大加快了,且一直保持了较快水平。为什么会这样?我个人的看法在于技术发明方式的转变。

不管在前现代社会或是现代社会,技术发明的机制本质上都是依靠"试错和改错"。在18世纪中叶工业革命以前,不管是在中国或是西方世界,新技术的发明一般来自于直接从事生产的工匠或是农民在生产过程中偶然的偏离常规方式的试错的结果而发现。到了18世纪中叶英国的工业革命以后,技术发明的方式在西方逐渐转变为"为发明而发明"。这种有针对性的实验活动,代价较高,需要有成本效益的经济考虑,从这个意义上说,欧洲保护私有财产权和商业利益的制度可能确有利于这种实验型的技术创新活动。但是,如果没有15、16世纪的科学革命,使得技术发明在碰到瓶颈时可以利用科学来打破瓶颈,那么,从经验为主的技术发明方式转为以实验为主的技术发明方式给西方带来的技术发明优势将会是一次性的,西欧在18世纪中叶工业革命迎来一段时间的技术发明的速度加速以后也应该会像其他文明一样,技术发明和经济增长的速度渐趋停滞。

科学革命没有在中国发生,原因不在于恶劣的政治环境抑制了中国知识分子的创造力,而在于中国的科举制度所提供的特殊激励机制,使得有天赋、充满好奇心的天才无心学习数学和可控实验等,因而,对自然现象的发现仅能停留在依靠偶然观察的原始科学的阶段,不能发生质变为依靠数学和控制实验的现代科学。

由于没有发生西方的科学和工业革命,在西方科技日新月异之后的短短百年时间,曾经拥有辉煌成就的中国,国际经济和政治地位一落千丈,使中国和西方国际地位的比较出现巨大的逆转。

【资料来源:林毅夫,"李约瑟之谜、韦伯疑问和中国的衰落",《北京大学学报》2007年第4期】

二、自主创新制度结构演进的动力机制

制度和制度结构都具有较强的稳定性,但制度和制度结构并不是静止不动的,而是始终处于不断演进与变迁的动态过程中。我们认为,推动自主创新制度结构演进的动力主要有两个:一是创新者之间互动形成自发演进力量,另一个是人为设计形成的外部力量。

制度结构的自发演进力量主要是来自于制度安排与技术进步不适应而产生的内在动力。制度结构对自主创新具有激励与抑制两种基本功能,当制度安排与技术进步相适应的时候,就会激励、促进自主创新,而当制度安排与技术进步不相适应的时候,就会抑制甚至扼杀自主创新。在后一种情况下,技术进步就会要求制度结构发生变化,创造出一些新的制度安排以再次适应技术进步的要求。西方发展的历史证明,私有产权制度、市场经济制度、股份企业制度、企业研发制度、风险投资制度等诸多对技术创新具有重大影响力的制度安排,最初并不是政府或人们设计出来的,而是在技术进步和生产力发展到一定阶段时自发地形成的。[①] 制度结构的自发演进模式一般是从非正式规则(主要是习惯)的演变开始的,然后逐渐达到某个发生质变的临界点,促使正式规则发生变化,从而形成新的制度安排。

人的主观能动性带来的人为制度设计可以形成强大的外在力量,同样能够加速自主创新制度结构的演进过程。制度设计研究是目前西方制度创

---

① 袁庆明:《技术创新的制度结构分析》,经济管理出版社2003年版,第135页。

新理论的一个前沿课题,西方制度创新理论的发展经历了两个阶段,第一阶段主要研究制度创新的动力机制,制度创新被看作是局中人对获利机会自发反应的结果,制度创新属于需求诱致型的。但是,单单有制度创新的需求还不足以导致制度的创新,如果外部环境的变化产生了对新制度的需求,但制度创新的主体由于种种因素的制约而没能提供新的制度,那么就会出现制度供给不足和制度供不应求的情况。因此,随着制度创新研究的深入,制度的供给问题就日益引起人们的重视。以制度的供给为重点的制度创新研究,是制度创新理论发展的第二阶段。[①] 而制度设计就是人为增加制度供给,以满足社会发展和技术进步对新制度的要求。比如,政府采购制度、税收减免制度、奖励制度等制度安排都是人为制定和实施的制度。

但是,自发演进力量和人为设计力量在推动自主创新制度结构演变进程中并不是孤立作用的,某项制度的演进并不是单纯受到自发演进力量的推动或单纯受到人为设计力量的推动,在很多情况下都是自发演进与人为设计这两股力量交织在一起共同作用的结果。只是这两种力量在具体制度安排中所发挥的作用有所不同罢了,有些制度表现出更多的自然自发性,而有些制度则表现出更多的人为设计性。例如,17世纪,专利制度之所以在英国确立是出于广大手工业者和商人的强烈要求,这种要求是一种自发的力量,但专利制度的具体条款设计及其颁布和实施则更大程度上反映了英国立法部门等机构的人为设计力量。[②]

[①] 鲁克俭:"西方制度创新理论中的制度设计理论",《马克思主义与现实》2001年第1期。

[②] 董静:《企业创新的制度设计》,上海财经大学出版社2004年版,第105页。

第三节 影响自主创新的各种制度安排

一、产权制度

根据新制度经济学的定义,产权制度被描述为"界定每个在资料利用方面的地位的一组经济和社会关系"。① 产权是以所有权为核心的一组权力,包括占有权、使用权、收益权、支配权等。产权制度的最主要功能在于降低交易费用,提高资源配置效率。

一般认为,产权制度的确立,是一种最经济、最持久的激励自主创新的制度安排。产权制度之所以最能够给创新者以激励,关键在于它直接规定了创新者与创新成果之间的所有关系。众所周知,获利是人们进行自主创新活动的根本动力,人们愿不愿意创新,与创新获利多少密切相关,而创新收益在很多程度上又取决于创新者与创新成果之间的产权关系。诺思在考察西方世界兴起的内在原因时,就发现了产权制度在在推动技术创新中的重要作用。他说:"付给数学家报酬和提供奖金是刺激努力出成果的人为办法,而一项专为包括新思想、发明和创新在内的知识所有权而制定的法律则可能提供更为经常的刺激。没有这种所有权,便没有人会为社会利益而拿私人财产冒险。""制度环境的改善为鼓励创新,结果私人收益率接近社会收益率。鼓励为具体的发明带来了刺激,但没有为知识财产的所有权提供一个合法的依据。专利法的发展则提供了这种保护。"②

---

① 菲吕博腾、配杰威齐:"产权与经济理论工作近期文献的一个综述",载《财产权利与制度变迁》,上海三联书店1991年版,第97页。

② 诺思、托马斯:《西方世界的兴起》,华夏出版社1999年版,第8、191页。

产权制度包括有形资产产权制度和无形资产产权制度两种基本类型。其中有形资产产权制度是指人们对实物形态物品的所有权制度；无形资产产权制度是指非物质形态物品（如信息、知识等）的所有权制度。知识产权包括专利权、集成电路布图设计权、植物新品种、技术秘密、工业品外观设计权、著作权（版权）、软件权、商标权、商号权及其他与制止不正当竞争有关的识别性标记权等诸多内容。知识产权制度是一种典型的无形资产产权制度，也是整个产权制度的核心制度安排。

知识产权制度具有三大基本功能：（1）从法律角度明晰了产权归属。知识产权所有者对创新成果享有独占、使用、收益、处分等权利，任何人未经其许可，不得使用其知识产权，否则将构成侵权。（2）激励功能。通过给予创新者在一定期限内的市场独占权，使之不仅能收回创新投入成本，而且有能力继续进行创新投入，从根本上保证了技术创新活动的良性循环。（3）有助于创新成果的市场化和商品化。知识产权的实用性反映了它可以实施转化的特点，其先进性和新颖性又反映了它具有很强的市场竞争能力，因而知识产权的转化能够产生巨大的经济效益。

知识产权制度既保护创新者的私人利益，又促进技术合理、有偿的扩散，对推动公平竞争的市场秩序的建立、促进创新和技术进步具有重要的作用。但我们也要看到，过度保护创新者的垄断利益，滥用知识产权保护制度，也会对技术创新产生反作用和副作用，从激励创新转变为阻碍技术扩散和利用，这不仅会导致市场垄断和削弱企业自身的技术创新动力，而且会抑制其他企业的创新活动，阻碍整个社会的可持续发展。因此，对知识产权的过度保护，其结果是创新的低效率，创新成果和市场的不合理垄断，有时还会阻碍创新步伐，损害市场经济体制的良性运转。目前，西方一些发达的市场经济国家已意识到了这个问题，并制定出台了一系列限制滥用知识产权的法律法规，比如，美国在1995年制定了《知识产权授权许可的反托拉斯准则》，日本在1999年制定了《在反垄断法之下的专利和专有技术协议的准则》，而欧盟签署的罗马条约中的第85和86条也就是关于欧盟的专利许可协议的反垄断条款的。

专栏3-2：专利制度或对创新起阻碍作用

专利制度一直以来都是一个备受争议的话题，日前美国两位学者的研究又再次对此发起了挑战。根据一项实验的结果，他们认为专利制度不但在促进技术革新上效果甚微，或许还会对科技创新和社会财富的积累起到消极的阻碍作用。

为了检验专利制度对技术革新的影响，美国加州大学尔湾分校唐纳德克伯伦学院的比尔·汤姆林森和堪萨斯大学法学院的安德鲁·托兰斯联合开发了一套在线系统，以模拟美国的专利系统。一批毫无知识产权知识背景的法律系大一新生作为受试者参加了该项实验。

该系统通过一个抽象模型可对创新的过程进行模拟，其中包括一个具有潜在创新成果的数据库和一个通过专利许可而联系起来的用户系统。使用该软件的用户可对专利进行申请、转让、买卖、侵犯、实施等操作。在该系统下，用户可对没有专利保护、有专利保护以及开源与保护相结合三种制度环境下创新过程进行体验。最终效果由发明的数量、对经济发展的促进作用以及获取财富的能力这三个尺度来进行衡量。

实验结果表明，在没有专利保护制度的环境下，受试者更易表现出较高的创造力，而另外两种制度下，受试者的表现则都较为平庸。

汤姆林森说，通过实验他们发现专利制度并没有起到促进创新的目的，反而在没有知识产权保护或者是在能够通过开源获得创新成果的环境中创新成果更容易产生。托兰斯说，目前的专利法基于一个世纪前的古老假设，即专利推动技术进步。但如今这一假设已经受到一些学者的质疑。

【资料来源：王小龙，"专利制度或对创新起阻碍作用"，《科技日报》2009年7月29日】

二、市场制度

市场制度往往被人称为是一只"看不见的手"，但它却能真真切切地协调人与人之间的利益冲突,优化资源配置,实现专业化经济的最佳效率。G. M. 霍奇逊说过:"市场是一套社会制度,其中大量的特种商品的交换有规律地发生,并在某种程度上受到那些制度的促成和构造。"① 一般而言,现代市场制度具有以下几个主要特征:(1) 有完善的现代产权制度和公司法人治理结构,建立起了名副其实的权利制衡机制;(2) 有完善的价格机制,彻底消除了制度性价格歧视;(3) 有完善的竞争机制和市场规则制度,为相互竞争的各市场主体提供公平交易、平等竞争的市场环境;(4) 有完善的市场法律制度,能保证市场法律法规等契约的有效性;(5) 有完善的社会保障制度,为市场经济体制的建立和经济健康运行创造稳定的社会基础。

市场制度是对自主创新的持续发展具有决定性作用的一项制度安排,其重要性已得到了理论界的充分论证。诺思在深入研究了西方经济史后得出这样的结论:"市场制度的确立对创新具有决定性的作用,没有这一基本制度,一个国家或地区的创新活动要持续、稳定地出现是不可能的。"② 纳尔逊也认为,来自市场经济中的竞争压力和利润动机为技术创新提供了动力,但由于市场制度下存在着多元的、竞争性的新技术来源则大大降低了技术创新的不确定性。

我国学者柳卸林在《技术创新经济学》中从六个方面对市场制度对技术创新的作用进行了详细论述:第一,市场本身便是一个创新过程;第二,市场能够自动地使企业或个人甘冒创新风险;第三,市场通过竞争会给企业巨大压力,迫使企业不断创新;第四,市场可以减少技术创新的不确定性;第五,市场把创新成功与否的裁决权交与消费者;第六,市场制度还有助于培育创新的主体——企业家,企业家是创新的组织者。他认为

---

① 转引自董静的《企业创新的制度设计》,上海财经大学出版社 2004 年版,第 124 页。

② 诺思:《经济史上的结构和变革》,商务印书馆 1992 年版,第 156 – 167 页。

市场制度的最大功能就在于能自发地培育创新,使技术创新成为一种自组织的过程。我国经济学家吴敬琏在《技术创新的制度基础是现代市场经济体制》一文中对市场制度也有过重要论述,他认为,"竞争性现代市场经济体制是创新活动的必备制度基础设施,在这种制度设施提供的激励下,以追求利润、积累财富为目的的企业才会成为推动技术创新和产品创新的主体,新技术才能顺利导入生产过程和市场。"[1] 袁庆明在其《技术创新的制度结构分析》专著中也深入分析了市场制度对技术创新的重要作用,他提出,"市场制度的最大功能在于形成了一种有利于技术创新的竞争环境。这种竞争环境对技术创新是至关重要的。企业不存在外部压力,没有被淘汰的危险,它就不会把资源投到充满风险和不确定性的技术创新活动中去。""对于自主创新主体来说,市场竞争的环境在很大程度上影响了创新强度"。[2]

三、风险投资制度

风险投资制度起源于第二次世界大战结束后的美国。1946年,美国波士顿联邦储备银行行长弗兰德斯(Ralph E Flanders)和哈佛商学院教授多里奥特(Georges Dorirt)共同创建了"美国研究与发展公司"(America Research and Development Corporation,简称ARD),其目的就是组织资金,以支持波士顿周边众多的科学家将实验室里的科研成果进行市场化转化。ARD公司的诞生是现代意义风险投资业发展的起点,从此,世界风险投资步入组织化、制度化与专业化的发展轨道。风险投资制度的出现对世界高新技术产业的发展产生了极大的推动力,大大加速了高新技术的产业化和商业化进程,对世界经济社会发展产生了重大影响。英特尔、微软、雅虎、戴尔、苹果、亚马逊等世界著名的高新技术企业都是在风险资本的帮

---

[1] 吴敬琏、范世涛:"技术创新的制度基础是现代市场经济体制",《当代经济》2008年第8期。

[2] 袁庆明:《技术创新的制度结构分析》,经济管理出版社2003年版,第91页。

助下发展起来的。

风险投资是一种向极具发展潜力的新建企业或中小企业提供股权资本的投资行为。它与普通投资相比具有四个方面的典型特点：第一，风险资本与企业既要共享利益，更要共担风险，因此风险投资不仅为企业提供资金，还提供管理经验和建议；第二，风险投资不是短期投资行为，大部分投资周期都在3-5年之间，属于一种典型的中长期投资；第三，风险投资的收益一般不以企业分红为目的，而主要是追求退出时的资本增值回报；第四，风险资本和风险投资活动具有很强的周期流动性，风险投资的进入就是为了退出，不以长期控制企业为目的。

综合分析各国风险资本的发展过程，以下六个方面的制度因素对风险投资的发展具有决定性的意义：一套完整的法规（保护投资的权益和减少风险资本业的法律风险）、一套健全的会计审计制度（保证风险资本企业的财务状况及时准确地公开，以增强投资者的信心）、一套科学可行的办法（评估非上市高新技术企业的风险和收益，以减少风险资本企业的投资风险）、一个宽松的政策环境（放宽各类基金的风险投资比例，以增加风险资本供给）、一个活跃的向高新技术企业倾斜的股票市场（以提高风险资本的周转速度和扩张能力）和一个低利率的宏观经济环境（增强风险资本的吸引力，以增加风险资本供给）。[①] 在这里要强调一点的是，完善的退出机制对风险投资的发展至关重要。只有建立了健全的退出变现渠道，风险资本才能顺利流转，才能吸引更多的资金进行风险投资，同时使风险投资能进入下一循环的投资。

四、政府采购制度

政府采购制度也称公共采购制度，是指以公开招标、投标为主要方式选择供应商（厂商），从国内外市场上为政府机关和公共机构购买商品或

[①] 袁庆明：《技术创新的制度结构分析》，经济管理出版社2003年版，第120页。

服务的一种制度。政府采购制度起源于欧洲。1782年英国政府成立了文具公用局（stationary office），负责采买政府所需的货物和投资建设项目，并规定了一套政府采购所特有的采购程序及规章制度，其中公开招标制度是政府采购制度的核心。由于政府采购制度具有公开性、公正性、竞争性等特点，能有效降低政府采购成本，节约财政支出，因此后来被瑞士、美国等西方国家广泛采用。

当前，许多国家政府都将政府采购制度作为一种激励技术创新的重要手段，成为推动高新技术产业发展的一种重要制度安排。各国政府通过实施有效的政府采购政策，如优先采购权、预付订购金、以略高于成本和进口货的价格采购等，来促进本国企业对研发的投入，激励企业的创新活动，推动高新技术产业的发展，以提高本国的核心竞争力或保持技术领先地位。考察西方国家一些新兴产业的早期发展史就可以发现，政府采购制度对技术进步的促进作用甚至还要大于政府直接提供创新资金的作用。如美国的大型集成电路、半导体、计算机等高新技术产业的兴起与国防部和国家宇航局的大批采购订单有莫大关系。一般而言，政府采购对创新的影响主要表现在三个方面：（1）政府采购创造了市场；（2）政府采购对创新从需求方面起到了"牵引"作用，但只有当政府从性能功效等方面向供货者提出要求的时，这种"牵引"才能由于供货者实现技术变革的积极性而起作用；（3）政府市场充当创新产品的实验场所，并且由于政府用户这个特殊角色，它的购买也有利于制定和修改规章条例。①

要建立完善的政府采购制度，首先需要制定一个权威性的法律法规体系，其次要有一个强有力的专门性政府机构负责具体实施，再次是要有严密的管理制度体系。以政府采购制度比较成熟的美国为例，为了规范政府采购行为，美国不仅在《美国国会大典》中有规范政府采购的条

---

① 袁庆明：《技术创新的制度结构分析》，经济管理出版社2003年版，第109页。

款,《合同竞争法案》、《联邦采购政策法案》、《小额采购业务法案》、《美国产品购买法》等单独成文的法律也达 10 多个,形成了一个非常完善的法律制度体系。在结构设置方面,美国事务管理总署(GSP)是负责美国政府采购(国防采购除外)的专门机构,并下设联邦供应局作为具体的采办部门。美国事务管理总署还在美国各大城市设立分部,进行地区政府采购,形成了一个强有力的政府采购执行机构。同时,美国还制定了严格的公开招标制度、作业标准化制度、供应商评审制度、审计监察制度、交货追查制度等采购管理制度,确保了政府采购管理的科学性和严密性。

五、企业研发制度

企业研发制度也称研发的企业内部化制度,指的是研究与开发的企业内部化、制度化。在 19 世纪中期前,世界上所有重大的发明、创新都是由独立发明人和独立实验室做出的,企业几乎没有研发能力。而在 1867 年,德国巴斯夫(BASF)化工公司创建了全球第一家企业专属的研发部门,尝试自行筹集资金开展研究和开发活动,这标志着企业研发制度的正式萌芽,从此,企业开始进入了有系统与有目标地从事技术研发活动的新阶段。特别是 20 世纪以来,企业内部研发机构的数量逐渐增多,创新格局逐渐从独立发明人、政府主导向企业主导转变,创新活动由业余发明家偶尔探索阶段向由受雇佣的、受过科学训练的专业人士进行研究开发的阶段转变,企业从此真正成为自主创新的主体,自主创新的投入强度和可持续性也大大提高,企业研发制度成为 20 世纪以来对促进技术创新具有重大意义的制度安排。企业研发制度也因此被怀特霍德称为 19 世纪最重大的创新方法的发明。

企业研发制度对自主创新的重大作用主要有两个:一方面是有助于激励企业的研发热情和积极性,使企业真正成为自主创新的投入主体、研发主体和科技成果转化的主体。它不仅使研发人员意识到自己的面包和黄油取决于自己的发明创造，还能够在企业内部营造合作创新、全员创新的良好氛围，这有助于使研发人员产生源源不断的动力进行创新，从而实现持续创新。另一方面，根据科斯的交易费用理论，企业的研究开发内部化后，科技成果的研发、孵化到产业化过程都在企业内部进行，势必可以大大降低技术交易过程中的高昂费用，减少技术转化环节，有效地提高企业的创新收益率和成功率。

根据企业研发机构设立的目的不同，企业研发制度形成了技术搜寻型、当地开发型和实验研究型三种基本模式。技术搜寻型研发机构的主要任务是监测当地技术发展和市场状况，搜集各种相关信息。当地开发型研究机构的使命主要是为公司分布于世界各地的生产和营销机构提供技术支持，把公司研发中心或其他研发机构开发的产品针对当地情况进行适应性开发，同时也做一些信息搜寻活动，为公司研发提供市场与技术信息。实验研究型研发机构的主要任务是为公司开发基础性、通用性产品和工艺技术，为全公司研发网络提供技术支持，它开放的技术可以通过各种途径为其他研发机构所用。[①]

六、财政投入与税收优惠制度

财政投入与税收制度是政府支持自主创新活动的一种重要的制度安排。其中财政投入是最直接的支持方式，而税收优惠制度则是一种比较间接的扶持手段，这两种扶持政策一般被政府同时使用。

财政投入是20世纪70年代以前技术创新活动最主要的资金来源，对促进世界技术进步和科技发展发挥了极为重要的作用。从70年代末开始，企业科技投入逐渐超过政府的财政投入，企业逐渐成为自主创新的主体，但财政投入依然是推动自主创新发展必不可少的一种扶持政策。因为在基础研究领域企业研发投入的积极性普遍不高，会出现市场失灵的情况，必

[①] 董静：《企业创新的制度设计》，上海财经大学出版社2004年版，第230页。

须依托财政资金来支持基础研究发展。而且在关系到国家安全和国计民生的一些关键性、公益性的产业或领域，也需要政府的重点扶持，以取得关键性核心技术的重点突破。

政府财政投入方向主要有三个：高等院校、国家科研机构和企业。从历史经验上来看，直接对企业研发活动进行财政补贴反而会制约企业创新投入的积极性，而且这种方式也不符合国际通行的贸易准则，因此，目前政府财政资金主要是投入到高等院校和国家科研机构的科研项目中去，主要用于基础性技术和公益性技术的研究与开发。

税收优惠制度是西方发达国家普遍采取的一种激励企业自主创新的制度安排。一般认为，税收不会歧视企业创新活动的类型，不仅具有公平性特征，也可以促使创新者的私人收益率尽可能接近社会收益率，矫正市场失灵，促进自主创新。税收减免制度其实质就是政府财政将应收税款让渡给企业用于创新活动的一种手段，是一种政府间接投资自主创新活动的方式。目前国际上比较常见的税收优惠政策主要有五种类型：（1）将企业用于研发的支出看作是企业的一种投资，对企业的研发投入给予税收减免政策；（2）对企业更新和购置先进设备提供税收减免政策；（3）加速研发设备折旧的政策；（4）支持中小企业创新的税收优惠政策；（5）向高校或科研机构提供捐赠的税收减免政策。

税收优惠制度对技术创新活动的影响主要表现在两个方面：一是作为一种有效的收入调节工具，政府运用税收政策直接调节企业收益，间接影响企业的创新行为，引导全社会的纳税主体通过更多地投入科技创新活动，达到促进科学技术进步，提高经济增长，从而实现社会可持续发展的目标。另一是促进自主创新的税收优惠政策对科技产业的发展具有导向作用，向社会充分表达政府对企业开展自主创新活动的支持态度，从而通过

> 自主创新的
> 　　制度安排

发挥市场配置资源的基础性作用,使有效的资源更多地配置到技术创新中去。①

专栏 3-3:政府扶持新的,市场淘汰旧的

从收缩基于过时技术的传统产业来说,市场的无形之手要比政府的有形之手的调节有效。

市场是依据供求与价格之间的波动调节的。在经济景气时,许多产品的市场需求增加,价格上涨,这就吸引与动员生产以外的资源进入生产领域,于是,供给增加,价格走低。在经济不景气的时候,消费者首先不再购买那些质次价高的产品,那么,生产这些产品的企业若不转型就面临着被淘汰的风险。政府作为一种有形之手,为了避免无形之手的调节代价,需要进行事先调节。然而,面临不确定的环境,他并不比企业与消费者有更多的信息与预测能力,其结果,要么,干预力度过高,超过了市场调节的可接受程度,一些不该倒闭的企业也退出了市场。比如说,20世纪80年代后期,新加坡政府为了加速劳动密集型产业转型,人为地较大幅度地提高了工资水平,结果大量的劳动密集型企业退出了市场,但是支撑经济的新产业尚未形成,从而忍受了两年多经济低迷的阵痛。要么,干预力度较低,使得本该退出市场的过剩产能而得不到有效的清除。美国的汽车产业就是一个典型例子。

在淘汰过剩产能方面,我认为,无形之手会比有形之手有效一些。当然,这并不意味着无形之手可有可无,只是两者的分工不同。比如说,市场调节过剩的产能,而政府就要保障基本的生活。只有建立了有效的社会保障体系,市场的调节才可能变得更有效。

从新兴产业的孵化与成长来说,有形之手会比无形之手更有效一些。因为任何一种原创性的技术变革都伴随着相当多的不确定性,诸如大量

---

① 李湛、吴涛仁:《走向自主创新——中国现代创新的路径》,上海人民出版社 2008 年版,第 117 页。

投入是否能开发出预期的产品,开发出的产品能否得到市场认可等。而政府对作为公共产品的基础研究与公共知识的投资越多,建设的平台越广泛,那么,企业家从事应用性与商业性创新的社会知识基础就越雄厚,进而也会有越来越多的企业家愿意从事技术创新,因为相对于社会知识基础较薄弱地区来说,企业家的创新投入相对减少了,这有利于其降低技术创新的投资风险。因此,政府对新兴产业的基础投入与扶持并不否认企业家的创新精神以及对整个产业的推动力,反而,如果企业家的创新能力与精神建立在具有雄厚的公共知识基础上,那么企业家个人的投资相对越少,愿意创新的企业家人数就会越多,这可以看成是一种创新投资的互补关系。

【资料来源:王珺,"政府扶持新的,市场淘汰旧的",《广州日报》2009年9月21日】

七、合作创新制度

合作创新制度起源于20世纪70年代中后期,之后在发达国家迅速发展,目前合作创新已成为发达国家新的技术创新组织形式。

合作创新在国外一般称为"合作研发"(R&D Co‑operation)、"合作研究"(Co‑operative Research)、技术合作(Technology Co‑operation)等,合作创新仅限于研发阶段。而在我国,合作创新制度的范围却要宽泛得多,在自主创新的研发、孵化和产业化阶段都可以进行创新合作。合作创新的方式有很多种,既有企业与政府、高校科研院所以及同行业竞争对手之间的横向合作创新方式,也有供应商与制造商、企业与客户之间的纵向合作创新方式,其中企业间合作创新和产学研合作创新是当前最为常见的两种合作创新模式。合作创新的组织形式也很多样化,既包括具有战略意图的长期合作,如战略技术联盟、网络组织;也包括针对特定项目的短期合作,如研究开发契约和许可证协议。

合作创新的主要动机是为了节省交易成本、减少外部性和提高企业能力的"异质性",这也是合作创新的优势所在。具体表现为:(1)合作创新实现合作方之间的资源共享,优势互补和风险共担,能充分发挥合作各方的特点和长处,缩短技术创新周期,提高技术创新的成功率,降低合作主体单独从事技术创新时所面临的风险,获得研究与开发的规模优势。(2)合作创新可以促使在合作各方之间产生技术、管理等方面的"扩散"效应,有助于合作各方在创新以外的其他方面相互学习,取长补短。(3)合作创新可以提高企业新技术进入市场的速度,有利于开拓新市场。

当然,有合作就难免有矛盾,合作创新过程中出现的矛盾主要有两种,第一是利益矛盾。企业资助高校、科研机构研究的成果归属是利益矛盾的焦点。高校将自己的研究成果转让给企业,企业常常会出现机会主义的行为,特别是当研究成果的经济价值日益高涨的时期,它们之间的矛盾会激化。第二是文化价值取向冲突。高校一般希望通过在公开出版物上发表自己的研究成果,以赢得学术声誉来体现自身价值,但他们对研究的应用性缺乏应有的重视。而企业则高度注重技术创新的市场效应,同时为了获得垄断利益,企业常常要求对受资助的研究成果加以保密。而要解决合作方之间的冲突与矛盾,关键就是要协调好创新合作者之间的利益。企业与高校、科研机构的合作能否有效进行,知识产权是一个敏感的问题。在合作之初就应通过签订合作协议,明确知识产权的归属问题。美国解决这一矛盾做法是,创新成果的专利权归属于高校的合作者,出资的企业获得足够长的独家许可权,借以将发明推向市场,以获取资助研究的收益。但如果合作的企业在一段时间没有使用独家许可权,则高校有权通过许可转让给其他企业。同时,由于合作各方对利益认同的差异,也需要制定一些合理的规则、契约,从而最大限度地调和这些利益差异,通过协商、协调,放弃一些相对次要的利益,以获得更重大的共同利益,从而使各方利益能达到基本平衡。

专栏 3-4：拜耳的合作创新经验谈

德国拜耳公司是一家具有 100 多年历史的传统化学制药公司。20 世纪 90 年代中期，拜耳意识到生命科学和生物技术对制药产业未来的巨大影响，想加入始于 1990 年的人类基因组研究，并希望利用研究中的最新成果为其药物开发服务。拜耳认识到，大型制药公司的组织结构并不有利于管理和掌握新兴且快速发展的技术，而生物技术公司在这些前沿领域更加游刃有余。拜耳决定通过外部合作而非内部开发来掌握这些新兴技术，最终选择了美国的千年制药公司作为合作伙伴。

拜耳和千年制药的合作历时 5 年，目标是在多个疾病领域中发现并确认 225 个能获得专利保护的药物开发新靶点，期望在此基础上找到 30 个可作为新药开发的化合物。这一目标雄心勃勃，合作创新管理也充满挑战。其中一个重要的问题就是两个公司的文化差异。拜耳是典型的大制药公司文化，等级明显、分工明确、注重流程和制度；而创建于 1993 年的千年制药更像一个自由开放的大学，科学家们并不习惯受到规章制度的约束。此外，在药物研发领域拥有几十年经验的拜耳的科学家们对基因技术充满了怀疑。

为了应对文化差异，消除怀疑，拜耳和千年制药以季度性的面对面讨论会的形式，帮助拜耳科学家们相信新技术能够帮助他们找到新的药物。双方还成立了联合技术开发团队，引导和帮助双方公司互相学习。为了加强沟通与合作，拜耳的一组科学家甚至在千年制药公司进行现场研究，有效地将一些成功技术从千年制药转移至拜耳，也帮助千年制药理解了一个大型制药公司如何利用过去药物发现的经验来进行未来药物的研发。

在拜耳和千年制药的合作中，每个公司分别都有大约 200 人参与。整个合作由来自双方公司的项目主任共同领导，同时还成立了由双方高级管理层组成的联合指导委员会，项目主任直接向联合指导委员会汇报工作。联合指导委员会根据项目实施情况作出战略性的指导后，由两个项目主任负责具体实施。为了增进相互信任，双方项目主管与联合指导委员会成员每个月抽出1周的时间面对面交流,共享信息。由于合作项目的研究非常前沿,双方还根据不同的疾病领域成立了不同的专家顾问团队,对研究工作中的难题进行指导。在最终结果控制方面,拜耳的项目主任拥有对靶点选择的最终决定权。

在合作过程中,外界的科学技术环境也在发生变化,如双方原来预计人类基因组计划将于2005年才能完成,这一计划实际上在2001年就已提前完成。为了适应外界变化,双方在合作的5年中对合同进行了6次修改。最终,拜耳与千年制药的合作于2003年10月成功结束,取得了巨大的成果。合作结束时,双方最终确定了至少450个新的药物靶点,其中180个已被拜耳利用并进入药物发现的后期研究阶段,确定新药化合物的目标也得以部分实现。最重要的是,通过这种合作创新的方式,拜耳成功掌握了先进的基因技术并取得了专利。

【资料来源:刘学、芮华,"合作创新管理:信任与控制的平衡艺术",《中欧商业评论》2009年6月27日,http://china.toocle.com】

八、创新文化

自主创新的种子要发芽生长,需要适宜的气候和环境,需要合适的氛围。与前面列举的七项正式制度安排不同,创新文化是推动自主创新发展的一项十分重要的非正式制度安排。

创新文化就是一种能够激发人们的创新意识和创新热情,增强创新动力和创新能力,鼓励和保障创新行为,为创新活动提供广阔空间的文化模式、文化环境的总称。创新文化一般具有四个基本特征:一是倡导创新的价值导向。创新文化无疑赋予创新行为以积极的社会意义,这本身体现了一种对创新行为价值的内在判断。二是创新图强的坚强意志。勇于冒险、敢于创新的勇气、抱负和自信心是创新者的内在品质,也是创新文化的重要因素。三是怀疑批判的精神气质。这是一切创新活动的基本出发点。从怀疑、批判的精神气质出发,要求我们必须永远保持一个在真理面前人人平等的社会文化,也意味着要形成宽容失败的社会氛围,形成不断追求卓越、精益求精的创新态度。四是激励创新的制度环境。创新文化环境的建立需要政府、企业、社会不同参与才能形成,因此,从某种意义上说,创新文化也是一种制度文化。①

创新文化对自主创新的影响,主要是提供有利于开展创新的外部环境。从人类社会发展的历程看,任何一个进步的变革时期,任何一个创新活跃的时期,无一例外都有赖于一种创新文化环境的激励与引导。著名科学社会学家默顿在深入研究为什么第一次技术革命发生在英国后发现,"所有这一切并不是自发生成的,其先决条件业已深深扎根在这种哺育了它并确保着它的进一步成长的文化之中",特别是"17世纪英格兰的文化土壤对科学的成长与传播是特别肥沃的。"② 美国著名学者弗雷特·M·罗杰斯在《创新的扩散》一书中认为,不仅创新活动要受制于文化因素,而且创新观念和成果的扩散也和人们的价值观、信仰等直接相关。某一技术创新与当时人们文化价值观、信仰、观念的相容性程度,决定着人们对这项创新的采纳速度和程度。一些学者对美国硅谷的成功奥秘进行研发后发现,硅谷成功的关键不在于产品的先进性,而在于创业的文化环境和企业的创新文化,"硅谷作为一个成功的高科技企业聚集地区的优势在于它有一种使创新精神转换成科技创新的环境条件"。③ 比尔·盖茨也认为,微软的成功与企业文化有莫大关系,微软的企业文化高度重视营造一种激励创造性思维和发挥员工最大潜能的氛围。

构建创新文化环境,首先需要建立起竞争机制、开放机制和激励机

---

① 李正风、胡钰:《建设创新型国家——面向未来的重大抉择》,人民出版社2007年版,第221-231页。

② 罗伯特·金·默顿:《十七世纪英格兰的科学、技术与社会》,商务印书馆2000年版,第89页。

③ 李钟文、威廉·米勒等:《硅谷优势——创新与创业精神的栖息地》,人民出版社2002年版,第3-7页。

制，使得创新人才的作用能够得以充分发挥；其次，要树立起以人为本、以人为中心的思想，避免出现"只见物，不见人"的错误倾向；第三，要创建一个在真理面前人人平等的社会文化氛围，营造一个平等竞争、推陈出新、青出于蓝而胜于蓝的环境；第四，要彻底改变传统的、保守的、惰性的中庸价值观，大力提倡敢为人先、敢冒风险、勇于竞争和宽容失败的先进文化理念；第五，要大力倡导一种热爱科学的纯粹的价值观，鼓励科技人员对科学的真、善、美的追求，而要彻底摒弃单纯追求名利、官本位的错误思想。

第四章

创新主体在制度安排中的功能定位

所谓创新主体,是指那些拥有创新自主权,享有创新成功的收益,同时也要承担创新失败责任的个人或组织。自主创新作为人类的一种特殊的实践活动,其主体包括我们通常所说的"管、产、学、研、中介"等不同方面,他们共同协调,互相作用,发挥各自不同的功能与作用。

第一节 创新主体的内涵与类型

一、创新主体的内涵

关于创新主体的基本内涵，目前主要有三种比较典型的观点。第一种是马克思的一般主体观。马克思认为创新活动是一个自然的历史过程，创新是一种社会现象，也是一个逐步上升的曲线，因此，创新活动是一般主体都可以胜任的事业，这些一般主体包括了工人、企业家、国家和科学技术人员等。第二种是熊彼特的特殊主体观。在熊彼特看来，创新活动是一个断续的过程，创新是一个个体现象，具有不确定性，是一个跳跃不定的曲线，因此，要求其主体必须具有特殊的心智、性格、能力等方面的品质，而只有具有较强社会承受力、创造力、特殊的个人知识和能力的企业家才能成为创新主体。第三种是以弗里曼、纳尔逊等人为代表的国家创新体系学派的主体观。他们认为技术创新不仅仅是企业家的事情，也不是企业的孤立行为，而是由国家创新系统所推动的综合性行为。在这个创新系统中，主体具有多元化的特点，包括了政府、企业、科研机构、高等院校、中介组织等多种主体要素。国家创新体系学派的主体观是当前得到了学术界和政界广泛认同的一种观点。本书对创新主体的论述也是采用这一观点。

二、创新主体的类型与角色定位

众所周知，自主创新是一种特殊的社会实践活动，其主体包括政府、企业、科研机构、高等院校、科技中介组织等五个基本类型。其中，企业、科研机构、高等院校是技术创新的主体，而政府和科技中介组织则是为技术创新主体的创新活动提供服务的主体。

1. 政府

政府一般不直接参与自主创新活动，从这个角度说，政府的自主创新主体地位并不突出。但政府拥有丰富的行政资源，它通过宏观调控、资金投入、创造条件和环境、制定法律和法规、提供政策指导和服务等手段来支持其他主体的创新活动，规范其他主体的创新行为，政府安排的制度内容和确定的制度方向可以直接影响着其他主体具体的制度安排。因此，政府是自主创新活动中最主要的制度供给者和安排者，同时也是自主创新的市场秩序的主要监督者和创新活动的主要协调者，在自主创新的制度安排中扮演着宏观主体的角色。

2. 企业

在社会主义市场经济条件下，企业是市场竞争的主体，同时也是自主创新具体投入、组织、开发和实施的主体，是自主创新风险承担和利益享受的主体，因此，企业在自主创新活动中扮演着最为关键的角色。不过，要指出的是，真正能担当起科技创新主体角色的企业，主要是那些大型企业集团和高科技企业，因为只有它们才有较健全的研发机构、较强的科技开发实力、较为雄厚的财力以及较好的创新氛围，能够进行可持续的自主创新。而中小企业通常缺乏进行创新的经济技术实力，难以成为自主创新的主体。同时，企业为了激励、推动自主创新，也经常会对企业内部的人事、分配、培训等进行制度创新，因而企业也可以说是自主创新制度安排的微观主体。当前，企业主体要重点解决在创新动力方面存在的"国有企业没动力，民营企业没能力、外资企业不出力"等问题。

3. 科研机构

对于科研机构在自主创新中的角色定位，胡锦涛同志在 2004 年 12 月底视察中国科学院时曾提出，科研机构要在自主创新中发挥骨干和引领作用。国务院发布的《国家中长期科学和技术发展规划纲要（2006—2020）》中也提出："从事基础研究、前沿技术研究和社会公益研究的科研机构，是我国科技创新的重要力量。"可见，科研机构作为自主创新的主要基地，应该既是知识创新的主体,也是技术创新的主体。一方面,它通过不断开发和提供新的具有较强共用性质的知识和技术,为其他主体的科技创新提供必要的知识支援,为社会和企业发展提供强有力的技术支撑;另一方面,科研单位也会大力开发具有原创特色的应用性技术,为企业和社会提供直接的自主创新成果。这里所说的科研机构主要是指国家科研院所、地方政府所属的科研院所以及民间的非赢利性科研机构。

4. 高等院校

高等院校包括了研究型大学、普通高校、职业学院、继续教育机构与职业培训机构等多种类型,它们在自主创新活动扮演的角色也是不尽相同的。其中研究型大学与国家科研机构的角色定位基本是一致的,也是从事基础研究、高技术前沿探索和原创性应用技术开发等,是进行知识传播与技术创新的重要基地和重要主体。其他教育与培训机构主要充当传播科技知识和培养创新人才的主体角色,为自主创新活动的有效开展提供知识、技术和人才保障。在知识经济的时代,知识和人才是自主创新活动的第一资源,已经成为各国最重要的争夺重点,因此高等院校在自主创新活动中的角色地位不容小视。

5. 科技中介组织

科技中介组织是面向社会开展技术扩散、科技评估、创新资源配置、创新决策与管理咨询、成果转化等专业化服务的机构和组织。它通过为企业、科研机构、教育与培训机构等自主创新主体提供社会化、专业化的支撑性服务,有效地降低创新风险,促进科技成果产业化发展,可见,科技中介组织在自主创新中主要扮演着服务者和中间人的双重角色,是自主创新活动中一个重要的市场服务者。同时,随着我国社会主义市场经济体制的逐步发展和完善,政府对自主创新活动的直接行政干预在逐步减弱,科技中介组织在过去由政府包办的但管不好、不该管的领域,取代政府对自主创新活动行使管理、协调、监督等职能,扮演着重要的行业管理者与协调者的角色。

第四章　创新主体在制度安排中的功能定位

第二节　不同创新主体的功能定位

一、政府的功能定位

政府是自主创新的宏观主体,在自主创新制度安排中发挥着关键的主导作用。根据这一角色定位,我们可以把政府在自主创新制度安排中的功能确定为提供创新环境、制定创新战略和规划、制定激励政策、组织共性和战略性技术研发、协调创新活动等几个主要方面。

1. 提供创新环境

利用法律、法规及行政、经济等各种手段,为其他自主创新主体创造良好的发展环境和提供必要的政策支持,是政府在自主创新制度安排中一项最基本的功能。在世界科技创新最为活跃的美国,各州和联邦政府的一个最重要职能就是建立有利于科技创新和产业技术发展的法规条款。一般来说,一个理想的创新环境具有如下特征:完善的知识流通体系,产学研之间形成紧密的合作与交流,有能够鼓励创新与保障创新者利益的政策法规,有充足与健全的风险资金市场支持,有容忍失败的社会环境等。[①] 因此,政府部门一定要充分利用其在制度建构与创新方面的优势,推动体制改革与创新,破除影响自主创新的体制性和机制性障碍,建立和完善有利于自主创新的市场机制。同时,政府要制定合理的财政政策,给其他创新主体提供良好的金融市场、投资环境、外贸体制、商业与流通体系等宏观经济环境,为企业进行自主创新提供必要的配套措施和政策支持。另外,还要构建一个鼓励冒险、容忍失败的创新文化氛围,在全社会培育创新意

---

① 夏益俊:"企业创新的政府定位",《中国中小企业》2007年第8期。

识和倡导创新精神，为创新活动营造良好的社会环境。

2. 制定创新战略和规划

政府的另一个功能是通过制定国家或区域自主创新战略和发展规划，明确自主创新的发展目标、主要任务、具体时间表和实施步骤，使自主创新活动有据可循，提高效率。通过制定战略规划来鼓励和支持自主创新活动，不仅是当前我国各级政府正在从事的工作，也是西方发达国家推进自主创新的成功经验。欧盟早在1985年7月就启动著名的"尤里卡计划"，瞄准世界最先进和最实用的技术大力扶持各国和企业的自主创新活动，有力推动了欧盟国家中小企业的跨国科研合作；美国政府在1993年就率先提出建立"全国信息高速公路"的战略规划，一举奠定了美国在通信网络技术领域的全球领先地位；英国政府在1994年制定了创新白皮书《实现我们的潜能——科学、工程和技术战略》，并以此为基础逐步形成了以创新为核心的国家科技发展战略；日本政府自第二次世界大战以来就根据本国国情和时代特点有效地实施了"技术立国"、"科学技术立国"及"科学技术创造立国"等国家战略，并通过一些具体的国家科技发展规划来实施和完成，如企业振兴规划、月光计划、阳光计划、脑科学振兴规划、科学技术振兴规划、千年规划、COE规划及SPIRTI规划等，产生了很好的效果。韩国政府为了重振国家经济，也在2002年制定了"科技立国"发展战略，提出了把韩国建成以信息产业为主导的知识产业型国家的发展目标。由此可见，在国家或区域创新战略和发展规划的制定中，政府起着主导性、决定性的作用；它既是制定创新战略的决策者，又是执行创新战略的组织者、推动者。

专栏4-1：新中国成立以来的八大科技发展规划

第一次是《1956－1967年科学技术发展远景规划》。这是新中国成立以来的第一个科技规划。在规划内容上，从13个方面提出了57项重大科学技术任务、616个中心问题，并从中确定了原子能和平利用、无线电电子学中的新技术、喷气技术、石油及其他特别缺乏的资源的勘探等12个科学研究重点。

第二次是《1963－1972年科学技术发展规划》。规划的主要内容是确定了"自力更生，迎头赶上"的科学技术发展方针，提出了"科学技术现代化是实现农业、工业和国防现代化的关键"的观点。这期间取得了"两弹一星"的伟大成就。

第三次是《1978－1985年全国科学技术发展规划纲要》。这期间各地方、各部门开始启动规划研究编制工作。规划主要内容是提出了"全面安排，突出重点"的方针。确定了8个重点发展领域和108个重点研究项目。同时还制定了《科学技术研究主要任务》、《基础科学规划》和《技术科学规划》。

第四次是《1986－2000年科学技术发展规划》。规划的主要内容是贯彻"科学技术必须面向经济建设，经济建设必须依靠科学技术"的基本方针，强调了科技－经济的结合，并相继推出了高技术研究发展（863）计划，推动高技术产业化的火炬计划、面向农村的星火计划、支持基础研究的国家自然科学基金等科学计划。

第五次是《1991－2000年科学技术发展十年规划和"八五"计划纲要》。这是对上一次15年规划的目标和内容的调整。突出了邓小平"科学技术是第一生产力"的思想，进一步选择了带有全局性、方向性、紧迫性的27个领域（行业）为中长期的重大科技任务。

第六次是《全国科技发展"九五"计划和到2010年远景目标纲要》。由于种种原因，1998年经国家科教领导小组讨论后该规划未对外正式发布。

第七次是《国民经济和社会发展第十个五年计划科技教育发展专项规划（科技发展规划）》。提出了"有所为、有所不为，总体跟进、重点突破，发展高科技、实现产业化，提高科技持续发展创新能力、实现技术跨越式发展"的指导方针，并在"促进产业技术升级"和"提高科技持续创新能力"两个层面进行战略部署。同时提出了"3+2"的计划体系，三个国家主体科技计划即863计划、攻关计划、基础研究计划，两个环境建设即研究开发条件建设、科技产业化环境建设。

第八次是2006年颁布的《国家中长期科学和技术发展规划纲要(2006-2020年)》及其若干配套政策。该规划的一个鲜明特点就是将自主创新提到了重要高度。提出今后15年，科技工作的指导方针是"自主创新，重点跨越，支撑发展，引领未来"。

【资料来源：王滨，《自主创新纵横谈》，上海科学普及出版社2007年版】

3. 制定创新激励政策

由于自主创新活动面临着很多的不确定性与高风险性，一些企业往往基于投资回报的考虑，不一定会主动从事外溢性高的基础研究和风险性高的新兴科技研发。在这种情况下，一方面是通过发挥市场之手的自我组织、自我激励功能，鼓励企业进行自主创新；另一方面要求政府发挥自主创新活动的政策激励与扶持功能，为企业自主创新活动提供各种激励和优惠政策，如提供资金支持、金融信贷优惠政策、财税政策、产业政策、政府采购政策等，以此来激发企业自主创新热情，弥补因自主创新的外部性、创新产品的公共物品性、创新的不确定性和高风险性而造成的市场失灵。

其中，为企业自主创新活动提供赋税优惠与财政补贴，是当前世界各国政府采取的最为普遍的一种政策手段，因为这种财政扶持方式可以直接降低企业的研发成本，减少了企业的研发风险，对企业进行自主创新投入与研发形成最直接的激励。同时，政府采购也是影响创新方向和速度的重要政策工具，政府承担起科技创新产品先期使用者的角色，可以有效带动市场的后续需求，从而降低企业开展自主创新的市场风险。从市场的角度分析，政府采购这种"需求拉动"式的支持方式，比起财政补贴和税收优惠等财政扶持方式而言，特别有利于中小型高新技术企业的发展。当前，利用政府采购手段支持本国企业技术创新的方式在发达国家已非常普遍，比如，美国为了激励中小企业技术创新，在每年的政府公共采购合同中都将合同总额的20%留给进行技术创新的中小企业。①

4. 组织公益性和战略性技术研发

资源环境、人口健康、防灾减灾、社会保障、社会服务、国家与社会公共安全等领域的社会公益研究属于公共财产范畴，技术的外溢性强，因此一般企业都缺乏科技投入的意愿。而一些战略性、前沿性的技术研发项目，不仅技术创新的难度大，而且需要极长时间方能进入商品化应用，具有很高的风险性与不确定性，企业一般也不愿意承担如此巨大的市场风险。这表明，社会公益性研究和战略性前沿科技研究领域一般不用于市场之手的调节，在这些领域需要发挥政府的主导功能，对国防科技、环保科技、国家卫生科技等公益性和战略性科技研发进行财政经费的重点投入。从西方科技发达国家的一些实践经验看，政府对战略性、公益性大型科技攻关项目上的直接投入往往起到非常关键的作用。如美、欧企业参与全国性的大型科研攻关项目，研究和发展先进的军用与民用设备，其项目资金来源主要是政府的财政拨款。美国各州和联邦政府每年都要对基础科学、公共福利和国防领域的研究开发给予大量资助。可以说，如果没有当初各国政府部门大量的研发资金的支持，今日也不可能进入因特网与生物基因科技时代。

5. 协调创新活动

自主创新活动需要多种不同的资源和要素支持，而这些资源和要素常常又分散在不同的社会组织中，由于不同组织常常出于自身利益的考虑行事，就会发生系统失灵，对整体的自主创新活动产生不良影响。而系统失灵问题是市场本身无法解决的，需要政府出面扮演自主创新制度安排中的创新协调者角色，通过政府的协调功能来强化各个创新主体及相关部门的合作，通过统一协调，分工合作，推进自主创新活动。目前，不少国家都

---

① 郑传锋："国家创新体系建设中的政府职能定位"，《经济师》2003年第5期。

成立了专门的创新协调机构,建立产学研合作的宏观协调机制。例如,美国政府就设有国家科学技术委员会,统筹协调科技战略与政策,其属下几个协调委员会负责协调各部门、科技界和产业界的利益。意大利在1996年就成立了国家科研与创新政策部际委员会,由意大利总理直接领导和协调。澳大利亚政府有两个重要的科技管理和决策机构:一个是总理科学、工程和创新理事会(PMSEIC),另一个是科学技术协调委员会(CCST),其中总理科学、工程和创新理事会主要就重大科技问题向政府和议会提交相关科技和创新方面的咨询报告和政策建议报告,科学技术协调委员会主要负责解决跨部门之间在科技创新政策、计划和项目方面的协调和配合问题。①

6. 创新基础设施建设

自主创新不仅要发挥创新主体的作用,而且要构建大量的创新公共平台,这就需要政府加强科技基础设施建设,建立更多的科技共享平台,比如,公共实验室、工业研究院、数据资料库,以及与企业共建公共性的研发中心等,这些创新基础设施从本质而言,都是一种服务于国家和城市的公共产品。根据"技术开发"以及"经济人假设"的有关理论,由于公共产品本身难以按一般的市场原则进行交易,具有消费的非排他性,在面临技术与市场双重风险时,往往存在着社会收益大于私人收益的可能性,使得政府必须责无旁贷地成为这种公共产品的主要提供者。② 因此,政府要从自身的功能定位出发,根据产业发展所需的基础条件,一方面大力建设公共的科技基础设施,另一方面也要加快对交通、通讯、供电、供水、排污等公共性质的基础设施投入,为企业、高等院校与科研机构的自主创新活动提供良好的基础环境。

---

① 孙福全等:《主要发达国家的产学研合作创新——基本经验及启示》,经济管理出版社2008年版,第8-9页。

② 金懿:"区域科技创新体系建设中政府功能定位研究",《理论学习》2008年第3期。

7. 维护市场秩序

如果创新成果很容易被抄袭、模仿，导致创新者很难获利，那么企业的自主创新意愿必然低落甚至丧失。一般而言，后发地区国家仿冒风气较盛，导致软件工业与音乐文化创作产业在这些地方的发展通常比较困难。①为此，必须强化对创新成果的法律保障，通过法律保护自主创新者的产权和经营利益，维护正常的市场秩序。在这方面，政府需要充当立法者和执法者的双重角色。一方面，政府要发挥在自主创新制度设计方面的立法职能，制定和完善维护创新秩序、健全创新保障机制等方面的法律和法规，使自主创新活动有法可依，促使自主创新主体自觉规范自己的创新行为。另一方面，政府也要充分履行其行政执法职能，加大对侵犯知识产权行为的处罚力度，切实保护企业自主创新的成果，为创新者提供显著获利空间，对自主创新活动进行有效的规范、监控和管理。

专栏4-2：美国制药企业发展启示

美国药厂新药开发数量一直高居世界第一，1970-1992年间，在全球市场营销的453种新药中，美国药厂占了43%。一些研究显示，放任的药价政策、严格的药品上市审查、给予领先创新者独占市场的专利保护、政府部门提供大量的基础研究经费等，是造成美国制药产业蓬勃发展的主要原因，也是促成大量新药研发创新的主要诱因动力。

(1) 政府对新药研发的经费支持。政府基础研究方面的投入在美国制药产业的创新与成长中扮演了非常重要的角色。

(2) 专利保护所创造的市场独占利润往往可以达到八成以上，是激励药厂投入研发创新的最主要因素。美国利用各种法律手段来延长专利期，给予领先创新者独占市场的专利保护，使制药企业能够获得垄断利益，这样就可以进一步激励厂商愿意承担风险而积极投入新药研发。

---

① 刘常勇：《科技创新与竞争力——建构自主创新能力》，科学出版社2006年版，第71页。

(3) 采取全球最严格的新药上市审查制度，提高了本土药厂的研发创新意愿和国外竞争产品的市场进入障碍。

(4) 美国政府采取比较宽松的药价管制政策。药品定价的完全市场化保证那些拥有成功发明的制药公司获得足够的资金展开新一轮的研究工作。

【资料来源：刘常勇，《科技创新与竞争力——构建自主创新能力》，科学出版社，2006年版；"美国新药政策启示录"，中国医药经济信息网】

8. 创新人才队伍建设

胡锦涛同志在2006年科学技术大会上发表重要讲话时指出："科技创新，关键在人才。杰出科学家和科学技术人才群体，是国家科技事业发展的决定性因素。"这就要求政府树立人才是自主创新第一资源的观念，发挥宏观调控功能，从宏观规划、法规建设、人才培养与引进政策等多方面抓好人才队伍建设，推进人才结构调整有序、规范、高效进行，为全面提升自主创新能力提供坚实的人才支撑。政府在创新型人才队伍建设中的具体功能定位主要在以下三个方面：一是建立适应科技人才成长规律和满足社会需求的创新人才政策体系，如培养政策、评价政策、使用政策、激励政策等，形成以能力和业绩为导向的创新人才评价机制。二是建立有利于创新人才发展的保障机制，通过提供住房、转移户口等各种安居政策，解决好创新人才的职称、人身保险和子女就学等问题，解除创新人才的后顾之忧。[①] 三是以高层次创新人才和经济社会发展紧缺和急需人才为重点，加快对战略科学家和领军型创新人才的培养和引进。

专栏4-3：广州市2008年海外高层次人才引进政策要点

为了更好的吸引海外优秀人才到广州创业，2008年12月17日，广州市委市政府对1999年制定的归国人员奖励办法进行了大幅修改，出台了《关于鼓励海外高层次人才来穗创业和工作的办法》（穗字[2008] 18

---

① 陈绍红："政府如何支持企业自主创新"，《北方经济》2006年第22期。

号），专门设立 2 亿元高层次人才专项扶持资金，加大创新人才的引进力度。这个新出台的海外高层次人才引进办法的政策要点主要有以下三个方面：

一是对来广州创业的海外高层次人才扶持政策。对在广州创办高新技术企业，且其项目具有独立自主知识产权、技术成果国际领先、能够填补国内空白，并具有较高科技含量、良好市场潜力和产业化条件的，给予最高 500 万元的创业启动资金扶持；对从事符合广州重点发展领域的科技开发项目，政府引导广州市属风险投资公司给予最高 500 万元的股权投资；对具有市场需求的高新技术产品产业化生产过程中流动资金不足向银行申请项目贷款的，政府给予 50% 的贷款贴息；应纳税年收入在 12 万元以上部分的个人所得税额，由市财政给予 50% 补贴；对于特别优秀的海外高层次人才，在广州创办符合广州市重点发展领域的高新技术企业的，一次性给予 30 万元至 100 万元不等的安家费。

二是对来广州工作的海外高层次人才补助政策。对在广州担任重大科技项目、重大工程项目首席工程技术专家、管理专家的海外高层次人才，市财政按用人单位提供的科研经费资助的同样数额给予支持；对来市属高校、科研院所、企业等单位工作的海外高层次人才，在用人单位提供安家补贴的基础上，市财政按用人单位提供的同样数额给予安家补贴；市属单位工作的海外高层次人才的应纳税年收入在 12 万元以上部分的个人所得税额，由市财政给予 50% 补贴。

三是对在广州经济社会发展中有突出贡献的海外高层次人才以及创新和科研团队给予奖励。

【资料来源：广州市委市政府《关于鼓励海外高层次人才来穗创业和工作的办法》，2008 年 12 月 25 日】

二、企业的功能定位

《中共中央国务院关于实施科技规划纲要增强自主创新能力的决定》

自主创新的
制度安排

中对企业角色有一个明确定位,那就是企业是研究开发投入的主体、技术创新活动的主体和创新成果应用的主体。与他们的角色定位相对应,企业在自主创新制度安排中自然也就具备相应的三种基本功能:研究开发投融资的功能、组织技术创新活动的功能和创新成果应用功能。同时与政府职能相对应,企业作为自主创新制度安排的微观主体,还具有企业内部制度创新与自我激励的功能。

1. 科技经费投入

一项完整的科技创新过程包括了研发、设计试制、产业化三个阶段。在研发特别是前期的基础研究阶段,基于弥补市场失灵的影响,政府一般会进行一些引导性资金投入来支持创新活动的开展。但到了创新产品的设计试制和产业化阶段,创新经费的投入会大幅度增加,一般经费投入比例为1:10:100,如此庞大的经费支出是政府有限的财政预算所难以承担的。而且,政府作为自主创新活动的服务者,并不是自主创新微观活动的主体,这也决定了在技术成果产业化阶段,政府很难对创新活动进行大规模的投入,也不能对企业的自主创新行为进行过多干预。在这种情况下,企业不能再继续依赖政府的自主创新资金投入,应该自觉担当起研发投入主体的职责。因为只有企业才是自主创新成果的直接受益者,企业只有把研发中取得的技术优势转化为产品优势,才能获得真正的核心竞争力,赢得市场的主导权,而要做到这一点,就需要企业自觉地进行自主创新的投入。从国外成功经验来看,凡是成熟的市场经济国家,到了创新成果的产业化阶段,一般是企业成为自主创新的投入主体。在相关经费投资上,基本形成了企业占2/3左右、政府占1/3左右的投资比例关系,而在研发人力资源的结构上,企业研发人员也平均占到了研发人员总数的2/3。[①]

2. 组织技术开发活动

自主创新活动源自于市场,最终也归于市场。衡量自主创新活动是否

---

① 唐齐千:"企业应成为自主创新的主体",《上海企业》2005年第7期。

成功，关键是看创新成果能否转化为产品并获得市场认可。在这方面，企业无疑具有比科研机构和高等院校更大的优势。企业直接对接市场，准确了解市场的需求，了解产品和技术的利润空间，从这个意义上说，只有企业才是自主创新活动的真正主体，企业家而不是科技专家才是自主创新活动的真正主导者。因此，企业应该主动承担起组织、开展研发活动的职能，而不能将其抛给科研机构和高等院校。在美国、日本等主要工业化国家，企业从事研发活动基本占到了国内研发总量的70%－80%。

企业要真正成为自主创新的主体，还需要在提高自主创新能力方面做出适当的制度安排。一方面要建立起企业内部的研发机构，不断提高研发能力；另一方面要主动加强与科研机构、高等院校的合作，充分利用其创新资源、创新能力，开展联合技术攻关。同时，企业自主创新的重点要放在新产品、新技术开发以及应用性研究方面，与以基础理论研究和知识创新为重点的科研机构和高等院校形成优势互补。

3. 创新成果的生产转化

企业的自主创新活动是以市场需求为导向的不断循环的过程：企业根据市场需求确定创新的方向，将创新成果转变成产品推向市场，产品在市场检验的过程中不断完善，获得市场的利润回报，企业再根据市场的需求确定新的创新方向。① 这个过程表明，自主创新活动就是从创新研发到形成创新产品的过程，就是创新成果的生产转化。这一过程的完成只能依托企业这个市场主体来实现，其他组织和个人都无法替代。企业只有将研发中取得的技术优势迅速转化为获得市场认可的产品，才能进一步转化为竞争优势。企业进行自主创新的最终目的，从本质上看，就是通过对技术研发成果的产业化来提高企业的经济效益和竞争实力，只有这样，企业才能收回前期的研发投入，获得商业利润的回报。

---

① 李正风、胡钰著：《建设创新型国家——面向未来的重大抉择》，人民出版社2007年10月版，第150页。

4. 企业内部制度创新与自我激励

如同政府在自主创新制度安排的角色定位是宏观的制度保障与制度创新一样,企业也承担微观领域的制度保障与制度创新的职责。一般说来,企业主要通过有关人事制度、劳动制度、分配制度、教育和培训等企业内部制度的合理安排来组织、激励和推动自主创新,提高企业自主创新的质量和效率。在所有企业内部制度安排中,最重要的是加强创新人才的培养与激励,因为人才是企业创新之本,是影响创新的最决定性因素,是企业最具有高增值性和唯一能动性的资源。首先,企业要树立起"以人为本"的人才观念,加大创新人才培养力度,使企业不仅成为技术创新的基地,同时也成为培育创新型人才的基地。其次,要对企业自主创新收益分配方式做出适当的制度安排,构建合理的收入分配激励机制,给予创新成果和创新者应有的地位和待遇,最大限度地激发企业员工的创造力与创新积极性。最后,还要对企业创新文化建设做出合理的制度安排,在企业中形成尊重知识、尊重人才、尊重劳动、尊重创新的良好风尚,既鼓励研发人员开展技术攻关,也鼓励企业员工开展小发明、小技改、小革新活动,为企业员工的创新活动营造一个适宜的环境和气候。

专栏 4-4:3M 公司的"内部创业"制度

"以 3M 创意全为你"著称的美国 3M 公司,其全称叫明尼苏达矿业和机械制造公司(MFG),从公司的名称看,谁也不会想到,该公司闻名全球的发明是一种称为"即时贴便条"的可再粘便条纸。这个看似简单的纸条风行全球,年销售额高达数亿美元。而这项发明应该归功于公司设立的"内部创业"制度,即允许公司技术人员利用上班时 15% 的工作时间从事自己想要做的研究,以实现自己的创意。该公司的一名工程师正是受到这项制度的鼓励而发明的。

3M 公司的创新政策包括以下几点:

(1) 15% 政策:鼓励技术人员在上班时花 15% 的工作时间主动地和有选择地进行有可能成功的创新设想研究;

(2) 23%政策：希望每位员工从前5年推出的新产品和服务中创造出占总销售额23%的年销售额；

(3) 设立进步奖：授予那些为3M内部发展起来的新企业的成功起主要作用的人；

(4) 设立"天才基金"：向研制产品原件和进行市场测试的研究人员提供单项高达5万美元的内部创新基金；

(5) 设立"技术交流奖"：授予那些研究出新技术并同其他部门分享新技术的人员；

(6) 成立"卡尔顿协会"：这是一个荣誉技术学会，入选会员是在3M公司内部因作出杰出贡献和有过技术创新而受到尊重的人；

(7) "拥有企业"的机会：3M公司的员工如果成功开发了一种新产品，就有机会以此产品开办他自己的项目、商店或分公司，以鼓励员工内部创业；

(8) "双重阶梯"业务晋升机制：使公司的技术员工和专业人员无需牺牲他们的研究和专业兴趣就能够获得晋升；

(9) 举办技术交流会：员工宣读技术论文，相互交流思想、新研究成果；

(10) 研究问题小分队：派攻关小组到客户所在地，解决客户具体的、特殊的问题；

(11) 高效项目：每个部门选择1－3个重点产品，在特定的短期内将这些产品打入市场。

【资料来源：王滨，《自主创新纵横谈》，上海科学普及出版社2007年版】

三、科研机构的功能定位

科研机构是自主创新的主要基地。作为知识创新和技术创新的主体，科研机构主要从事基础性、战略性、前沿性科技研究，开展原始创新和知识积累，以及知识传播和人才培养，为企业和其他机构提供知识、技术支持和创新人才资源。因此，科研机构在自主创新制度安排中的功能定位，主要体现在战略性重大科技研究、社会公益性科技研究、知识传播与人才培养等三个方面。

1. 战略性重大科技研究

胡锦涛同志指出，"要充分发挥国家科研机构的骨干和引领作用。"具体地说，就是国家科研机构要承担知识创新主体的作用，发挥基础性、战略性、前沿性科技研究方面的优势，重点解决关系国民经济发展的重大技术难题，特别是与国家利益和国家安全相关的战略性重大科技问题研究、基础科学和技术科学、某些高技术、竞争前技术和共用技术的研究等。① 科研机构的这种功能定位，一是可以充分发挥科研机构研发力量雄厚的优势，着力于基础理论、核心技术和共性关键技术等方面的自主创新，使我国在基础科学和关键性核心技术领域尽快取得突破；二是这种功能定位也使得科研机构与企业在研发层面上实现了错位，避免与企业、高等院校进行重复研究，造成资源浪费。

2. 社会公益性科技研究

社会公益性科技研究指的是以提高公民在健康和安全等方面的福利为目的的、与社会公共利益相关的科技研究活动，主要包括三个方面，一是与人民生命、财产密切相关的公共研究领域，如公共安全、防灾减灾；二是与人民健康密切相关的公共研究领域，如公共卫生与健康保障；三是与可持续发展密切相关的公共研究领域，如资源、环境、农业等。社会公益性研究具有公共性、非营利性和社会共享性等特点，具有明显的公共物品属性。一般情况下，企业对这类研究的参与度很低，只能依靠由国家经费资助的科研机构来承担。例如，受到美国联邦政府资助的联邦实验室等非

---

① 钱俊生：《自主创新与建设创新型国家学习读本》，中共党史出版社2006年版，第144页。

盈利性研究机构,在美国的社会公益研究中发挥着非常重要的作用;在日本,政府研究机构(主要指国立科研机构)和特殊法人研究机构是社会公益研究的中坚力量;韩国的国立研究机构和政府资助研究机构也是公益研究的重要主体,它们大多数分别由基础技术研究会、产业技术研究会、公益技术研究会、社会经济研究会和人文社会研究会等五个研究会管理;在印度,政府研究机构科研体系中处于核心地位,具有强大实力,是印度公益性研究的实施主体。①

3. 知识传播与人才培养

科研机构是知识、技术的拥有者,也承担着一定的知识传播与人才培养的功能。科研机构依托良好的创新氛围、环境和机制,为创新型人才成长提供了自由、宽松的科学氛围与研究环境,成为培养社会高层次科技人才的摇篮。例如,中国科学院充分发挥科技资源优势,积极探索科教结合培育人才的机制和模式,为国家培养了一大批高层次创新人才。2008年,中国科学院的在学研究生就已达4.3万人,其中博士研究生2万人,约占全国在学研究生总数的9%。中国科学院在历年全国优秀博士学位论文评选中共获奖180篇,占全国获奖总数的18.3%,位居全国第一。② 同时,科研机构利用科研设施、场所等科技资源积极向社会开放开展科普活动,向企业等其他社会单位进行技术推广,也起到了传播知识和培养人才的作用。

四、高等院校的功能定位

《国家中长期科学和技术发展规划纲要(2006－2020年)》对高等院校在自主创新中的角色定位有一个明确的要求,那就是"大学是我国培养高层次创新人才的重要基地,是我国基础研究和高技术领域原始创新的主

---

① 孙福全、王文岩:"国外社会公益研究状况比较",《科技潮》2005年第6期。
② 参见"中科院举行'坚持科教结合培养创新人才'研讨会",中央政府门户网站,http://www.gov.cn/gzdt/2008－12/04/content_ 1167769.htm

力军之一,是解决国民经济重大科技问题、实现技术转移、成果转化的生力军……,积极支持大学在基础研究、前沿技术研究、社会公益研究等领域的原始创新。"由此可见,创新型人才培养、基础理论研究、技术服务与科技成果转化是高等院校在自主创新制度安排中应该承担的三大基本功能。

1. 培养创新型人才

自11世纪下半叶意大利多博伦建立西方历史上第一所大学起,大学的基本功能就被定位为培养人才。直到18世纪,大学的这种单一的培养人才的功能定位一直没有改变。虽然随着历史的发展,大学的功能后来又增加了科学研究、社会服务、文化交流等内容,但人才培养始终被认为是大学最为基本的职能与任务。培养人才是大学核心价值的体现,也是大学教育的使命所在。① 许多著名大学之所以声誉日隆,就是因为他们成功地培养许多青史留名的科学家、政治家、企业家和文学家。② 当今高等院校要继续承担起培养创新型人才的功能,确保为企业和科研院所源源不断输送足够的受过良好教育、具有较高创新素质和创新能力的人才,为自主创新活动提供人才保障。

高等院校对创新型人才的培养应涵盖以下内容:一是进行创新意识教育。培养学生推崇创新、追求创新、以创新为荣的观念和意识。二是创新思维的培养。培养学生摆脱传统思维习惯,以创新方式来处理问题。三是创新技能的培养。包括新信息的加工能力、一般的工作能力或操作能力、熟练掌握和运用创新技法的能力、创新成果的表达能力和表现能力及物化能力等。四是创新情感和创新人格的培养。创新过程并不仅仅是纯粹的智力活动过程,它还需要以创新情感为动力,如远大的理想、坚强的信念、

---

① 郭捷:"重视大学本体功能,做好人才培养工作",《中国高教研究》2007年第3期。

② 参见"秦绍德:人才培养是衡量大学办学质量的核心标准",中国教育报,2009年3月17日,http://news.xinhuanet.com/edu/2009-03/17/content_11025964.htm

诚挚的热情以及强烈的创新激情等因素。在智力和创新情感双重因素的作用下，人们的创新能力才可能获得综合效应的能量。①

2. 基础理论研究

自 19 世纪德国著名教育家威廉·冯·洪堡（Wilhelm von Humboldt）把研究与研发职能引入柏林大学后，科学研究活动就成为高等院校的一项重要功能。鉴于高等院校尤其是研究型大学占有绝对优势的知识资本，在基础科学领域具有独特优势与巨大潜力，因此高等院校（主要是研究型大学）在自主创新的功能定位上主要是以基础理论研究为重点，肩负知识创新和技术创新的重要职能。高等院校不仅要为当下经济社会发展提供科技动力和成果储备，还要为解决未来经济社会发展的基础理论和技术问题提供新思路、新技术、新方法。例如，美国科技创新和经济发展长盛不衰的经验，就在于把大学尤其是研究型大学视为基础研究的重要力量，不仅聚集了最优秀的从事基础研究的科学家，而且每年数百亿美金科研经费中的 70% 以上都用于基础研究。② 另外，纵观世界科技发展史，可以发现，许多重大的科学发展和科学理论的提出都与高等院校里形成的科学学派有关，比如，量子力学研究的"哥本哈根学派"、无机化学领域的"吉森学派"等。③ 因此，高等院校的自由的学术风气和研究氛围是形成科学学派的良好土壤，因此，需要在制度安排上鼓励和加强科学学派的形成，以推动原创性学术研究和原始创新。

3. 科技成果转化与服务

1862 年美国颁布的《莫雷尔法案》（Morrill Act）提出，高等院校要大力发展农业和工程技术教育，培养工农业方面的高级专业人才，首次将高等院校与社会经济发展紧密结合起来，开高等院校直接为社会服务之先

---

① 王滨：《自主创新纵横谈》，上海科学普及出版社 2007 年版，第 333 - 334 页。
② 眭依凡："大学如何培养创新型人才"，《江西日报》2007 年 3 月 12 日。
③ 王滨：《自主创新纵横谈》，上海科学普及出版社 2007 年版，第 357 - 358 页。

河。此后,这种新型的办学原则和模式相继被世界各国高等院校所效仿,高等院校的社会服务功能正式确立,成为继培养人才和基础科学研究之后的又一个重要职能。一般说来,高等院校提供的社会服务包括赢利性服务和公益性服务两大类。其中,建立大学科学园区、与企业兴办合资企业,与社会力量合办科技经贸咨询和中介服务组织,开展职业教育和职业培训等,都属于盈利性服务,这种服务对提高企业技术创新能力,促进科技成果转化与产业化起着很大的作用。而高等院校向社会开放图书馆、实验室、教室设施,创办社区教育中心等,则属于公益性社会服务,可以很好地发挥了高等院校在社区文化建设方面的作用。不过,高等院校在承担社会服务职能时要注意其职能的有限性,不能不顾实际能力大包大揽。例如,建立大学科学园区,可以推动科技成果转化,但一定要避免高等院校亲自上阵去创办企业,应该只建立平台,鼓励学生、老师去创业,否则效果会适得其反。美国硅谷60-70%的企业都是斯坦福大学的肄业生、毕业生或教师创办的,但是斯坦福大学本身却没有办一个企业。斯坦福大学所做的就是培养了这样一些人才,为其中愿意创立企业的人们提供方便,鼓励和帮助他们创业,并且用学校的地产建立了科学园区,以很低的价格租给创业者,而并不是自己去创办企业。①

五、科技中介组织的功能定位

科技中介组织指的是像生产力促进中心、科技企业孵化器、科技咨询与评估机构、技术交易机构、创业投资服务机构等一些专为自主创新提供服务的第三方,其在自主创新制度设计中主要是发挥纽带和催化作用,为自主创新主体提供专业化、市场化的支撑性服务。具体来说,科技中介组织的功能如下:

1. 技术咨询与信息服务

自主创新是一种高度社会化的活动,在科技成果转移的合作关系建立

---

① 吴敬琏:《制度重于技术》,中国发展出版社2002年版,第125-128页。

之前，科研机构和企业之间有一个互相搜寻、选择甚至博弈的过程，这就需要中介机构发挥其优势，为企业提供专利检索、市场分析、创业融资等咨询服务，为科研机构提供企业的投资方向、投资业绩等信息。[①] 因此，技术咨询与信息服务就成为科技中介组织在自主创新活动中的一项基本功能。科技中介组织通过吸收和传播技术信息与创新信息，在技术供需双方之间牵线搭桥，加速创新信息的交流，有效地降低交易成本，为实现科技成果的经济价值、提高技术交易成功率提供了良好的外部环境。具体而言，科技中介组织在帮助技术供需双方对接的过程中主要起信息交易服务平台的作用，一方面，科技中介组织使上游（高校、科研机构）中积累的大量原始创新成果顺利进入到下游（企业），在实现上游经济和社会价值的同时，又使下游的运行质量和竞争力得到改善；另一方面，将下游的需求信息及时通过科技中介反馈到上游，为企业提供源源不断的最新市场需求信息，促进自主创新内部系统的各主体要素之间在相互沟通中实现双赢的目的。[②] 科技中介组织通过技术与创新信息的交流与交换，有力地推动科研机构、高等院校与企业之间的知识和技术成果的扩散与流动，为技术创新成果最终走向产业化创造了条件。

2. 科技成果的工程化服务

自主创新的最终目的，就是要将技术创新成果顺利转化为能获得市场认可的产品，这也是自主创新成功与否的重要标志。而一项技术创新成果与最终产品之间总是存在一定的偏差，这就需要对这些实验室成果作进一步的修改和完善，使创新产品能真正满足市场需求。这个修改与完善的过程就是中试"熟化"处理，实验室成果只有经过中试，从样品变成产品，

[①] 参见"科技中介是技术成果转化的关键环节——访北京中科前方生物技术研究所所长蒋佃水教授"，中国经济网，http://www.ce.cn/macro/home/tszl/xhft/fangtan/200511/01/t20051101_5082763.shtml。

[②] 曹洋、陈士俊、王雪平："科技中介组织在国家创新系统中的功能定位及其运行机制研究"，《科学学与科学技术管理》2007年第4期。

经过中试二次开发以后，再进入企业的工业化生产，才能最终变成商品。目前在我国，能为实验室的创新成果提供中试"熟化"服务的机构，主要是那些能提供工程化服务的科技中介机构，如工程技术研究中心、技术开发中心、中试基地等。在自主创新活动中，这些科技中介组织主要提供科技成果的进一步的验证和提供完善的工程化、中试和设计等方面的服务，促进行业、领域中具有共性的难点、重点技术的成熟配套问题的解决，提升自主创新成果的成熟度，使其最终能够直接应用于生产领域。

3. 孵化器功能

对自主创新成果进行"孵化"，其实就是对创新技术进行实物化表达，使无形的技术向有形的成果转化，使隐性技术知识变成显性技术知识，进而实现产业化，最终变成现实的生产力。而在这个创新成果的"孵化"过程中，科技中介组织担当着重要的孵化器的功能，通过为新创办的科技型中小企业提供等一系列硬件和软件服务支持，使从事自主创新的小企业和企业家的创业风险大大降低，促进自主创新成果的市场转化，同时向社会源源不断地提供成熟的中小型高新技术企业和企业家。其中，科技中介组织提供的硬件服务包括办公场所、基础设施、生产设备等；软件服务分为两类，一类是物业、法律、财务代理、管理咨询、培训、市场开拓等综合性创业配套服务，另一类是技术转移、技术开发、市场分析、实验检测、专家咨询、专业投融资等专业化服务。一般说来，高新技术创业服务中心、大学科技园、风险投资机构等科技中介组织都属于企业的"孵化器"。

专栏4-5：广州科学城的孵化器集群

广州科学城拥有中国科学院生物医药与健康研究院、国家级"火炬"创业服务中心、广州软件园、广州国际企业孵化器、广州科技创新基地、科学城信息大厦等国家、省、市、区政府和民营多种主体投资经营、管理的孵化器集群，孵化场地面积超过100万平方米，是我国孵化场地面积最大的园区之一，对广州高新技术产业发展起到了非常关键的作用。

（1）广州科学城综合研发孵化区园区。该园区是广州科学城中心研发区的核心部分,是广州开发区提高自主创新能力、构筑科技创新体系的主要载体。该区集科技研发、商务办公、商贸、会展及等多种功能为一体,建筑面积43.56万平方米,分商业广场、创意大厦、创新大厦三个组团,其中商业广场20.11万平方米,属于科学城的重要配套服务区域;创意大厦、创新大厦组团为科研孵化组团,总面积为23.45万平方米,用途为科技企业孵化器与中试基地,是广州科学城孵化集群的核心。

(2) 广州科技创新基地园区。该园区主要由电子信息、生物医药、新材料三个专业孵化器构成,是留学人员广州创业园的核心园区。在功能定位上主要是吸引国内外具有先进科技水平的项目进行研发、中试及产业化,是集研发、技术成果交易与产品展示等多种为一体的综合性孵化器,是归国留学人员创业及国家863计划、科技攻关项目成果的转化基地,也是优秀科技企业及企业家的培训基地。

(3) 广州国际企业孵化器园区。该园区是为中小创业型高新技术企业提供优质创业环境和全方位孵化扶持服务的园区,定位为生物医药产业,以入驻广州国家企业孵化器的中国科学院广州生物医药与健康研究院为依托,形成了较为完整的生物医药技术研发平台。

(4) 广州软件科学园园区。该园区位于广州科学城光4电子信息产业组团的中心区域,总建筑面积15万平方米,是国家级软件产业基地,是国家科技部与广东省共建的国家863软件专业孵化器。

【资料来源:《中国留学生创业》2008年第12期】

4. 人力资源配置

人才资源是当今世界科技经济社会发展的战略性资源,但人力资源作为一种生产要素,需要根据市场需求,在供求总量、空间分布、结构层次等方面进行合理配置,促进科技人才的有序流动,提高人力资源的使用率,从而实现人力资本效益的最大化。在市场经济条件下,人才的合理流动应该是市场机制起主导作用下的流动,这就需要科技中介组织在其中发挥重要的人力资源配置功能。其中人才市场作为重要的要素市场,在人才中介服务、人力资源配置中发挥了基础性和决定性作用。当前,国际上的科技发达国家和地区无不建立有完善的人才市场体系,科技中介组织已成为最重要的人力资源配置机构。美国的人才中介服务机构就非常发达,在促进人才流动中起到了至关重要的作用;英国在开放的人才市场促动下,人才流动也十分自由而频繁,人才中介服务已成为一个重要的产业;日本、新加坡、香港等亚洲发达国家和地区的人才中介服务机构也非常发达,人才供需和流动已基本由科技中介组织来进行市场化的调节配置。

5. 监督与调节功能

自主创新活动作为一种特殊的经济活动,自然要符合相应的规范。在对创新主体的监管中,政府通过制定法律、法规行使其行政监督职能,但在市场经济条件下,政府一般只行使宏观调控职能,只有在市场系统失灵的情况下才介入自主创新活动,许多行业管理、项目评估、市场监管等一般性事务都应交由科技中介组织代为执行。因此,行业协会、商会组织、资格认定机构和评估机构等科技中介组织,事实上承担了一部分由国家和地方政府授予的认可资格审查和对市场监督与调节的职能,通过科技中介组织对创新主体的公证、监督与规范管理,维持和保护市场的运营秩序,确保科技创新合法有序地进行,使各种利益关系趋于一致和最大化,这也是对政府行政监督职能的一个重要补充。

第三节 不同主体之间的相互作用机制

政府、企业、科研机构、高等院校与科技中介组织这五大自主创新主体并不是彼此孤立、单独存在的,它们之间主要通过政策引导、资源配置、协调合作等多种方式实现知识、技术、信息、人才和资金等要素的双向流动,不断产生互动作用,形成共赢效应,不断推动自主创新的制度设计，推动自主创新活动继续向前发展。

一、政府制度安排对其他主体创新活动的直接影响

政府掌握着大量的行政资源，是自主创新制度的主要供应者、安排者和监督者。政府一般会通过制订科技和产业政策、提供法律法规资源配置以及必要的行政监管手段，来保证自主创新目标的实现和创新系统的有序运行。政府在进行制度安排时都会对其他主体的具体制度安排造成直接的影响，凸显出政府作为自主创新主体乃是其他各主体间相互作用的关键角色。第一，政府制度安排对企业的影响主要表现为对企业自主创新活动的激励与约束两个方面。一方面，政府在宏观层面营造激励创新的有利环境；另一方面，出于对国家战略发展和安全等方面的长远考虑，政府会对一部分企业和某些创新方向采取限制或延后发展的手段和措施。企业则会根据政府宏观制度安排的目标与方向，制订自身微观的制度安排与调整，从这个意义上说，企业的自主创新制度安排只是政府制度安排的补充和具体化。第二，科研机构与高等院校的研究经费主要来源于国家和地方政府的财政拨款，其创新活动业自然要根据国家和地方的科技发展战略与规划需求进行，这样，政府制度安排对科研机构和高等院校的自主创新活动产生直接的影响也是必然的。第三，科技中介与政府同属自主创新的服务主体，一般在政府行政管理职能容易失灵的领域发挥市场化调节作用，但科技中介组织的职能多是由政府赋予的，因此也会受到政府制度安排的直接影响。

一般说来，政府对其他创新主体的直接影响主观上看是正向的效应，即政府希望通过创造有利于合作的制度环境，促进企业、高等院校与科研机构之间开展联合创新，促进各种创新要素的有机集成和有效组合。不过实际上，政府制度安排对其他主体的直接影响往往是一把双刃剑，具有双重效应：政府合理的制度安排会对其他主体的自主创新活动产生积极的促进作用，而不合理的制度安排，如行政过度干预或政府职能缺位，则会制

约其他创新主体的自主创新能力和热情。因此,在自主创新活动和具体的制度安排中,政府一定要准确定位自己的角色,既不能"越位",去替代企业和市场的功能;也不能"缺位",对自己应该行使的功能不作为;更不能错位,影响其他主体充分发挥功能;必须安其位,行其职,发挥好自身功能,推进自主创新活动有序开展。

二、科技中介组织是各主体间有效合作的重要纽带

科技中介组织在加强不同创新主体相互作用方面扮演重要角色。科技中介组织以科研机构、高等院校和企业为主要服务对象,提供技术、资金、信息、管理等多方面的专业服务,为知识和技术的供方与买方之间实现有效对接,促进了创新主体之间的相互联系与良性互动,加速了科技创新成果的及时转化,可见科技中介组织是各主体间实现有效合作的重要纽带和载体。同时,科技中介组织在自主创新活动中承担的是专业服务职能,这表明企业、科研机构与高等院校是科研中介组织赖以生存的基础,因此,企业、科研机构和高等院校等创新主体的制度安排也就会对科技中介组织产生巨大的反作用,科技中介组织必须要适应其他创新主体的需求而做出恰当的制度安排,不断改进与提高服务水平。

三、企业与科研机构、高等院校的产学研合作模式

企业与科研机构、高等院校虽然都是自主创新主体,但其创新能力与功能定位是存在一定差异的。其中,科研机构与高等院校位于自主创新的源头,是科技知识与技术成果产生的摇篮,是科技成果知识产权的享有者和垄断者。企业虽然也从事研发活动,但主要以应用性技术开发为主,企业的功能定位主要是自主创新的投入者与科技创新成果的使用者。由于定位不同,市场目标相异,所以企业与科研机构、高等院校之间并无明显的利益冲突,而是存在着强烈的合作意愿和现实需求。一方面,企业是自主创新成果推向市场的有效载体,科研机构、高等院校通过与企业的合作可以将其科技成果实现产业化,最终实现科技创新成果的市场价值,科研机

构与高等院校同时也可以获得更多的研究经费，实现自主创新活动的良性循环。可以说，没有高等院校、科研机构，自主创新开不了头，而没有企业，则自主创新收不了尾；另一方面，企业虽然也是自主创新的主体，但除少数大型企业集团具体较强创新能力外，大部分企业的创新能力有限，企业的发展离不开科研机构、高等院校的技术支持。

企业与科研机构、高等院校之间主要是通过产学研合作模式进行的，这种模式将企业与科研机构、高等院校之间紧密连接，实现自主创新的上游与下游的对接与耦合，使科技成果得以从知识形态的生产力向现实形态的生产力顺利转化，使科技成果真正实现经济价值。在产学研合作模式中，企业扮演着关键角色，企业与科研机构之间主要通过委托研究和技术转让、产学研合作计划、科研机构与企业合建、协建企业技术创新中心、联合科技攻关等形式进行广泛合作，加速知识、技术和人才的流动，促进科研成果的转化；企业与高校之间主要通过人员交流、知识流动、技术流动、委托研究、合作研究、人员培训等方式开展互利合作。

四、科研机构与高等院校的合作与竞争

科研机构与高等院校都是知识与技术的创新主体，同属于技术与知识的主要提供方，在积极争取与企业的合作，促进科技成果的转换过程中间，两者之间存在一定的竞争关系。不过，根据国家对科研机构与高等院校的战略定位，科研机构与高等院校在制度安排的功能定位上其实是存在一定差异的。两者虽然都具有科技创新与人才培养的双重功能，但国家科研机构的中心任务定位为知识创新，而高等院校的首要任务定位为培养人才。而且在科技创新活动中，科研机构与高等院校也有一定区别，科研机构一般是从国家战略需求出发，开展定向基础研究、战略高技术创新与系统集成以及事关经济社会全面协调可持续发展的重大公益性创新，在自主创新活动中发挥骨干与引领作用；而高等院校则主要从事一些自由的科学前沿探索和面向经济社会发展的应用研究，在自主创新活动中发挥基础作用和生力军作用。① 因此，科研机构与高等院校之间更多的是一种合作关系，如科研与教学人员的双向流动、合作研究、合建实验室、联合办学术活动等多种形式，从而促进最新科技知识传播和高级科技人才的培养。

---

① 路甬祥："立足国情建立国家创新体系"，《中国科学院院刊》2006 年第 2 期。

第五章

国家创新体系建设的实践与经验

国家创新体系（National System of Innovation，亦译国家创新系统）概念最早是由英国经济学家克里斯托夫·弗里曼在1987年提出来的。20世纪90年代中期，国家创新体系理论被引入中国，引起了热烈的反响和广泛的研究。进入21世纪后，我国与许多西方发达国家一样，将国家创新体系纳入国家发展战略，提出了提高自主创新能力、建设创新型国家的发展目标。从这个意义上说，国家创新体系是自主创新制度设计的国家战略。

自主创新的
制度安排

第一节 国家创新体系的
概念、内涵、结构与模式

一、国家创新体系的概念

弗里曼在研究日本经济成功经验中第一次使用了"国家创新体系"的概念,他认为,国家创新体系其实就是"公私部门的机构组成的网络,它们的活动和相互作用促成、引进、修改和扩散了各种新技术。"[①] 同一时期,美国技术经济学家纳尔逊在研究美国国家创新体系的构成后也提出,国家创新体系就是"一系列的制度框架,他们的相互作用决定着一国企业的创新实绩。"[②] 20世纪90年代以后,全球兴起了国家创新体系研究的热潮,许多国家、国际组织和学者纷纷从不同角度提出了各种各样的国家创新体系定义。其中较有代表性的定义是经济合作与发展组织(OECD)在《1996年科学、技术和产业展望》中提出的,即"国家创新体系为公共和私人部门中的组织结构网络,这些部门的活动和相互作用决定着一个国家扩散知识和技术的能力并影响着国家的创新业绩。"[③]

在我国学术界,关于国家创新体系的较有代表性的定义有三个:一是1997年中国科学院《迎接知识经济时代,建设国家创新体系》的报告中提出的,"国家创新体系是由与知识创新和技术创新相关的机构和

[①] Freeman C., Technology Policy and Economic Performance: Lessons from Japan. London: Pinter., 1987.

[②] Richard R. Nelson, National Innovation System. Oxford University Press, 1993.

[③] 转引自"美日国家创新体系的比较研究",中国经济网,http://kfq.ce.cn/right/fxbg/200609/01/t20060901_ 8386436_ 1. shtml

组织构成的网络系统。"① 另一是 1999 年冯之浚在其主编的《国家创新系统的理论与政策》中提出的,"国家创新系统是指一个国家内部各有关部门和机构间相互作用而形成的推动创新的网络,是由经济和科技的组织机构组成的创新推动网络。"② 还有一个是马俊如领导的《国家中长期科学和技术发展规划战略研究》科技体制改革与国家创新体系科技问题研究专题组在 2006 年提出的,国家创新体系泛指一个国家整合创新要素所构成的社会网络。

二、国家创新体系的内涵

虽然国家创新体系至今没有确立一个为各方都能接受的统一的定义,但这些定义其实都包括了国家创新体系以下五个基本内涵。

1. 国家创新体系具有明显的制度属性

国家创新体系从本质上讲其实就是一组制度,是关于科技进步与经济社会发展的制度安排。国家创新体系突出制度的基础作用,强调制度创新的重要性,认为制度的设定和功能是决定创新体系效率的关键。因此,国家创新体系建设具有明显的制度属性,强调的是制度设计和体制创新。

2. 国家创新体系是知识和技术流动的网络

在国家创新体系中,知识和技术的流动不是单纯地按一条或几条线运行的,而是体系内各要素之间围绕科学技术发展形成一种相互影响、相互促进的网络机制。知识和技术的循环流转越快,就说明国家创新体系越健康、越具有活力。

3. 国家创新体系的建设属于国家行为

传统的观点认为,创新是科学家和工程师的个体行为,熊彼特认为,

---

① "迎接知识经济时代,建设国家创新体系",《中国科学院院刊》1998 年第 3 期。

② 冯之浚主编:《国家创新系统的理论与政策》,经济科学出版社 1999 年版,第 2—3 页。

创新是一种以企业家为主要角色的企业行为,国家创新体系与此不同,这个概念强调的是,创新是一种国家行为,是国家资源和实力的优化整合。

4. 国家创新体系具有明显的国家边界

国家创新体系既然是一种国家行为的创新活动,那就意味着这种创新活动主要发生在一国疆界之内,具有明确的国家边界。一国疆域之内存在着地理相邻、制度相近、文化相通的优势,可以使国家创新体系各要素之间相互作用的交易成本大大下降,因此,国家边界对保证创新活动的顺利进行具有决定性的影响。

5. 国家创新体系是一个动态的开放系统

虽然国家创新体系具有明显的国家边界,但并不是说国家创新体系是个封闭的系统,恰恰相反,国家创新体系是一个以国家为基本单位的开放的网络系统,不仅体系内部交流频繁,而且与外界也存在着广泛的交流与合作。随着全球经济一体化和贸易自由化,国际间的交流将越来越频繁。同时,国家创新体系也是一个动态系统,是一个不断发展、不断改进和不断完善的过程。

三、国家创新体系的系统结构

国家创新体系的系统结构由知识创新系统、技术创新系统、知识传播系统、知识应用系统、创新支撑系统和国家调控系统等六大子系统构成,它们各有侧重,相互交叉,互相支持,构成一个运行有序、统一开放的国家创新体系有机体。

1. 知识创新系统

知识创新系统是由与知识的生产、扩散和转移相关的机构和组织构成的网络系统,其核心主体是国立科研机构和研究型大学。知识创新系统的主要功能是通过开展基础研究和应用研究,为国家经济与社会发展提供知识增量储备。

2. 技术创新系统

技术创新系统是由与技术创新全过程相关的机构和组织构成的网络系统，其核心主体是企业和开发型科研机构。技术创新系统的主要功能是在基础性研究成果的基础上进行试验发展和自主创新，以形成新技术、新工艺、新方法。

3. 知识应用系统

知识应用系统是将知识和技术进行实际应用转化的网络系统。其核心主体是企业。知识应用系统的主要功能是开展知识与技术的应用和转化活动，使新知识、新技术最终转化为现实生产力，为产业发展和经济建设提供有力的支撑。

4. 知识传播系统

知识传播系统是指推动知识和技术传承、培养科技人才队伍的网络系统，其核心主体是高等院校和职业培训机构。知识传播系统的主要功能是培养具有高素质、高技能、新知识、创新意识与创新能力的人力资源。

5. 创新支撑系统

创新支撑系统是为知识创新、技术创新、知识应用等子系统提供信息咨询、中试服务、工程化实验与检测、投融资、创业孵化等各种中介服务的网络系统，其核心主体是科技中介服务机构与金融机构。创新支撑系统的主要功能是为科技成果转移、转化和产业化提供中介服务，加快创新成果的产业化进程，促进科技竞争力向经济竞争力转化。

6. 国家调控系统

国家调控系统是指为缓解系统失灵、引导创新方向与政府目标耦合的网络系统，其核心主体是政府。国家调控系统的主要功能是通过政府对现行体制的改革、创新，为其它五个子系统的良好运行提供合理的制度安排，确保国家创新体系能高效运行。

四、国家创新体系的模式

根据兰德欧洲公司的研究成果,国家创新体系有三种模式:主角模式、分工模式和支柱模式。主角模式是一种由单一机构负责创新政策的制定和实施的模式;而支柱模式恰恰相反,其创新政策制定则由多个机构分别负责制定,并得到专门的实施和管理机构的支持;分工模式则是由两个单独系统分工构成,其中一个系统注重教育和研究,而另一个系统则注重产业化工作。国家创新体系的支柱模式要求内部各要素分工明确,相互间广泛合作,整个系统运行更加高效,因此现在一般以市场主体为导向的国家创新体系通常会采用这种发展模式。

兰德欧洲公司的这种国家创新体系模式的分类方法是从组织形态角度进行划分的。除此之外其实还存在很多种国家创新体系模式的划分方式。例如,有学者根据创新方式不同,将国家创新体系划分为自主创新型、吸收转化型和引进利用型三种模式类型;根据国家创新体系的运作方式不同,将国家创新体系划分为大企业主导模式、政府计划主导模式和政府与大企业共同主导模式三种类型。① 还有学者根据国家创新体系中的自主创新的程度和范围的不同,将国家创新体系划分为三种模式:在某个或某几个子系统中实现自主创新的重点突破型;侧重于某个子系统重点突破,同时在其他系统中部署力量,力争自主创新的点线兼顾型;在各个子系统中均实现自主创新的全程自主型。②

---

① 金芳:"国家创新体系的模式比较及其借鉴",《毛泽东邓小平理论研究》2006年第9期。

② 阎维洁:"浅析我国国家创新体系模式的特点及其构建",《全球科技经济瞭望》2007年第1期。

第二节 我国国家创新体系的发展与现状

一、我国国家创新体系发展历程

虽然直到1996年国家创新体系的概念才引入中国,但许多学者认为,从中华人民共和国成立之始,我国就开始陆续建立了一大批企业、大学和科研机构,我国政府也充分运用国家力量来规划和指导科技活动、配置科技资源,因此,我国实际上从1949年开始就在一种不自觉状况下构建国家创新体系,而且这个体系一直在不断地发展和完善。我国国家创新体系的发展大致经历了三个阶段。

1. 政府主导阶段(1949–1978年)

这一阶段,国家创新体系内各要素之间的联系方式和作用机制主要是政府机构,政府是推动国家创新体系建设的核心力量。在这一阶段,创新投入完全靠政府拨款,创新决策由各级政府制订,创新活动依靠政府力量推动,科研机构也是按照政府制定的科技目标和任务开展创新活动,很少有创新自主权,自主创新活动具有最彻底的国家化特征。事实证明,这种完全靠政府强力推动的自主创新模式和国家创新体系,在我国建国初期科技水平极端落后的状况下还是非常有效的。因为国家可以在短时间内有计划地集中人力、物力、财力等资源,进行大规模的重大创新活动,减少因资源的重复配置而产生的浪费,并可以将科技成果迅速地向全社会扩散。例如,这一阶段我国根据国防安全的需要,在高能物理、化学物理、近地空间海洋科学等方面进行了集中科技攻关,取得了"两弹一星"研制成功、世界上首次合成牛胰岛素等重大科技成果,不但大大提高了我国的国际威望,而且为此后我国高新技术的建立和发展奠定了坚实基础。而且，在这一阶段，政府投资建立了各类企业、大学和科研机构，国家创新体系的组成要素基本建立起来，形成了国家创新体系的初步雏形。

2. 科技计划主导阶段（1979—1995年）

完全靠政府主导的国家创新体系建设模式虽然可以集中力量办大事，但这种模式因为创新的利益和风险与创新主体没有直接关系，存在决策程序复杂、周期较长、效率较低等缺点，因此，从1978年开始，随着我国从计划经济体制向市场经济体制逐渐过渡，我国国家创新体系建设模式也进行了适当调整，从完全由政府主导阶段进入了由计划主导阶段。这一时期的典型特点就是国家科研经费大多以国家科技计划的形式出现，比如，国家重点科技攻关计划、高技术发展计划（863计划）、火炬计划、星火计划、攀登计划，国家科技计划成为国家创新体系中各要素联系的主要方式和机制，政府不再直接下达科研任务。同时，在这一阶段，为迎接世界高新技术革命的浪潮，我国从1987年起陆续兴办了一系列国家、省、市级高新技术园区或经济开发区，科技服务中介机构设置与职能有了较大幅度的提高，科研机构服务于经济建设的活力不断增强，科研成果商品化、产业化的进程不断加快，加速了我国国家创新体系的发展。

3. 国家创新体系全面建设阶段（1996年至今）

科技计划主导阶段虽然引入了一定的竞争机制，国有企业的创新自主权与积极性有了很大提高，但这种模式的计划色彩依然非常浓厚，市场机制配置资源的基础性作用没有充分发挥出来，造成科技计划与经济计划时常出现脱节，不能很好适应市场需求变化和国际科技前沿变化。因此，随着社会主义市场经济体制改革的推进，以强化企业的创新功能、建立现代企业制度为主要目标的企业制度和产权制度等系列科技体制改革全面铺开，我国也逐渐进入了国家创新体系全面建设阶段。这个阶段是以1996年启动《技术创新工程》和1998年实施《知识创新工程》为主要标志的。

自 1995 年我国提出"科教兴国"战略以后，1996 年我国政府决定正式启动《技术创新工程》，重点是提高企业的自主创新能力。一年后，中国科学院又向中央提交了《迎接知识经济时代，建设国家创新体系》的研究报告，受到了党和国家领导人的高度重视。1998 年 6 月，国务院通过了中国科学院关于开展知识创新工程试点工作的汇报提纲，正式决定由中国科学院先行启动《知识创新工程》，作为国家创新体系试点。至此，我国国家创新体系建设的政策方向已非常明确，制度框架已基本形成，国家创新体系建设进入了一个自觉的全面建设阶段。

二、我国国家创新体系建设的现状

中华人民共和国成立以来，特别是改革开放以来，我国建立并拥有了一批高水平的企业、大学、科研机构以及科技中介组织，国家创新体系组成要素基本齐备，业已搭建基本架构，国家创新体系建设取得明显成效。但目前我国国家创新体系远没有完善起来，还存在许多不足之处。具体体现在：

1. 科技投入不足，产出率低

2008 年我国科技投入占 GDP 的比重为 1.49%，远低于美国、日本等科技发达国家水平。据国务院发展研究中心的一项统计资料显示，我国制造业经济总量占全球的 6%，但研发投入仅占全球的 0.3%，科技投入与经济发展水平不相协调。而且科技成果的产出率低，科技成果质量也徘徊在较低层次。我国发明专利仅占世界总量的 2% 左右，在制造业技术领域，我国的发明专利只有美国和日本的 1/30、韩国的 1/40。[①]

2. 要素之间联系不紧密，系统缺乏有效集成

目前，我国国家创新体系结构总体上趋于优化，但由于受到体制因素

---

① 谢富纪："典型创新型国家建设的经验与借鉴"，载《自主创新与国家强盛——建设中国特色的创新型国家中的若干问题与对策研究》，科学出版社 2008 年版，第 40 页。

的阻碍，体系内部各要素主体各自为政，彼此分割、相互脱节，并没有真正的联系互动起来，系统仍然缺乏有效集成，创新效能大打折扣。具体表现在两个方面：一是国家层次上实现科技经济一体化的创新体系还没有建立起来，经济工作与科技工作依然是两张皮，两方面的资源没有实现系统集成。国家重大科技计划主要面向科研机构，企业则很少参与，而企业的技术进步也很少与国内科研机构合作，许多国内已有能力研发的技术仍然盲目从国外重复引进。二是军民两大创新体系长期处于分离割裂状态，一些重要的研发活动在军民两个体系间经常重复进行，不适应当今军民技术日趋融合、高新技术两用化的趋势。

3. 企业没有真正成为创新主体

由于产权不清晰，管理体系不健全，目前我国很多企业（尤其是国有企业）只关注知识和技术的使用，不关注知识和技术的生产、传播，企业的生产能力远远大于研究开发能力，缺乏创新的动力和相应的实力，还没有真正成为创新主体。相关资料表明，目前我国2.8万多家大中型企业拥有研发机构的只有25%，75%的企业没有专职人员从事研发活动，企业研究开发经费仅占销售收入的0.56%。而在一些发达国家，90%的公司把技术创新作为企业战略的主体内容，80%建立了研发中心，大多数企业至少把销售额的5%投入研究开发当中。[①] 同时据国家知识产权局和国家统计局的联合统计数据显示，2008年我国规模以上工业企业获得专利权的比例仅为3.1%，当年申请发明专利与获得发明专利权的企业也分别只占全部规模以上工业企业的2.1%和0.6%。[②]

4. 高层次创新人才极度匮乏

据中国科协2008年4月发布的我国首部科技人力资源发展研究报告显

---

① 参见"制造业为主国家，大学生自然找不到好工作"，《中国青年报》2008年4月18日。

② 参见"08年我国4.2%规模以上工业企业申请专利创下22.3%业绩"，国家知识产权局网站，http://www.ipr.gov.cn/xwdt/gnxw/qy/591191.shtml

示,目前我国科技人力资源总量已达4200万,居世界第一位,[①]可以说我国是名副其实的科技人力资源大国。但另一组数据却显示,目前我国能跻身国际前沿、参与国际竞争的战略科学家依然是凤毛麟角,在158个国际一级学科组织及其包含的1566个主要二级组织中,目前我国参与领导层的科学家仅占总数的2.26%。从这就可以看出,虽然我国科技人力资源总量很大,但高层次战略科学家、学术带头人、领军人物极度匮乏。

5. 科技中介服务体系比较薄弱

科技中介服务体系是促进知识流动、促进产学研合作的重要桥梁,是国家创新体系建设的重要环节。改革开发以来,我国虽然高度重视科技中介服务体系的发展,建立了国家工程中心,生产力促进中心等一大批科技中介机构,但总体而言,我国现有的技术创新中介机构和支撑服务体系还很薄弱,缺乏有力的支持,不能满足企业技术创新的需要。具体表现为:一是有关科技中介服务的法律法规不健全,缺乏针对科技中介机构的综合性指导意见和扶持性、规范性政策;二是许多科技中介机构正处于服务功能发育早期,很不成熟,服务能力、服务水平尚低,对政府的依赖性较强;三是科技中介服务体系发展很不平衡,经济欠发达地区科技中介服务体系发展尤为滞后。

6. 外部环境还不够理想

国家创新体系的外部环境不理想主要表现在基础设施、科技法律政策以及社会氛围三个方面。一是由于科技经费投入严重不足,目前我国大型实验室、高端实验仪器等科研基础设施建设还比较落后,制约了自主创新活动开展。二是制度不完善,财政制度、金融制度、知识产权制度、分配制度、人力制度、科技成果评价与奖励制度等促进创新活动开展的制度体系还没完全建立起来。三是整个社会还没有形成一种浓厚的学术氛围,还

[①] 参见"我国科技人力资源总量已达4200万",新华网,http://news.qq.com/a/20080429/003630.htm

缺乏一种尊重科学、尊重知识、尊重创新的社会氛围。

专栏 5-1：王育竹院士关于中国诺贝尔奖的思考

据有关学者统计，一般立国 30 年左右便会有一个诺贝尔奖获得者出现。前苏联 1917 年立国，39 年后产生了第一个诺贝尔奖获得者，捷克是 41 年后，波兰是 46 年后，巴基斯坦是 29 年后，印度是 30 年后。但中国现已建国 60 年，占世界人口四分之一的中国至今却没有一位中国本土科学家获此殊荣。

中国为何一直无缘诺贝尔奖？我国著名的量子光学专家、中国科学院院士王育竹先生从自己的切实体会对此进行了总结与思考。王育竹先生比后来在 1997 年获得诺贝尔物理学奖的 3 位科学家早 5-10 年提出了"激光冷却气体原子"的学术思想，但却因为缺少两台总计价值 120 万元的激光器而无法将这些原创性思想付诸实验，最后与诺贝尔奖失之交臂。

1. 主观上缺乏那种强烈的攀登顶峰精神，当遇到巨大的客观困难时，就没有勇气去顽强的拼搏奋斗。

2. 我国的科研政策是"以任务带学科"，这一政策在强调任务带学科的同时却忽视了与任务无直接关联的基础性研究。1979 年，王育竹先生多渠道向各方写申请报告，要求支持开展激光冷却气体原子的研究，但有关部门却认为"目前看不出用途，以后再考虑"。

3. 缺乏必要的基础设备和技术支撑，而且没有完善合理的学术评审机制，难以获得经费支持。王育竹先生用了十几年的时间才建立了原子束装置和激光器设备等必要装置，然后才能开始研究工作。而在国外只要是新的独具匠心的学术思想，一般总能申请到经费，通常用半年或一年就能做出结果。

4. 缺乏一个好的学术环境，信息闭塞，与外界交流不畅，能得到高水平专家教授指导的机会就更少。虽然我国提倡"百家争鸣"，但是由于某些原因，大家很少争论，已没有自由争论的习惯，不利于新学术思想的成长。

【资料来源：王育竹，"科学研究的核心是创新——关于中国诺贝尔奖的思考"，《世界科学》2000年第12期；王滨，"自主创新纵横谈"，上海科学普及出版社2007年版】

第三节 典型国家建设
国家创新体系的经验

一、美国的国家创新体系

1. 美国国家创新体系的演进历程

美国是一个具有良好创新传统的国家，国家创新体系建设最早可以追溯到20世纪初，但那时还只是雏形，美国国家创新体系建设真正获得大发展是从第二次世界大战时期开始的。战争需要迫使美国政府对工业与学术研究的支持出现了急剧扩张，大量的军事科研计划和军用产品采购使得美国企业的研发活动呈现出蒸蒸日上的局面，根本性地改变了美国的研发结构，美国也因此成为世界科技创新能力最强的国家。第二次世界大战结束后的1945年，美国总统科学顾问布什发表题为《科学：无止境的前沿》的政策报告，大大推动了国家创新体系的发展，美国在科研设备和科研手段、科研水平与潜力、高科技产业发展等方面均遥遥领先于世界其他国家。20世纪90年代初"冷战"结束后，面对日本和西欧等国的科技挑战，为了继续维护美国在经济、科技方面的超级大国地位，美国加快了国家创新体系的建设步伐。2001年1月，美国著名智囊机构兰德公司（Rand）发表了《增长的新基础：美国创新体系的今天和明天》报告，对于美国国家创新体系的进一步完善和发展起了举足轻重的作用，使美国在世界上最早形成了以私营企业、大学、联邦科研机构（如 NIH、NIST、联邦实验室等）及非营利性科研机构为主体、市场竞争和政府调控相互配合的完备的国家创新体系。

2. 美国国家创新体系建设的经验

（1）以市场为主导，形成了分工明确的高效网络系统

美国国家创新体系完全是以市场为主导的，这是美国国家创新体系的最重要的特点。在这种创新体系中，各创新主体依据市场导向进行分工，角色定位明确，创新资源配置合理，各要素之间的合作与竞争形成高效创新生态，整个创新体系充满活力。在这种市场主导的国家创新体系中，信奉自由主义立场的美国政府在国家创新体系中只发挥辅助、协调和监管作用，而市场才是配置资源的基础，企业应该从事何种创新活动，应该投入多少资本和人力，完全由市场来决定，企业作为创新主体的作用得到了充分发挥。其中科技型小企业是创新主体的主体，美国一半以上的创新发明是在小企业实现的，小企业的人均发明创造是大企业的 2 倍，在美国技术创新中扮演着核心力量的角色。据统计，美国至少有 75000 家小型高技术企业，美国小企业提供了 55%的创新技术，提供了 25%的高技术领域的就业机会。[1]

（2）巨额科技投入确保基础科学领域的绝对领先地位

美国之所以长期保持着世界头号知识生产大国的地位，引领世界科技发展潮流，这与美国政府与企业持续对自主创新（尤其是对基础研究）进行巨额投入分不开的。美国政府认为，基础研究是对未来的投资，是美国技术创新成果的源泉，是美国科技领先地位的基础，因此美国联邦政府始终坚持为基础研究提供长期稳定的支持，同时还通过税收等政策调节，带动社会对基础研究的投入，使美国每年对基础研究的投入达到一个非常高

---

[1] 孙辉："美国创新型国家的基本特征和主要优势"，《全球科技经济瞭望》2006年第 8 期。

的水平。据统计,美国研发投入约占 OECD 国家总支出的 44%,几十年以来美国研发投入占世界研发投入总量的比例一直保持在 25% 左右。2006 年美国研发投入总额达到了 3300 亿美元,研发投入总额以及科研人员人均研发经费都是世界各国中最高的。① 同时,为了使美国在基础研究方面继续领先世界,布什总统在 2006 年还宣布一项提高美国竞争力的行动计划(American Competitiveness Initiative),提出在未来 10 年间,对于国家科学基金会、能源部科学办公室、商务部国家标准与技术研究院这些资助基础研究计划的机构的研究资助要增加一倍,这相当于每年美国要在基础研究方面新增投资 500 亿美元,这种科技投入强度是世界罕见的。

(3) 国防军工产业对国家创新体系建设起了独特作用

美国是当今世界上唯一的超级大国,每年庞大的国防军费开支使得美国国防军工产业在国家创新体系建设中起了独特作用,这是与其他国家创新体系建设截然不同的特点。在第二次世界大战中,包括原子弹在内的高科技武器系统为美国赢得战争胜利做出了巨大贡献,从此一举奠定了国防军工产业在美国国家创新体系中的独特地位。在第二次世界大战以后,为继续维持其世界霸主地位,美国政府建立了一种任务导向的军事和国防技术研究开发体系,支持了飞机制造、核能、因特网、计算机、半导体、航天技术等一批重大原创性技术的开发。国防军工的创新研究不仅持续为美国企业提供科技知识和先进技术,提高了企业竞争力,而且庞大的国防采购极大地拉动了市场需求,带动了其他产业的发展。据统计,在过去半个多世纪中,美国政府研发支出中与国防相关的研发支出所占比例一直很高,上个世纪 60 年代冷战高峰期曾达到 80%,而在上世纪 90 年代苏联解

---

① 谢富纪:"典型创新型国家建设的经验与借鉴",载《自主创新与国家强盛——建设中国特色的创新型国家中的若干问题与对策研究》,科学出版社 2008 年版,第 9 页。

体、冷战结束后也占50%左右。①

(4) 高度重视创新人才的培养与引进,创新人力资源非常丰富

美国拥有世界上最为发达的高等教育体系,高度重视积聚国际创新优秀科技人才,这也是美国建设国家创新体系的重要经验。美国高等教育非常发达,在世界大学前100强排名中,美国大学占一半以上,世界上70%的诺贝尔奖获得者都在美国大学任教。根据2001年的一项调查,全球大约30%的科学和工程类论文以及44%的最常被援引的论文均出自美国大学。美国接受高等教育的人口比例也是世界最高的,目前美国就业人员平均受教育时间已超过13年,其中受过高等教育的人数占55%。② 另外,美国还高度重视引进和留住国际创新优秀科技人才。一是长期执行有效的移民政策,每年至少为吸收国外各类人才保留14万名入籍名额;二是实施灵活的H-1B签证计划,为高科技人才进出美国开绿灯;三是尽量创造出较之其他国家更加自由宽松的学术环境,提供丰富的信息资源,加上各种学术大师云集,营造出吸引人的大环境。③

(5) 完善知识产权保护体系,营造良好的创新环境

美国非常重视有关知识产权保护法律制度的建立和完善,在立国之初的宪法中就明确国家保护知识产权的责任,允许个人对其发明和著作享有有限时间内的排他性使用权,并在立国后两年就通过了《专利法》和《版权法》,成为世界上最早实行知识产权制度的国家之一。在第二次世界大战以后,美国在高科技领域取得了世界领先地位,又颁布并完善了专利法、商标法等一系列法律法规,对知识产权执行更严格的保护

---

① 云中:"美国国家创新体系演进的几点认识——突出特征、决策过程和创新战略动态",中国论文下载中心,www.studa.net/jingji/080904/11465717-2.html

② 谢富纪:"典型创新型国家建设的经验与借鉴",《自主创新与国家强盛——建设中国特色的创新型国家中的若干问题与对策研究》,科学出版社2008年版,第10页。

③ 邱举良、任中保、乔岩:"国家创新体系的演进之路——美日韩三国技术创新模式案例分析与启示",《科学新闻》2007年第3期。

措施，为鼓励自主创新做出了巨大贡献。同时，美国政府还对研发活动执行减免税赋的政策，激励了企业开展自主创新。此外，由于美国长期以来对科技创新活动进行鼓励、对科技成果进行保护，在美国企业、个人中逐渐形成了一种强烈的创新意识，成为人们的日常生活观念与社会文化价值。

(6) 资本市场发达，拥有多元化的科技融资渠道

20世纪80年代以来，美国风险投资蓬勃发展起来，建立了全球最成功的风险投资体制，为美国科技型中小企业创业与创新注入了无穷的生机与活力。在美国，大约90%的高科技企业都是在风险投资的扶持下发展起来的，培养出了如数据设备公司、英特尔公司、康柏公司、微软公司和苹果公司等一大批国际著名的高科技企业。同时，美国拥有世界上最为发达的金融体系和股票市场，为美国企业自主创新提供了良好的融资环境和充足的资金支持。

二、英国的国家创新体系

1. 英国国家创新体系的演进历程

英国是工业革命的发源地，从18世纪中叶开始，在200多年的历史长河中，英国在物理、数学、生物学、医学等领域取得了丰硕的科学成果和先进的工业技术，牛顿力学三大定律、达尔文生物进化论等重大科技成果成为现代科学发展的基石，成为当时世界头号科技强国。进入20世纪以来，虽然英国曾经的"日不落帝国"的辉煌不再，经济也出现了持续衰退，但英国科学研究仍然处于世界一流水平，世界第一例"试管婴儿"和第一例克隆羊全部诞生在英国就是明证。近年来，英国政府为提高自主创新能力，连续发布了《卓越与机遇——面向21世纪的科学与创新政策》、《在变换世界中全民共享机遇——企业、技能与创新》、《21年科学与创新战略》、《投资创新——科学、工程和技术战略》等一系列科技白皮书，明确将建立国家创新体系列为政府的首要任务，全面、系

统地提出了建设英国国家创新体系的各项方针政策，提出了要在 21 世纪将英国建设成为"世界科技领先国"和"全球经济的知识中心"的战略目标。可以说，英国是世界上最早建设国家创新体系并取得成功的典型国家之一。

2. 英国国家创新体系建设的经验

（1）学术氛围浓厚，基础理论研究处于国际领先水平

英国作为世界上最老牌的资本主义国家，在 200 多年的历史发展中一直稳居世界头号科技强国的地位，积淀了深厚的科技文化底蕴，在这种历史渊源的潜移默化影响下，英国社会形成了一种良好的自由探索的学术氛围和不屈不挠的创新精神，这就使得英国国家创新体系建设具备了得天独厚的社会文化基础。在这种浓厚的学术氛围的影响下，英国在基础理论研究方面一直处于世界领先水平，保持了世界学术大国地位。例如，英国出版的《自然》、《柳叶刀》是全世界自然科学与医学领域最权威的杂志，牛津大学、剑桥大学、伦敦大学商学院一直是全球排名靠前的优秀高等学府。目前英国的科技投入仅占世界的 4.5%，但科学论文产出占世界的 8%，论文引用占世界的 9%，其质量和数量仅次于美国。[①]

（2）政府重点支持小企业进行自主创新

在英国企业中，小企业占到近 99%，雇佣了全国一半以上的劳动力，因此英国政府非常重视小企业发展，将扶持小企业发展作为建设国家创新体系的重要一环。为了更有效地鼓励创业和培育小企业的发展，英国政府于 2000 年 4 月专门设立小企业服务局，并且在财政、金融、税收等方面制定了一系列扶持小企业创新的相关计划。例如，1986 年，英国政府制定了一个分两阶段进行的 SMART（Small Firms Merit Award for Research and

---

[①] 谢富纪："典型创新型国家建设的经验与借鉴"，载《自主创新与国家强盛——建设中国特色的创新型国家中的若干问题与对策研究》，科学出版社 2008 年版，第 24 页。

Technology）资助计划：第一阶段申请获批准的企业可得到最高 4.5 万英镑的资助，用于创新概念的实现，执行时间为 6 - 18 个月；第二阶段是在第一阶段成果完成后如需进一步开发生产样机，可继续申请占开发成本 35% 的资助，资助额最高为 10.5 万英镑。2001 年，英国政府制定了小企业研究计划，将政府研发采购计划全部向中小企业开放，大大提高中小企业获得政府研发合同的成功率。2002 年，英国政府又出台了针对小企业研发税收减免优惠政策，规定小企业年研发投资超过 5 万英镑时，可以享受 50% 减免税优惠，尚未盈利的小企业进行研发投资，更可以获得 24% 研发投入资金返还。

（3）拥有高度发达的创新服务体系

在国家创新体系建设中，英国一直坚持一种"服务于创新全过程"的文化理念，在这种理念的推动下，英国逐渐建立了一个政府科技中介机构与商业技术服务机构相融合的高度发达的创新服务体系，形成了一个遍及全国的企业服务网络体系。一方面，英国政府建立了小企业服务局、创业服务中心、伦敦技术网络、工程研究中心等一批科技中介机构，协助政府为企业提供科技服务；另一方面，英国以慈善机构、担保有限责任公司、股份有限责任公司、合伙经营和个体经营等形式注册成立了各种技术创新服务机构。现在，慈善机构的资助已成为英国企业的最主要的自主创新资金来源。在英国现有 1 万多家慈善机构中，能够资助企业自主创新开发的约 200 多家，它们每年给企业的资金金额超过 20 亿英镑，其中绝大部门直接用于各类高新技术的创新研发活动。比如，英国威尔考姆基金会就是一家以资助医学研究闻名的慈善机构，它因为每年捐赠近 5 亿英镑用于医学领域的创新研发而在英国医学界颇具影响。[①]

专栏 5 - 2：传统、学术、文化和创新——牛津文化品牌启示

传统、学术、文化和创新是牛津这个品牌的竞争优势。它的研究力量

---

① 余日昌："西欧国家的创新个性"，《世界经济与政治论坛》2006 年第 6 期。

雄厚，其教师队伍中，有83位皇家学会会员、125位英国科学院院士。在数学、计算机科学、物理、生物学、医学等领域，它都名列英国乃至世界前茅。近些年来，不仅在基础科学而且在应用科学研究中都取得了举世瞩目的成就。

在生物医学领域，自从弗雷明在伦敦发现青霉素后，20世纪40年代牛津的科学家弗罗里和蔡恩就将它投入临床应用，结果3人共享诺贝尔奖。今天用得最广的抗生素于1955年为牛津的爱德华·阿布拉罕发现。牛津也致力于将分子生物学应用于临床，将核磁共振原理应用于医疗诊断，在发现人体的免疫瓜系统和应用基因工程技术于临床问题方面，牛津亦起领导作用。该校在爱滋病毒、移植手术和遗传病研究等方面也很有潜力。1987年，斯奎波父子公司赠予该校药学系2000万英镑，以支持他们的研究工作。

在环境科学领域，牛津的研究涉及森林史、气候变化、遥感、土地利用、野生动物保护、家畜管理、污染、腐蚀、沙漠侵犯等众多课题。牛津的固体物理、高磁学、激光研究、基本粒子研究和大气物理学等均在世界上占领先地位。物理系的克拉伦登实验室在世界核研究领域中起着特殊的作用。基础研究还导向重要的工业开发，包括建立了如牛津仪器公司和牛津激光公司之类的企业。

仅在化学系，牛津目前就拥有4位诺贝尔奖得主。该校在蛋白质、新型无机材料合成、分子的计算机辅助设计等方面都有重大成果问世，并在化工、医药、微电子工业等领域推广应用。另外，牛津在地球内部动力学、陆界变形研究、低温处理和古生物学等领域也很有成就。牛津数学研究所在许多数学分支学科中居于世界前列，计算机科学研究在国内外亦有一定地位。

【资料来源：林海，《英国品牌的启示》，企业管理出版社2007年版】

三、日本的国家创新体系

1. 日本国家创新体系的演进历程

早在明治维新时期,日本政府就通过推行"文明开化"、"殖产兴业"和"富国强兵"三大国策,大力学习西方近代科技成果,逐步建立起日本的近代科技体系。不过由于在第二次世界大战被战败,日本经济、工业、科技体系基本摧毁。战后,日本通过不断的技术引进、模仿和集成创新,在20世纪90年代再次赶上欧美发达国家,迅速从第二次世界大战后的经济瘫痪状态一跃而成为当今世界工业强国。因此,从严格意义上讲,日本的国家创新体系的演进历程是从第二次世界大战后开始的,是后发展国家赶超发达国家获得成功的典型案例。

日本国家创新体系的建设经历了引进模仿、集成创新、原始创新三个阶段。从20世纪50年代到70年代的20年间,日本推行了一系列旨在通过引进模仿追赶世界技术进程的特殊政策,鼓励并帮助企业从欧美发达国家引进了大量先进技术。如此同时日本政府提出了"1号机引进、2号机国产"的口号,积极指导企业在引进基础上进行消化、吸收、模仿、改进。在1955－1970年的15年间,日本只用了不到60亿美元的代价几乎掌握了半个世纪世界发明的全部技术,基本完成了技术追赶过程。到20世纪80年代,日本已初步具备了自主研发能力,日本国家创新体系的建设也从引进模仿向集成创新和在引进消化基础上的二次创新方向演进。到20世纪90年代,日本应用技术开发水平已位居世界前列,基本完成了追赶欧美发达国家的使命。不过,由于日本过分重视应用开发、轻视基础研究,形成了"高技术、低科学"的自主创新的畸形结构,导致日本科技在20世纪90年代出现发展后劲不足的问题,经济发展也陷入停滞。因此,日本在2002年又提出了"知识产权立国"战略,从过去侧重新产品开发研究和应用研究为主转移到高度重视本国基础研究,从集成创新向原始创新的战略转移,这也标志着日本国家创新体系日趋成熟。

2. 日本建设国家创新体系的经验

(1) 执行以科技体制改革为主线的国家科技创新政策

日本国家创新体系建设取得成功，首先得益于执行以科技体制改革为主线的国家自主创新政策。近年来，日本以引进竞争机制、激发活力为重点，积极推进科技体制改革，充分发挥国立科研机构和大学在自主创新和高新技术产业化方面的作用。1995 年，日本颁布实施新的《科技基本法》，2001 年，日本开始推行国立科研机构的改革，将政府所属的近百所科研远所改组合并为 57 个独立行政法人。2004 年，日本又进一步对国立大学进行了独立行政法人化改革，使国立大学在法律地位上从过去文部科学省的一部分也变为独立行政法人。通过这种法人化改革，日本的国立科研机构和大学的运行机制和管理体制更加接近市场，研发的自主权和机动性大大增强。

(2) 形成以企业为主体的高强度研发投入体系

日本国家创新体系建设取得成功，也得益于长期维持高强度的研发投入。1995 年以来，日本研发投入的规模一直保持在 16.5 万亿日元以上，仅次于美国；日本研发投入占 GDP 的比重长期保持在 3% 以上，其强度在主要发达国家中为最高；日本还形成了以企业研发投入为核心主体的模式，政府研发投入尤其是对企业研发活动的资助比例很小。2004 年日本主要企业的研发经费投入总额达到了 85989 亿日元，占到日本研发总费用的 70%，企业研发支出比例远高于欧美发达国家。① 而据欧盟欧洲委员会最近发表的有关 2008 年全球企业研发费用报告的数据显示，在前 50 名企业中日企就占据了 13 席，其中日本丰田汽车公司以 76.1 亿欧元位居榜首。②

---

① 参见"日本企业技术研发投入持续增加同比增长 3.4%"，《南方日报》2004 年 9 月 9 日。

② 参见"08 年企业研发费用前 50 名日企占据 13 席"，中新网，http://news.kantsuu.com/200911/20091117105414_165423.shtml

值得注意的是，近年来日本政府通过科技计划还增加了对国立研究机关和大学的研发投入力度，重点支持航天、能源、新材料、生命科学等高新技术领域的发展。就是在当前出现全球金融危机的恶劣形势下，日本2009财年的科技预算总额仍然达到了35548亿日元，显示出日本政府对科技发展的高度重视。①

（3）采取创新赶超战略，重点推进应用开发研究

重点推进应用技术研究，也是日本国家创新体系的一个重要特色。日本作为后发展国家，从国家创新体系建立之初就制定了技术创新赶超战略。与美国、英国"从基础理论研究到应用技术研究再到产品开发研究"的全程自主创新型研发模式不同，日本的国家创新体系建设基本绕过了基础理论研究这个环节，直接通过大量引进欧美的先进技术，通过消化、模仿再创新的过程，把重点放在应用技术研究和新产品开发研究上，很快缩小与欧美发达国家的技术差距。日本政府所倡导的在技术引进基础上开展自主创新的发展战略，虽然随着日本经济的迅速发展已显现出基础研究匮乏、科技发展后劲不足的弊端，但在当时特定的历史条件下却不失为一个切合时宜的发展战略，而且这个战略取得了巨大的成功，成为推动日本经济腾飞的关键所在。

（4）企业为主导的"产学官"合作创新模式

日本国家创新体系建设的另一个显著特点，就是形成了独具特色的以企业为主导、以大学和政府为辅的"产学官"三方合作进行的研究开发和技术创新体制。在这种"产学官"合作体系中，三者既有明确分工，又有紧密合作。其中企业以开发研究为重点，大学以基础研究为重点，政府所属的研究机构以应用研究为重点，在各自特定的研究层次和领域中进行科学研究与技术创新活动。同时，这三个主体又在政府制订的科学技术规划

---

① 参见"日本的科技投入未受严峻经济形势的影响"，科技部门户网站，2009年02月19日，http：//www.most.gov.cn/gnwkjdt/200902/t20090218_67477.htm

和政策以及经费资助等共同作用下,形成了相互依存的运作机制。据日本文部科学省的调查显示,2003年来,日本校企合作方式呈现倍增的趋势,2008年日本的大学与企业合作共同开发与研究高端技术及农业领域技术项目达到1万7638件,创历史新高。① 实践证明,这种"产学官"合作创新模式是日本经过模仿、吸收、改进和研发创新后,进而在工业技术上赶超欧美发达国家的成功模式。

四、韩国的国家创新体系

1. 韩国国家创新体系的演进历程

韩国在20世纪60年代以前是一个人均GDP不足100美元的落后农业国家,但到了2004年,韩国的人均GDP已达到14000美元,技术竞争力和科学竞争力分别居世界第2位和第15位,一跃成为亚洲最具技术经济实力的经济体之一,是建设国家创新体系的一个成功范例。与日本一样,韩国的国家创新体系建设也走过了从引进、模仿再到自主创新的发展历程。为了摆脱国家贫穷落后的局面,韩国从20世纪60年代开始,就确立以科技振兴推动国家经济发展的思路,制订了系统的"科学技术振兴计划",设立了负责科学技术管理的技术管理局和科学技术处,制定了《技术引进促进法》和《科学技术振兴法》,建立了韩国第一综合产业研究所——"韩国科学技术研究所(KIST)",初步搭建起国家创新体系的基本框架。经过20年的发展积累,到20世纪80年代韩国技术实力有了明显的增强,但原先确立的以引进模仿创新为主的国家科技发展战略也受到诸多挑战。为了摆脱对引进技术的过分依赖,提升本土自主创新能力,韩国在1986年编制完成了《面向2000年科学技术中长期计划》,正式提出以提高自主创新能力支撑本国科技发展的基本战略思想。1991年,韩国政府又发表了

---

① 参见"日本大学与企业共同研究、5年间倍增达到1万7638件",中日之窗,2009年9月7日,http://edu.86to81.net/index.php BasePage/129/article_ id/003/090/0.htm

《科学技术政策宣言》，提出把自主科技开发与高新技术消化和学习置于同等重要的位置。至此，韩国的科技发展战略已逐渐实现了从"贸易立国"战略、"重化工业立国"向"科技立国"战略的转型，韩国的国家创新体系建设由引进模仿创新逐渐发展到以自主创新为主的阶段，标志着韩国国家创新体系已基本成熟。

2. 韩国国家创新体系建设的典型经验

（1）国家创新体系成为国家主导战略

韩国国家创新体系建设一开始就是以国家战略的形式出现的，政府各部门都把国家创新体系建设视为主要工作。韩国经济学家金鳞洙认为，韩国国家创新体系之所以成功，得力于政府的大力支持。"在工业化的初期，一个强大的政府和能干的技术官员是个重要的条件。"[①] 韩国政府的作用主要体现在三方面：一是进行科技立法。从20世纪60年代开始，韩国政府先后出台了《技术引进促进法》、《科学技术研究所培养法》、《科学技术振兴法》、《技术开发促进法》等一系列的法律法规，为韩国国家创新建设提供法制保证。二是制定系统的科技计划。韩国历届政府都高度重视科技计划的制定与实施，如，科学技术发展长期综合计划（1967-1986）、特别全国研究开发计划（1982年）、产业技术开发计划（1986年）、尖端产业发展五年计划（1989年）、高技术及其产业发展七年计划（1990年）、先进国家计划（1992年）等，为韩国国家创新体系确立发展蓝图。三是制定倾斜的科技政策。如设立技术开发基金、技术商业化基金等。在1974-1986年期间，韩国政府还实施了一系列税收刺激计划、对科技开发提供补贴、贷款和风险资本、建立政府公共采购制度等，由于这些政府政策的激励与驱动下，推动了韩国国家创新体系的完善。

---

① 【韩】金鳞洙：《从模仿到创新——韩国技术学习的动力》，新华出版社1998年版，第247页。

(2) 研发投入规模大，增速快

韩国国家创新体系建设的成功与研发投入的迅速增长是密不可分的。1964 年韩国研发投入为 14 亿韩元，仅占 GDP 的 0.2%，而据韩国教育科学技术部公布的《2008 研究开发活动调查》显示，韩国 2007 年共投入 31.3 万亿韩元用于研究开发，较 2006 年增加 14.5%，占 GDP 的 3.47%。按照研发费用占 GDP 的比重来看，仅次于以色列（2006 年为 4.65%）和瑞典（2006 年为 3.73%），位居世界第三位。[①] 近年来，韩国政府为克服引进模仿创新带来的弊端，高度重视基础理论研究，目前用于基础理论的研发资金已占到总研发投入的 14.5%，这意味着韩国具有极强的科技发展后劲。

(3) 重视发挥大财团在国家创新体系的主导作用

韩国大财团在自主创新中居于主导地位，这是韩国国家创新体系的一个重要特点。韩国许多大财团都是在韩国政府的支持下组建和发展起来的，他们在实施政府技术引进和模仿创战略时发挥了关键作用。金麟洙认为，"它们处于最优越的地位，能够吸收最优秀的尖子学生。它们有组织的和技术的资源，可以确定、谈判和资助国外技术的引进、消化吸收和改进。"[②] 同时，这些拥有强大经济实力的大财团，积极地在企业内部和国外设立研发机构并增加科技投入，对韩国自主创新起了重要的主导作用。据 1995 年统计，韩国居前 20 位的企业的研究开发投入集中度达到了 57.5%，而且其比重还在继续增加。几乎所有韩国大财团都与外国相应领域的先导企业建立了策略性技术联盟，以便利用跨国公司在发展高技术方面的丰富经验与雄厚基础。根据 1998 年《世界投资报告》，在发展中国家企业所参与的信息技术部门企业间策略性技术联盟

---

① 参见"韩国 07 年总研发费用达 31.3 万亿韩元"，国家商务部网站，2008 年 10 月 6 日，http://roll.jrj.com.cn/news/2008-10-06/000004019578.html

② 【韩】金麟洙：《从模仿到创新——韩国技术学习的动力》，新华出版社 1998 年版，第 31 页。

中,韩国企业是最为活跃的,而且在结盟的发展中国家的信息技术企业中,三星公司又居于首位。①

(4)控制技术引进,注重技术消化吸收

韩国作为一个后发展国家,在国家创新体系建设起步阶段,确实有必要引进大量的国外先进技术来减少本国的技术差距,增强经济实力。但在技术引进的方式上,韩国有自己的独特做法。一是为防止外国跨国公司对本国企业的控制,韩国的技术引进方式主要采取引进国际资本、交钥匙工程、许可贸易等形式,而不是现在许多国家普遍采取的利用外国直接投资来获得技术的方式;二是韩国政府始终坚持在引进技术同时,把重点放在模仿学习并不断开发自主技术,以提高国家整体技术水平和创新能力。为达到这一目标,韩国政府对技术引进实行严格的监督和审查制度,严格禁止一揽子引进成套技术设备的做法,而且每年要投入了比引进技术资金多得多的经费来对引进技术进行消化吸收。资料显示,韩国每引进1美元技术就要拿出8美元的配套资金来消化,这个比例是很惊人的。

(5)实施重点领域突破战略,获取比较技术优势

在技术、资金等基础薄弱的后发展国家实施科技追赶战略,希望齐头并进全面超越先进国家肯定是不现实的,韩国政府在建设国家创新体系时选择了重点领域优先突破的战略,通过率先在部分领域取得科技创新突破,获得比较技术优势,以带动相关产业技术的发展,然后再实现国家整体创新能力的提升。例如,韩国政府在1982年实施的"核心技术开发事业",确定了半导体、计算机、机械和化工等领域作为重点产业技术进行扶持。1990年韩国政府提出了长达10年的"先导技术开发事业",也是确定17项高新科技研究项目作为国家优先发展的关键技术进行重点发展。

---

① 王春法:《国家创新体系与东亚经济增长前景》,中国社会科学出版社2002年版,第151-152页。

2000年韩国政府制定了《2025年构想：韩国科技发展长远规划》中，提出将信息技术、材料科学、生命科学、机械电子学、能源与环境科学等几个战略性领域列为韩国未来的主要科技发展方向。①

（6）高度重视教育和创新人才培养

韩国国家创新体系建设还有一个重要因素，就是非常重视教育，重视对创新型人才的培养。在韩国，"在每10万人中，理工科学士以上的高级人才的培养规模为163名，远高于日本84名、美国94名的水平。韩国正是充分有效地利用这些高级人力资源，建立了强有力的国家创新系统。除了高级人力的供应以外，韩国一直保留着崇尚知识和学问的传统文化，在即将到来的以知识为基础的社会中，这将成为一个重要因素。"② 同时，韩国还非常重视培养科技后备人才，设立"总统科学奖学金"，鼓励优秀高中生报考国内外名牌大学的理工科，对在国际科学奥林匹克竞赛中获奖的优秀人才，总统都要亲自接见，并可享受免服兵役的优待。另外，韩国一些大型企业财团也纷纷独资兴办企业院校或研究生院。其中三星集团每年用于培养人才的经费高达6000多万美元，人均投资相当于欧美等大中型企业的2倍。

五、芬兰的国家创新体系

1. 芬兰国家创新体系的演进历程

芬兰在20世纪80年代之前曾经是个以森林资源加工业为主的国家，1981年人均GDP仅为7700欧元，在欧洲处于相对落后状态，而且随着资源枯竭、环境破坏等问题出现，这种资源驱动型经济发展模式已越来越难以持续。80年代初，芬兰政府决定进行发展战略转型，实施"依靠科技和

---

① 谢富纪："典型创新型国家建设的经验与借鉴"，载《自主创新与国家强盛——建设中国特色的创新型国家中的若干问题与对策研究》，科学出版社2008年版，第20页。

② 【韩】金炳穆、梁俊杰："韩国国家创新系统的结构及特点"，载《国家创新系统的理论与政策文献汇编》，群言出版社1999年版。

教育推动经济从资源依赖型向创新依赖型转变"的发展战略。1990年,芬兰政府大胆引入国家创新体系概念,成为世界上第一个在其政策报告中明确建立国家创新体系的国家,从此芬兰迎来了经济腾飞。根据世界经济论坛每年发布的《全球竞争力报告》排名,芬兰在2001-2005年间,有4年名列榜首,成为全球最具竞争力的国家。2006年芬兰人均GDP达到了31500万欧元,比1981年增长了4倍,从一个北欧农业小国成功发展为世界经济最发达国家之一。

2. 芬兰国家创新体系建设的成功经验

(1) 产业与学术之间建立起紧密的合作关系

芬兰是世界上人均占有大学最多的国家,拥有全世界最好的教育系统。芬兰的教育理念一直强调为产业服务的宗旨,强调研究要与实践的交流与结合,将产业与学术之间的紧密联系,看成是其全球竞争力的关键优势。正是基于这样的教育理念,芬兰的企业与大学、研究机构在研发方面建立起一种亲密无间的合作关系,成为芬兰国家创新体系的显著特征。据OECD研究表明,以与大学或公共研究机构有合作协议的公司的份额来衡量,芬兰在OECD国家中居第二位。在芬兰国家技术局立项的科技创新项目,大多是由研究机构和企业一起设计并合作完成的,每年有1600-2400家公司、700-900家研究机构参与国家技术局的项目。

(2) 政府在国家创新体系中的关键作用

自1990年芬兰政府将建设国家创新体系首次写入其政策报告后,芬兰政府主导成立了由芬兰总理担任主席的芬兰科技政策委员会,并将国家创新体系作为芬兰制定创新政策的基本框架,这表明,芬兰政府在国家创新体系建设中一直起着关键作用。具体表现在两个方面:一是投入巨额资金支持企业开展研发活动。20世纪80年代以来,芬兰的研发投入经费占GDP比重从0.8%迅速增加到2004年3.51%,是同期全球研发投入增长最快的国家,推动了芬兰经济的迅速腾飞。而政府和企业共同投资进行研发则是芬兰自主创新的一大特点,在这些投入的研发资金中,芬兰政府在全国研发总投入的份额每年均保持在30%左右,而且芬兰政府还将重大科技项目纳入国家计划与企业共同开发,开发成果归企业享用。① 二是芬兰政府进行了自由化、放松管制等一系列市场化改革,极力为企业自主创新创造出宽松的市场环境。例如,1990年,芬兰政府开放移动通信服务条款,使芬兰成为世界上第一个拥有商业GSM运营商的国家。

(3) 高度重视国际间的创新合作

芬兰是个人口仅有525万的北欧小国,国内市场狭小,经济严重依赖出口,因此,在建设国家创新体系过程中,芬兰始终重视国际间的创新合作,希望通过这种合作开拓国际市场。为此,芬兰政府连续发布了《知识、创新与国际化》、《芬兰科学技术国际化》等有关创新国际化的战略政策报告,积极鼓励企业、大学、科研机构开展广泛的国际合作。芬兰作为欧盟成员国,视欧盟为芬兰进行国际创新合作的关键地区和最基本框架,芬兰的企业与科研机构全面参与了欧盟科技计划,如欧盟研究框架计划、欧洲技术平台和联合技术计划等研发合作机制。近年来,芬兰不断加快国际创新合作的步伐,继2005年芬兰在上海建立首家海外合作创新中心——芬华创新中心(FinChi)后,2007年又在美国硅谷设立了第二家海外创新中心(FinNode),芬兰还在俄罗斯的圣彼得堡合作建立科技园(TECH-NOPOLIS),与南非建立创新体系合作框架(COFISA),不断推进芬兰科技创新国际化的进程。同时,芬兰的企业,尤其是大型跨国公司在参与研发的国际化上表现非常突出。近年来,芬兰国内工业企业大约40%的研发是在国外进行的,其中诺基亚就在包括中国在内的14个国家建立了54个研发中心,形成了一个强大的产品研发网。②

---

① 参见"芬兰研发投入占GDP比例全球第三",新华社,2005年12月8日,http://intl.ce.cn/gjzx/oz/finland/jjsj/200706/21/t20070621_11867825.shtml

② 姜桂兴:《芬兰的国际化科技创新道路》,《科技日报》2007年11月9日。

(4) 重点发展信息技术和生物技术

芬兰是个人口和资源小国,不可能在所有科技创新领域全面开花,面面俱到,而是根据自身国情和技术优势,采取与美国、英国、日本等大国有所不同的创新策略,有所为有所不为,集中力量重点发展信息技术和生物技术。为了促进信息通讯产业发展,芬兰 200 多家信息通讯企业、29 所大学和金融服务机构以及一批科技中介机构组成信息通讯技术联盟。芬兰信息通讯产业龙头企业诺基亚公司将原有的化学、橡胶行业股份全部出让,集中所有财力和人力发展移动通讯。到 20 世纪 90 年代,诺基亚已成为世界最大的通讯技术企业之一,芬兰也跨入世界信息通讯强国之列。为了防止国家对信息通讯产业的过分依赖,20 世纪 90 年代芬兰又瞄准了 21 世纪最具潜力的生物技术产业,实施重点发展战略。目前,欧洲 10% 生物技术公司都集中在芬兰,数量超过 110 家,其中 90 年代和 1995 年以后创建的企业分别占三分之二和二分之一,1999 年底销售收入已达 7 亿欧元,医药试剂和工业酶等生物制品的生产和工艺水平居世界领先地位。[①]

第四节　典型国家创新体系建设的启示

一、保持对自主创新的高强度高投入

统计数据表明,在国家创新体系相对成熟的发达国家,其总研发投入占 GDP 的比重一般都在 2% 以上,尤其是日本、韩国、芬兰等后发展国家,研发投入更高,基本都在 3% 以上,且保持了一种较高的研发投入增

---

① 参见"生物技术成为芬兰经济新动力",人民网,2000 年 9 月 15 日,http://www.people.com.cn/GB/channel2/19/20000915/234929.html

长率;而国家创新体系建设不大成熟的发展中国家,其总研发投入除少数占 GDP 比重在 2% 以下外,大部分都在 1% 以下。而且,几乎所有国家创新体系相对成熟的国家都很重视对基础科学研究方面的投入,以维持自主创新的可持续发展能力。可见,国家创新体系的建设,一方面,要保持较高强度的研发投入,且要对基础科学研究足够的资金支持;另一方面,为保证科学研究和技术创新活动有充足和稳定的资金来源,就必须建立起多元化的投融资渠道,不仅政府要加大研发资金投入的力度,而且还要大力发展资本市场,使企业可以从银行、风险投资公司、证券市场等多种渠道获得源源不断的创新资金的支持。

二、建立开放的有活力的创新体系

凡属国家创新体系建设相对成熟的国家,都建立了由多元创新主体参与的、知识技术快速循环流转的、开放的创新体系。美国的国家创新体系之所以成功,就在于这个创新体系中,各个要素间的合作与竞争创造了一种非常高效的创新生态,从而使得整个创新体系充满活力。2002 年,美国兰德公司的一项研究表明,美国国家创新体系之所以发挥巨大作用,是因为现有创新体系非常有效的促进了各个要素间顺畅的沟通与交流。他们提出的《建立一个健康的国家创新体系》的调查报告中建议,要全面和深刻地理解使创新体系保持活力的创新体系的动态性 (dynamics),全力支持创新体系中各个要素间的交流和互动。[①]

专栏 5-3:以协同创新思维构建珠三角创新圈

纵观发达国家创新发展的实践,其中一条最重要的成功经验就是协同创新,构建起庞大的创新网络,实现创新要素最大限度的整合,从而产生 1+1>2 的效用。珠三角要实现"率先建成全国创新型区域"的战略目标,也应该将协同创新理论应用到珠三角的发展,构建珠三角创新圈。

---

① New Foundations for Growth: The US innovation System Today and Tomorrow. Steven W. Popper and Caroline S. Wagner. Rand institute, Jan. 2002.

所谓珠三角创新圈,是指在整合珠三角各城市创新资源基础上形成的区域创新共同体,通过构建区域协同创新网络,建立开放型创新体系,使珠三角各城市能够充分发挥各自优势,突出各自特色,实行优势互补,形成创新合力,提升珠三角地区整体创新能力,推进珠三角区域经济一体化。具体就是以广州—深圳—香港创新主轴为核心,整合珠江东、西岸经济带各类创新资源,构建珠三角创新论坛、创新驿站、科技园区联盟、创新技术联盟、创业投资和天使投资联盟、公共技术平台、人才交流平台、粤港澳创新平台八大功能模块。

为推动珠三角创新圈的加速形成,建议尽快做出如下制度安排:

1. 成立珠三角创新圈发展委员会。定期召开会议,制定珠三角创新圈的定位、目标、发展战略,制定各相关领域的实施细则,签署各地之间的合作协议,逐步从双边、三边合作向多边合作推进。

2. 借鉴日本、美国等发达国家关于协同创新的经验,在全国率先制定出台《广东省促进协同创新条例》,对各种协同创新活动给予鼓励并给予税收优惠等支持,或将相关内容列入拟定中的《广东省促进自主创新条例》。

【资料来源:刘悦伦、沈奎,"构建珠江三角洲地区创新圈,广东创造的战略性路径选择",《南方日报》2009年2月25日】

三、政府要发挥积极的关键作用

建设国家创新体系,政府必须发挥积极的关键作用,这是典型国家建设国家创新体系的主要经验。就政府而言,一方面要通过制定政策法规对国家创新体系提供必需的制度安排;另一方面要通过研发资金投入、税收补贴等经济手段不断激励创新主体的创新活动。同时,在市场资源配置难以起作用的基础科学研究领域,政府还要承担主导和扶持的职能,防止因"系统失灵"影响国家创新体系的建设。日本和韩国在早期实施技术追赶战略时,都通过贸易保护、出口推动、企业补贴等措施对创新活动进行直接干预，产生了较好的效果。当企业创新能力提高后，政府的直接干预应逐渐减少，主要通过调整产业政策和科技政策形成间接影响。在市场化程度最高的美国，政府虽然一直奉行"弱干预"政策，但在国家创新体系建设中政府仍然发挥了重要的影响力。美国政府不仅是基础科学研究的主要支持者，而且还通过政府采购政策引导企业自主创新，通过知识产权保护来推动企业的科技创新；美国政府制定一系列鼓励创新政策的目的，就是要确保美国继续保持在全球的科技领先地位。

四、建立宽松的创新环境与氛围

良好的创新环境与氛围，是典型国家建设国家创新体系的重要经验，这包括健全的知识产权保护制度、先进的创新基础设施、宽松的创新文化氛围等。欧美等发达国家都非常重视对知识产权的保护，把建立完善的知识产权保护制度视为可持续创新能力的前提和建设国家创新体系的基础。同时，这些国家都重视加强创新基础设施建设，包括有形的研究设备、实验室和无形的技术标准体系、教育培训体系、创新评估体系。此外，几乎在所有建设国家创新体系比较成功的国家中，企业、大学和科研机构一般都具有强烈的创新意识，这种创新意识已渗透到了人们的日常观念、企业文化和社会价值中，整个社会形成了尊重知识、尊重人才、鼓励创新、容忍失败的氛围，为创新活动提供了宽松的环境。

五、推动企业成为真正的创新主体

企业真正成为自主创新的主体，既是国家创新体系的核心，也是典型国家的成功经验。从日本、韩国等发展经验来看，企业要真正成为知识和技术的主要生产者，需要一定的知识基础和外部条件。在国家创新体系建立之初，企业的创新能力不够，技术水平落后，往往乐于走引进模仿的道路，自主创新积极性不高，更无意参与技术外溢性强、研发难度大、经济效益短期难以体现的基础研究。因此，要使企业真正成为自主创新的主体，需要政府政策的推动与激励。一方面，要积极出台减免税、融资贷款等系列扶持政策，鼓励企业开展自主创新，增加研发投入；另一方面；要主动承担基础研究的研发投入责任，带动企业开展自主创新。随着国家创新体系的逐步建立，企业在具备一定的经济基础和技术积累后，政府要制订可持续创新的配套政策，利用企业自主创新的基础提供外部条件，推动企业成为真正的自主创新主体。

专栏5-4：中国企业自主创新宣言

2004年，方正集团、TCL集团、科龙电器、京东方集团、UT斯达康公司、东盛集团、华晨金杯汽车公司、奇瑞汽车公司、东方集团、物美集团、新华人寿保险公司、东方微巨传媒策划机构联合发起发表《中国企业自主创新宣言》，其主要内容为：

企业必须增长。企业要通过盈利性的增长，为股东创造更多的价值，这是企业的一大使命。

企业最可怕的挑战是——停滞点，很多曾经成功的企业逐渐丧失了领导地位，而一些创新型企业，颠覆了原有的行业霸主，并取而代之。这就是创新的力量，创新能够创造新增长。

创新有可能犯错误，但不创新可能死亡。

回眸新中国55年历程，中国已经经历过两次创新浪潮。第一次是在计划经济时代，以"封闭状态下自主创新"为特征，国家是此次创新浪潮的主体。第二次是改革开放以后，以"开放状态下全面引进"为特征，企业成为此次创新浪潮的主体。以市场换技术方式的全面引进，中国企业走捷径，缩短了技术与能力的差距，但并未真正获取自主开发原创性技术的创新能力。

现在，以中国加入WTO为大背景，借助全球产业格局调整的重大机遇，中国企业悄悄开始了第三次创新浪潮。这次浪潮以"开放状态下自主创新"为特征：优秀的中国企业在奠定了一定的技术基础后，获取了对产业发展方向的深刻理解，努力抢占"战略制高点"，充分利用全球开放市场的条件，通过掌握"构架性"软技术整合全球资源，快速进入产业分工

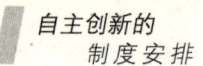

的高增加值环节。

中国企业的成长，在经历了要素驱动与投资驱动两个阶段后，一批优秀企业正在进入创新驱动阶段。

在创新驱动阶段，中国企业在原创性技术创新能力不足的状态下，可以凭借原创性的"产品与服务概念"，在全球范围内寻求"为己所用"的技术和资源，形成"自主品牌"并具有"自主知识产权"的创新产品，行销和服务于全球市场。

同时，在国家创新体系提供共性技术和产业生态支持下，中国企业通过能力积累最终实现原创性技术创新。

中国企业正处于一个多变时代，正处于一个巨变世界。在时间与空间的变幻中，中国企业能够与时代俱进，能够与世界俱进。因为创新能把一种潜能变成一种优势。

创新是一种永恒，不仅是一个永恒的话题，更是一种永恒的追求。世界在变，创新不变！

【资料来源："2004年中国企业自主创新宣言"，新浪网，http://finance.sina.com.cn/g/20041217/18581233866.shtml】

六、发挥军民科技资源的集成融合效应

美国自主创新能力之所以保持全球霸主地位，是与其高度发达的军工科技研发与技术水平分不开的。美国军工科技研发不仅是其国家创新体系的关键部分，也为美国民间企业提供了强有力的技术支持。我国也具有强大而完整的国防军工研发体系，但我国军民两大研发及产业体系之间长期处于割裂分离状态，既造成了科研资源的极大浪费，也不利于国防科技水平的提高。因此，我国要认真借鉴美国这种军民科技创新研发资源高度集成的成功做法，加快军民两大研发系统的整合力度，建立军民科技管理协调机制和军民两用重大科技项目联合攻关制度，促进军事技术和民用技术的双方转移和资源共享；同时要建立公开的国防采购制度，国防订单逐步

向民间企业开放,促进军民两个产业体系的融合。

七、加强对高端创新人才的培养与引进

美国、英国、芬兰等国都拥有世界上最为发达的高等教育体系。世界大学前100强有一半集中在美国,70%的诺贝尔奖获得者在美国大学任教;仅占世界1%人口的英国却产出了世界8%的科学论文,始终保持世界学术大国的地位;芬兰人口只有525万,却拥有20所大学和26所职业院校,是人均占有大学最多的国家。高度发达的教育体系为建设国家创新体系提供了丰富的人才资源。同时,这些国家大多高度重视高层次科技人才引进。例如,美国实行宽松的移民政策鼓励各类专业人才移居美国,实行"绿卡制"吸引外国留学生留居美国,并充分利用其优越的条件和环境大量聘请外国专家学者到美国工作,既为美国节省了大量教育经费,又带来了发展的原动力。据不完全统计,自第二次世界大战以来,美国从世界各地吸纳的高级专门人才超过50万人,在"二战"后美国取得的各类科技成果中,80%是由引进的外国人才完成的。[①]

八、建立符合本国国情的创新体系模式

国家创新体系的建设,必须立足于本国国情,不能照搬他国模式。同为后发展国家的日本与韩国,在国家创新体系建设的起步阶段都选择避开基础研究领域,直接引进国外先进技术进行模仿创新;韩国与芬兰同属小国,其选择的创新策略都是通过重点领域突破获得技术和产业的比较优势的做法。不同的国家创新体系都是这些国家在长期实践结合本国国情而逐步形成的,都会打上不同社会制度、文化传统、原有技术特色等的影响,因而各具特色,各有千秋,并不存在世界通行的国家创新体系的最优模式,"虽然国家创新体系的某些特点可以很容易地从一国传递到另一国,

---

[①] 王志章:"美国人才引进的政策机制分析",联合早报网,2007年6月11日,http://www.zaobao.com/special/forum/pages5/forum_us070611.html

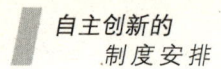

但一些基本特点则是很难传递。"① 这就要求我们,在建设国家创新体系时,一定要根据本国国情,不能照搬他国的模式。

---

① Daniele Archibugi and Jonathan Michie: "Technological Globalization or National Systems of Innovation?" in Futures, Volume29, No.2, 1997.

第六章

原始创新的制度安排

　　原始创新是自主创新中最具有战略突破性的科学活动，属于一种超前的科学思维或挑战现有科技理论的重大的自主创新。原始创新不仅可以推动科技本身的跨越式进步，而且有着巨大的经济价值和社会效益，是我国参与国际竞争必不可少的科技支撑。我国科技界之所以多次出现重大科技奖项空缺的现象，中国人之所以长期与诺贝尔奖无缘，关键在于我国具有自主知识产权和关键核心技术的原始创新极度贫乏所致，而这又与我国的历史文化传统、工业基础及经济发展水平等基本因素有关，更与我国现阶段的政策体制和运行机制有很大关系。本章将对此做一具体分析。

自主创新的
制度安排

第一节 原始创新的内涵与意义

一、原始创新的内涵

"原始创新"有"原始性创新"、"源头创新"、"元创新"等多种说法,目前学术界对其定义还没有统一的界定,比较典型的有以下几种观点。

原国家科技部部长徐冠华在《重视基础研究,推动原始性创新》一文中认为:"原始性创新意味着在研究开发方面,特别是在基础研究和高技术研究领域做出前人所没有的发现或发明,从而推出的创新成果,它不是延长一个创新周期,而是开辟新的创新周期和掀起新的创新高潮。原始性创新孕育科学技术质的变化和发展,促进人类认识和生产力的飞跃,体现一个民族的智慧及其对人类文明进步的贡献。据有关资料统计,现代技术革命的成果约有90%来源于科学理论基础上的原始创新。"后来,他在接受记者采访时还提出,原始性创新主要是指新的科学和技术,集中体现在基础研究和战略高技术研究方面。①

杨宁在《基于原始创新的一流大学》中认为:"原始创新是指在机理、规律、现象和新技术方面的首次发现及发明,这些首次发现及发明在推动人类进步方面蕴含着巨大潜力并经得起历史的考验。"②

中国发明协会的张开逊认为,原始性创新是指具有基础性、突破性,

---

① 徐冠华:"重视基础研究,推动原始性创新",《中国科技奖励》2001年2期。
② 杨宁:"基于原始创新的一流大学",《现代教育科学(高等教育)》2001年第5期。

第六章 原始创新的制度安排

对文明进程具有深远影响的创造成果,是人类创造活动的核心。①

张婵爱等认为:"原始性创新尤为重要,是基础研究的灵魂。基础研究中的原始性创新在所有创新活动中是最高层次的,它是通过采用最新的研究方法在世界范围内率先获得新知识、发现新的现象和规律、发明新的技术和原理,为推动技术创新提供新的基础知识。"②

方勤学在《大力支持和开拓源头创新——从物理研究探讨源头创新》一文中,按两个不同的领域来定义源头创新,一是在以探索自然界为目标的基础研究中,"源头创新的主要内涵是发现(或实现)新的现象,提出新的解释或建立新的理论,在基本概念、基本规律方面有所突破。"二是在以应用为目标的研究中,"源头创新的主要内涵是在掌握自然规律的基础上,把这些规律运用到新的方面,或者开拓出科学研究的新领域,或者革新出使人类生活更加便利的新产品,降低已有产品的成本,从而提高生活质量"。从技术进步的角度看,前者属于知识创新环节,而后者属于技术创新环节。③

叶鑫生认为:"源头创新应具有两个基本性质:一是原始性;一是唯一性。"因此,源头创新 = 原始性 + 唯一性。所谓原始性是指科学研究的思想、研究方法,是研究者首次提出的,这一研究的结果将开拓一个新的领域,为科学带来新的发展。源头创新其实质在于它提供了一个能够在深度和广度、时间和空间、宏观和微观等方面而不断扩展和延伸的基础……。这些科学上的创新进展,都给人类的生产和生活带来了巨大的变化。不言而喻,这些理论、这些研究都是建立在先前科学成就基础之上的,但又是新的起点,成为新的"源头"。所谓唯一性是指研究者提出的

---

① 严建新:"原始性创新综议",《发明与创新》2003 第 5 期。
② 张婵爱、王向荣、冯有斌:"加强原始性创新促进基础研究的发展",《山西高等学校社会科学学报》2002 年 10 期。
③ 方勤学:"大力支持和开拓源头创新——从物理研究探讨源头创新",《科技导报》2001 年第 5 期。

自主创新的
制度安排

思想和方法,在此之前从未有第二个人提出或实践过,可以说是"只此一家,别无分号"。①

从上述不同定义中可以看出,无论是原始性创新还是源头创新,其内涵都是指基础研究领域和高技术研究领域取得的前所未有的重大科学发现、技术发明和原理性主导技术等创新成果;原始创新既是独有的创新,也是根本的创新,它可以开辟出新的研究领域,引发大规模的知识创新,促进人类认识能力和水平的飞跃,推动技术的质的变化和发展,促进人类生产力的飞跃。原始创新的特征,一是首创性,是前所未有发现和发明。二是突破性,在原理、技术、方法等方面的质的突破。三是带动性,不仅对科技自身发展产生重大的牵引作用,也对经济结构和产业形态带来重大变革;不仅在微观层面上引发企业竞争态势的变化,而且在宏观层面上可能导致社会财富的重新分配、竞争格局的重新形成。

二、原始创新在自主创新体系中的作用

1. 原始创新是自主创新的源头

原始创新是属于科技创新中具有战略突破性的科学活动,它是一种超前的科学思维或挑战现有科技理论的重大科技创新,它在自主创新体系中具有举足轻重的地位,它是自主创新的源头。实现原始创新,不仅可以推动科技本身的跨越式进步,而且有着巨大的经济价值和社会效益。当今绝大多数高技术附加值的新产品都能沿着其创新链条溯及到基础研究领域中的重大知识创新。这样的案例数不胜数。

专栏 6-1:DNA 重组技术对人类产生深远影响

1953 年美、英科学家沃森和克里克构建了 DNA 双螺旋分子模型之后,分子生物学迅速兴起。1973 年至 1974 年科恩和博耶发明了 DNA 重组技术。在此基础上,博耶于 1976 年成功地运用 DNA 重组技术制成人的生长

---

① 叶鑫生:"源头创新二原始性+唯一性",《科学时报》2001 年 5 月 27 日。

激素，1983年人的生长激素产品率先进入市场。1976年由博耶加盟的Genentech公司成立，从此引发了70年代末、80年代初的基因工程工业化的热潮。现代生物工程由此兴起，它包括基因工程、细胞工程、酶工程与发酵工程等。到上世纪末，全世界有50多个国家和地区拥有生物工程企业。从1985年开始，日、美等国又着手研究新一代生物技术、蛋白质工程，这项技术可用来开发多元疫苗、新抗癌药、激素等。据有关资料统计，迄今生物工程所获得的产品不少于160种。这些最新成果已经对人类健康、生命质量、农业生产及其产品的加工产生了积极而深远的影响。"国际获得农业生物技术应用服务"机构的调查显示，2002年全球种植转基因作物的面积达到5800多万公顷，目前已有16个国家的600万农民靠种植转基因作物为生。基因诊断、基因治疗和基因药物等的出现也将给人类健康带来福音。可以预计在未来二、三十年内，人类在认识自身起源与演化、脑与神经的结构发育、功能发展以及认知与信息传递、处理、存储本质等方面将取得重大进展；基因组学、蛋白质组学、生物信息学、分子神经发育生物学和分子生态学等学科的进展将使人类从分子水平认识遗传、发育与衰老、代谢与免疫、生态与进化，以及生物多样性的演变规律，从而将宏观生物学与分子生物学连接与统一起来。人类及重要物种的全基因图谱的测序完成已经为后基因组研究开辟了道路，基因图谱中功能基因信息将被全面解读。随着基因组、蛋白质组结构与功能研究的进展，基因、细胞和组织工程及干细胞技术将为农业育种、基因治疗、器官再生和移植、生殖调控、药物研制、生态环境的保护与治理等发生前所未有的影响，农业、医疗与健康事业将呈现全新的面貌。生物芯片、生物计算机、生物质能源、生物与仿生材料等将形成未来技术创新的热点与全新的产业。

【资料来源：汪寅：《科技原始创新问题初探》，中国科技大学2007年博士学位论文】

自主创新的
制度安排

2. 原始创新是自主创新的核心

自主创新的核心技术源于国内技术突破,这是自主创新的本质特点。原始创新是自主创新的基础和源泉。长期以来,我国科技工作的重点一直放在技术引进再创新和集成创新上,总是跟在别国后面学,以致自主创新能力不强,科技贡献率较低。事实证明,对国家竞争力有至关作用的核心技术是引进不来的,外国公司"专利圈地",在不断抬高我们引进技术的成本,也不断挤压我们自主开发的空间。只有依靠原始创新,才能摆脱受制于人的窘迫,取得科技领域核心竞争力,在世界科技领域居有一席之地,在企业研发竞争中居于有利位置。

专栏 6-2:"1 美元利润"的中国制造能走多远?

我国是全世界最大的 VCD/DVD 制造国和消费市场,2001 年的总生产能力约为 5000 万台。而 VCD/DVD 产品的核心部件——解码器主要是来自美国的 C-Cube 等少数公司。据了解,在一台 VCD/DVD 机的成本中,解码器占了 40% 左右,如果再加上国内不能生产的激光头等其它重要部件,国内企业所产生的附加值不足该产品的一半。国外公司为了迅速占领中国市场,尽快获得利润,同时向众多公司销售他们的解码器,在我国就有 600 多家生产厂商通过组装方式生产 VCD/DVD 机。VCD 的价格从 4000 多元降到 1000 元以下,用了 4—5 年的时间,而 DVD 的价格仅一年的时间就降到了 1000 元以下,可见留给我国企业获得利润的时间是越来越少了。

我国出口一台 DVD 售价 32 美元,交给外国人的专利费是 18 美元,成本 13 美元,中国企业只能赚取 1 美元的利润。一台售价 79 美元的国产 MP3,国外要拿走 45 美元的专利费,制造成本要 32.5 美元,中国企业获得的纯利润只有 1.5 美元。

尽管每年全球 DVD 出货量的 8000 万台中有 6500 万台是由我们来制造的,尽管在这个行业里我们是无可争议的制造大国,但是,我们的企业并没有赚到什么钱。

"1 美元利润"的中国制造能走多远?

相关统计显示，2004年下半年，由于高额专利费再加上DVD价格一降再降，中国内地的DVD厂商数量已从高峰时期的500多家锐减至100家，平均每天都有DVD厂商死掉。

【资料来源："1美元利润"的中国制造能走多远?，人民网，http://www.people.com.cn/GB/14576/28320/44535/44555/3233783.html】

第二节 我国原始创新的制度障碍

一、我国原始创新的成效与不足

我国原始创新现状与不足在许多方面都有所反映，如：基础研究经费投入不足、原始创新人才比例偏低、发明专利成果较少等方面反映出来。本文主要从以下几个方面进行论述。

1. 基础研究经费有较大增长，但占R&D比重仍然明显偏低

2008年，我国基础研究经费支出为220.8亿元，比上年增长26.5%，比2005年的131.2亿元增长了89.6亿元，基础研究经费投入保持了较快的增长速度。但与国外发达国家相比，我国基础研究经费仍然严重不足。2007年，我国基础研究经费在在公布数据的24个国家中排在美国、日本、法国、意大利、韩国之后，高于西班牙、俄罗斯等国。但仅为美国的3.6%，日本的八分之一、法国的五分之一，意大利的五分之二及韩国的二分之一。我国2007年基础研究经费在全国R&D经费支出总额中的比重为4.70%，在公布数据的24个国家中处于最低水平。发达国家的这个比重大多在20%左右，相对较低的日本也在10%以上；连俄罗斯接近15%。多年来，我国这一比重长期维持在5%左右没有改善。

2. 原始创新人才明显增长，但人才密度明显偏低

R&D人员的数量也是衡量原始能力的一个重要指标。自2000年以来，

我国从事 R&D 活动人员的数量和质量都有很大的提高，R&D 人员总量保持增长的趋势。据统计，2008 年全国研究与试验发展（R&D）折合全时人员达 194.8 万人年，其中科学家和工程师 161.4 万人年，分别是 1991 年的 2.9 倍和 3.4 倍；科学家和工程师所占比重由 1991 年的 70.3% 提高到 82.9%，增加了 12.6 个百分点。目前，我国研发人员总量仅次于美国，居世界第二位。①

但从表 6-1 可以看出，中国 R&D 人才密度与发达国家相比明显偏低。2007 年，我国每万劳动力中拥有 R&D 人才 22.07 人，远远低于日本（141 人）、德国（119 人）、英国（109 人）、韩国（111 人）等国家，也低于欧盟 15 国（107 人）、欧盟 25 国（98.9 人）的水平。2007 年，我国每万劳动力中拥有 R&D 科学家和工程师 18.48 人，远远低于美国（94 人）、日本（107 人）、德国（68 人）、英国（57 人）、韩国（92 人）等国家，也低于欧盟 15 国（61.9 人）、欧盟 25 国（58.3 人）的水平。

3. 科技论文产出显著增长，但论文质量仍然不高

2008 年，我国国内科技论文数达 47.2 万篇，较 2007 年增长了 1.9%。2008 年，世界 SCI 科技论文总数为 143.74 万篇，SCI 收录中国内地论文 9.55 万篇，比 2006 年增加了 7.2%，占世界份额的 6.6%。按论文数排序，我国位居世界第 4 位，比 2007 年前进了一位。

目前，国际上通常用论文被引用的次数来评价一篇科学论文的质量。一篇论文被引用次数越多，该论文在相关领域的影响就越大，含创新的成分就越多。据 SCI 数据库统计，1998 年至 2008 年（截止 2008 年 8 月）间，我国科技人员共发表 57.35 万篇论文，排名世界第 5 位；论文被引用 265 万次，排名世界第 10 位，较上一年度统计排名上升 3 位。平均每篇论

---

① 参见"新中国 60 年：科技实力明显增强，科技创新硕果累累"，中央政府门户网站，2009 年 09 月 25 日，http://www.gov.cn/test/2009-09/25/content_1426342_4.htm

文被引用 4.6 次，与世界平均值 9.56 次还有较大差距。1998—2008 年间，SCI 论文累计超过 20 万篇以上的国家共有 14 个，按篇均被引用数排序，我国位居第 12 位。① SCI 论文篇均被引用次数均低于世界平均水平，而且各学科篇均被引用次数与世界平均水平的差距变化较大，反映了我国各学科仍存在 SCI 论文整体质量不高和学科水平不均衡等问题。

表 6-1 我国 R&D 人才的国际比较

指标 名称	单位	中国(2007)	美国	日本	德国	英国	韩国	欧盟 15 国	欧盟 25 国
R&D 人员	万人年	173.6	/	93.79	49.39	33.37	26.94	202.11	227.18
				(2007 年)	(2007 年)	(2007 年)	(2007 年)	(2006 年)	(2007 年)
每万劳动力中 R&D 人员	人年	22.07	/	141	119	109	111	107	98.9
				(2007 年)	(2007 年)	(2007 年)	(2007 年)	(2005 年)	(2005 年)
R&D 科学家和工程师	万人年	142.3	142.56	71	28.6	18.35	22.19	113.43	126.8
			(2006 年)	(2007 年)	(2007 年)	(2006 年)	(2007 年)	(2005 年)	(2005 年)
每万劳动力中 R&D 科学家和工程师	人年	18.48	94	107	68	57	92	61.9	58.3
			(2006 年)	(2007 年)	(2007 年)	(2007 年)	(2007 年)	(2005 年)	(2005 年)

数据来源：中国科技部网站，http：//www.most.gov.cn/kjtj/

4. 发明专利显著增长，但发明专利比重低

发明专利授权量是衡量一个国家原始创新能力高低的重要指标。近年来，我国发明专利授权量增长较快。2008 年，我国发明专利的申请总量达到 28.98 万件，较上年增长了 18.2%；国内发明专利申请量为 19.46 万件，较上年增长 27.1%，高于国外 3.47% 的增长率。2008 年，我国发明专利的授权总量达到 9.37 万件，较上年增长了 45.8%；国内发明专利授权量

---

① 参见"2008 中国科技统计年度报告"，http：//www.sts.org.cn/zlhb/2009/hb3.1.htm

为4.66万件，较上年增长45.8%，高于国外30.1%的增长率。

但从专利类型的分布看，国内发明专利的申请量和授权量所占比重仍然最低，分别为27.1%和13.2%。特别是国内发明专利的授权，在三类专利中比重偏低的状况多年来没有根本性改变。相比之下，2008年国外发明专利的申请量和授权量占其申请和授权总量的比重分别为85.7%和79.1%。虽然国内与国外发明专利授权量之间的差距正逐年缩小，但国内三类专利中发明专利比重偏低的状况仍未有明显改观，反映出我国的整体科技实力和自主创新水平仍有待加强。

不仅如此，目前，我国国内有效发明专利在三类专利中所占比重偏低。有效专利指仍在生效的授权专利。得到授权的专利必须定时缴纳年费维持专利有效性，绝大多数国家的专利最长有效期为自申请日起20年。我国专利法规定，发明专利权的期限为20年，实用新型专利权和外观设计专利权的期限为10年，均自申请日起计算。在统一的专利保护期限内，专利权人可以根据本专业技术发展的周期以及专利技术的实施状况，通过没有按照规定缴纳年费或者书面声明放弃其专利权的办法，自行决定其保护期的长短。因此，有效专利数量在一定程度上反映了企业、地区的原始创新力和市场竞争力。数据显示，近年来，我国有效发明专利有较大幅度的增长，但是横向相比国内外差距仍十分明显。特别是在音像技术、计算机管理方法、光学、发动机等高技术领域中国外所占比例超过七成，国外在华专利布局的范围之广、力度之深，水平之高值得广泛关注。

5. 国内重大科技奖频繁空缺，诺贝尔奖至今无人问津

国家自然科学奖是我国对自然科学工作者自主创新成就的最高奖励，主要授予在基础研究和应用基础研究中阐明自然现象、特征和规律，做出重大科学发现的中国公民。所谓重大科学发现的条件是：（1）前人尚未发现或者尚未阐明；（2）具有重大科学价值；（3）得到国内外自然科学界的公认。显然，国家自然科学奖主要是针对原始创新成果的奖励，其评选办法是严格按照《国家科学技术奖励条例》及其《实施细则》规定的奖励条

件和标准,科学、公正、实事求是地评审推荐人选和项目。如果申报的科研成果不够"重大",就自然会出现空缺。从2000年到2008年的这9年里,该奖的一等奖出现空缺的年份多达6次,分别2000年、2001年、2004年、2005年、2007年和2008年都出现了空缺(见表6-2)。

国家技术发明奖一等奖也多次出现空缺的现象。《奖励条例》规定,"国家技术发明奖授予运用科学技术知识做出产品、工艺、材料及其系统等重大技术发明的公民。"在《实施细则》中明确指出:"产品包括各种仪器、设备、器械、工具、零部件以及生物新品种等;工艺包括工业、农业、医疗卫生和国家安全等领域的各种技术方法;材料包括用各种技术方法获得的新物质等;系统是指产品、工艺和材料的技术综合。"这表明,国家技术发明奖与我国基础研究状况联系密切,因为重大技术发明往往建立在重大科学发现和理论突破基础之上。因此,要获得国家技术发明奖,首先要有进行原始创新,产生技术发明,还要进入市场,实施后创造出显著经济效益或社会效益。从2000至2008年9年中,该奖的一等奖也出现了4次空缺,这也在一定程度上反映出我国原始创新能力的不足。

表6-2 我国国家技术发明奖和国家自然科学奖一等奖获奖情况统计

奖项名称	2000年	2001年	2002年	2003年	2004年	2005年	2006年	2007年	2008年
国家技术发明奖一等奖	空缺	空缺	空缺	空缺	2	1	1	1	2
国家自然科学奖一等奖	空缺	空缺	1	1	空缺	空缺	2	空缺	空缺

数据来源:《中国科技统计年鉴(2008年)》。

诺贝尔奖从1901年设立至今已有一百多年,但我国本土培养的科学家在诺贝尔自然科学奖上仍未实现"零的突破",这在很大的程度上也反映了我国原始创新能力的不足。诺贝尔自然科学奖的评奖标准主要侧重于基础科学的研究，代表着人类原始创新的最高水平。1957年杨振宁和李政道获奖时虽然仍具有中国国籍，但其获奖成果是在美国完成的，丁肇中、崔琦、朱棣文、李远哲等人获奖时身份均为美国籍，获奖成果也是在美国取得的，因此，这几位华人科学精英获得诺贝尔自然科学奖并不能证明我国具有很强的原始创新能力。中华人民共和国成立已有60年，尤其是改革开放30多年来，我国综合实力显著提高，举世公认，但我国却不能问鼎诺贝尔自然科学奖，这种现象很值得我们深思。

二、我国原始创新能力不足的制度根源

1. 原始创新管理体制不顺畅

目前，我国基础研究管理部门由于管理体系与经费渠道不同，因此缺乏原始创新能力必需的一套完备的管理配套机制。具体包括原始技术创新的组织领导机制、决策机制、监督机制、合作机制、培训机制、聘任机制、考核评价机制、利益分配机制、产权机制、责任机制、目标机制等等。同时，由于不同管理部门之间缺乏有效的协调机制，造成各机构研究方向、研究任务雷同重复，但却互不通气，各自为政，多头管理与无序管理现象严重。这不仅使有限的人力、物力难以有效整合，而且造成了严重的研究资源浪费。另外，在目前我国这种管理体制下，许多科学家包括青年学术带头人大量的时间和精力不是专注于科学研究本身，而是花在繁冗的事务性工作上，这也严重地影响了我国的创新效率和水平。

2. 现行教育体制不利于创新人才培养

原始创新要求创新主体的科技工作者，必须要有强烈的创新意识动力，健全的心理素质作支撑，科学的思维方法作武器，合理的知识结构作储备，良好的外部环境作保障，才有可能在原始性创新中有所作为。然而，我国长期的计划经济体制和传统教育下的应试教育模式，对原始创新产生了非常不利的影响。如众所周知，传统教育体制下的应试教育模式，其最大的缺憾在于它只关注对学生的知识的灌输，而忽视学生的人文精神的培养、心理素质的提升、思维方法的训练和知识结构的优化，其结果是，很多科技工作者走出校园后，看似都有丰富的专业知识，但是，在创新精神和创新能力方面却存在着严重的缺失。

3. 原始创新奖励力度弱小

目前，我国对原始创新成果的奖励，仍然实行"精神奖励与物质奖励相结合"的原则，但以"精神奖励为主，物质奖励为辅"。虽然我国科技奖励制度在激励科技人员投身于科学事业发展上确实起到了积极的作用。然而，作为提升我国自主创新能力的一项主要措施，我国科技奖励在精神奖励和物质奖励方面都显得力度不足，面向基础研究的自然科学奖也是如此。

精神奖励是指以各种荣誉性标志为主的一种奖励形式，如颁发证书、奖状、奖章，授予荣誉称号等，各种各样的命名也是一种精神奖励。从精神奖励形式和规模上看，我国和其他国家并无实质差别，但奖励效果却大不一样。在欧美国家，科技精英人才一旦获得重大奖励，就会获得社会的普遍尊重，其社会地位也会有明显的提高。在政府、大学、企业等主要建筑的大厅内都会悬挂有当地已故或是在世的科技精英的肖像，少数国家如英国、比利时还会给科学家封以爵位。与国外相比，我国重大科技奖励在精神激励方面则显得效果不佳，主要表现在获奖者社会地位在获奖后并没有明显的变化，这表明我国科学家的社会认可度和社会地位是很成问题的。究其原因，既有人们对政府奖励认可度不高的问题，也有社会文化对科学关注度不够的问题，更有社会价值取向的问题。

物质奖励是指以各种物质或实物形式体现的报酬以及其它物质待遇为主的一种奖励形式，包括奖金、奖品、晋升工资、休假疗养、改善住房条件、提供研究经费和实验装备以及其他各种优惠待遇等。物质奖励又可分为直接奖励和获奖后的派生奖励，前者指授奖组织或机构颁发的奖金、奖品；后者是指获奖之后获奖者所在单位给予获奖者的，在工作条件、科研经费、住房分配、职称评定、工资晋升、医疗、保险以及配偶工作安排、子女教育等工作和生活方面的一系列优惠待遇。但从我国的实际情况看，物质奖励的力度是明显偏低的，难以起到真正有效的激励作用。1979年我国在原中国科学院科学奖的基础上正式设立"国家自然科学奖"并增加了一个奖励等级。不可思议的是，作为一个国家奖项，"国家自然科学奖"的一、二和三等奖的奖金数额与24年前设立的中国科学院科学奖的奖金数额没有任何差别，虽然此后奖金数额逐渐增加，一等奖从1万元奖金增加到9万元奖金，但如果扣除物价上涨因素，实际的奖金数额可能是不增反降（见表6-3）。

表6-3 国家自然科学奖奖金数额（万元）

文件名称	颁布或修订	特等奖	一等奖	二等奖	三等奖	四等奖
中国科学院科学奖金暂行条例	1955年颁布	/	1	0.5	0.2	/
中华人民共和国自然科学奖励条例	1979年颁布	/	1	0.5	0.2	0.1
中华人民共和国自然科学奖励条例	1984年修订	/	2	1	0.5	0.2
国家科委、财政部关于调整国家科学技术奖励奖金数额的通知	1993年发布	/	6	3	1.5	0.6
国家科学技术奖励条例实施细则	1999年颁布	/	9	6	/	/
国家科学技术奖励条例实施细则	2003年修订	/	9	6	/	/

注："/"表示无此奖励等级。

4. 现行科技评价体系存在较大缺陷

基于原始创新的基础研究成果主要以论文的形式发表，论文数量在量化管理中便成了一项重要而且常用的指标。但应用这一指标必须以对论文质量准确定性为前提，否则这一指标就会失去价值。然而，基础研究的前沿性质使成果的评价成为一个世界性的难题，一般认为，从全世界范围内遴选专家进行同行评议是评价基础研究成果行之有效的办法。这种方法在我国采用也存在一些困难。我国科学组织的管理者主要以学术刊物的级别或刊物的影响因子来间接判断论文的质量。但实际情况是：论文的质量并非一定取决于刊物的级别。

我国的科学组织对其成员每年都进行的年度考核也采用了"量化考核"的方式。考核制度中明确规定科学家在考核期内，必须在指定级别以上的刊物发表不少于规定数量的论文，否则将会被评为"不合格"。对待考核不合格者，不同的单位有不同的规定，宽松的只是下浮岗位津贴，严厉的则要停发下一年度的岗位业绩津贴或奖金，并且"不能正常晋升工资"。部分单位在科学奖励、职称评审等活动中普遍存在着重形式轻内容、重数量轻质量、重奖励轻实用的现象，这种教条式的评估机制和单一的效益驱动模式，引导科研工作者追求立竿见影的效果而不是有创新性的科学研究。显然，这种行政式的量化管理模式不仅从总体上阻碍了我国科研水平的提高，也阻碍了我国自主创新能力的提升。

目前，我国也缺乏有效的科技项目和科技成果的评估评价体系。对科技项目的评估和科学成果的评价本应是公平、公正、公开的严肃行为，但近年来，由于我国科研管理体制的弊端，再加上各种复杂的人际关系，使科技项目评估和科技成果评价经常偏离了正常的科学轨道。具体表现为两种截然相反的态度，一种是不管科技成果水平和质量如何，都极力叫好，无"评"可言，当"歌德派"；另一种则是利用学术地位压制他人，甚至挟私报复，使严肃的科技评估成为个人泄私愤的舞台，当"泄愤派"。由于缺乏科学的科技项目和科技成果评估评价体系，造成了科技评价和管理的无序状态，导致资源的极大浪费。

第三节 提升原始创新能力的制度设计建议

一、完善创新激励机制，降低原创成果的外部性

提升我国的原始创新能力，必须激励原始创新主体的"生产性努力"，降低原创成果的外溢效应。具体有两个途径：其一，要建立和健全鼓励原始创新的法律法规体系。例如，美国为鼓励原始创新，目前已制定出台的相关法规就有合作研究法、技术转移法、技术扩散法、专利法、知识产权法、信息法、数据库保护法、计算机软件法和商标法等，从而形成了对原始创新的强有力的法律保护体系。因此，我国要提升原始创新能力，必须从法制建设入手，尽快建立保障原始创新主体和成果权益的法律体系。

其二，要尽快制定鼓励原始创新的强激励的政策、规章、规范性文件。对于无法赋予排他性或即使赋予排他性但实施成本太高的原创性成果，可以运用富于激励性的政策、规章、规范性文件，补偿创新主体的创新成本和原创成果的外部性，提高创新主体的创新收益。如法国的"国家风险资本基金"至少将其一半以上的资金用于资助发明型企业；美国对企业R&D投资给予永久性税额减免的优惠待遇，大幅降低小企业的先进技术长期投资收益税，还对高技术产品实行高比例的政府采购政策等。这些政策、措施对原始创新的扶持力度大、激励效果好，值得我国加以效仿。

二、健全评估体系，提高科技资源的配置效率

我国于2003年出台了两部科技评估的政策法规，对原始创新成果的评估准则、方法及监督机制等原则性问题做了相应规定，但与美、英等国先进的评估体系相比，我国现行的政策法规显得很不系统和完善，需要进一

第六章 原始创新的制度安排

步改进。具体建议如下：

1. 完善相关的评估标准

我国颁布的科技评估制度，虽然为原始创新成果的科学评价方面提供了良好的开端，但其内容较为粗糙，与国外先进评估制度仍有较大距离。例如，英国早在上世纪80年代初对生物计划（BTD）的评估，就摒弃了采用论文、专利和科研成果的数量来评估原始创新成果的传统方法，取而代之以实质性的评估标准，采用资金吸引、新技术开发、科研人才培训、产学研结合、跨学科集成度等新指标进行评价；日本虽然将学术著作和学术论文作为评估基础研究成果的主要指标，但把论文的引用率、被邀讲学的次数、参加国内外学术会议的情况、人才培养和交流情况及获奖情况等也纳入其中，还把包括研究人员获得和使用知识产权的情况等也包括其中统筹考虑。

我国对原始创新项目和成果的立项标准和评审标准，也应参照国际上的先进做法和成功经验进行相应的改进。比如，立项标准应侧重创新主体的研究实力（包括研究基础、研究能力），特别是课题负责人的创新能力和潜力、研究项目的科学价值、对杰出人才的培养，应用基础研究还要注重其市场应用前景。对探索性强、风险性高的项目和创新性强的非共识项目，则应淡化对项目有关研究基础、可行性的评价，以探索性小额资助的形式，为创新人才聪颖而出创造条件，同时辅以中期检查制度，规范、监督创新进程；结题评审标准要注重质的要求，侧重论文的引用率、人才培养情况、对该学科发展的贡献、潜在的经济和社会价值等。应用基础研究还应注重技术的创新和集成水平、自主知识产权的产出，包括版权、标准、专有技术的产出、对经济社会的重大影响等，突出市场检验原则。

2. 建立权威性的专家评审库

目前，我国各地的专家评审库具有较强的行政地域性，外地专家、国外专家极少，这就容易形成学术研究领域的利益群体，导致科技成果评审中的寻租行为，不仅不能保证同行评议的客观性，还容易衍生学术腐败。

因此，应该规范专家评审库的建设，以科学共同体内的民主选举程序，推荐各领域的优秀专家加盟评审活动，也吸纳管理机构、教学科研、企业等社会各界兼职专家参加，增强评审的监督性。同时，还要注意开放性和交流性，吸纳外地专家和国外专家，优化评审专家结构，注意做到评审专家的动态管理，不得采用终生制。

3. 保持评估机构的独立性

国外评估研究和评估实践的经验表明，科技项目与科技成果评估的独立程度越高，评估结果的可信度就越大。目前，我国科技评估机构都是由国家出面建立的，容易发生行政干预和利益寻租的情况，评审的独立性难以保证。因此，我们可以借鉴美、英等国委托中介机构评估的模式，或借鉴德国由学会组织评估的模式，同时引进竞争机制，培养地方评估中介机构发展壮大。

4. 加强对评估的监督力度

我国科技评估制度提出评审公示制度，虽然有助于评估公正，但与发达国家相比仍显滞后。为维护评估的公平、公正，首先，应独立设置监督机构，而不应依附于委托方；其次，要加强立法保护力度。再次，借鉴欧美等国先进的明示制度，在双盲制（即评估前，对申报者的情况向评委保密；评估后，对评委的意见向申请者保密）的基础上，保证评估过程的透明度。这样，既可保护科技评估信息，又发挥了社会力量的监督作用，有效地减少寻租行为的发生。

三、创新人才机制，构建杰出科学家"人才链"

推进原始创新，既需要在国际上享有崇高声望的杰出科学家，也需要以核心人物为中心的科学家"人才链"。要引进和培养高水平科学家与科研人才，需要良好的制度和氛围，通过满足原创人才的创新和发展需求，激发人才"生产性努力"欲望。例如，日本早在1981年就设立了"独创性个人研究育成制度"，1995年又推出"培养创造性人才、改革大学制度"的政策措施；美国为了激励富有创造力的人才，实行了双阶梯制（又称"个人贡献者"阶梯），为在企业中升迁到一定层次的科研人员提供两种发展道路：一条通往高级经理职位，另一条通往专业发展方向。在这种机制中，科研人员享有充分的自主权，流动十分自由等。因此，我国应尽快出台相应的原创人才制度，着重在激励效果和灵活机制上下功夫，努力营造良好的创业环境和充分自由的发展空间，以实现原创人才的积累和聚集效应。

四、拓展开放交流合作，提高创新效率

据美国CHI研究所的研究，基础研究成果扩散到产业界的时间很短，出版与专利引用的时间间隔通常为3-5年。国外研究还表明，在大学、公共研究机构、企业间的合作，个人的创新经验和相互信任感至关重要。由于科学前沿的重大突破常常需要不同学科、不同地域、不同行业系统的多边合作，因此，要多开展建立在相互了解、相互信任基础上的团结协作，这不仅有利于减少交易成本，而且有利于提高创新效率。同时，建议科研机构和高科技企业广泛开展与先进国家的项目合作、学术交流等活动，这有助于迅速接近世界先进水平。再者，由于应用基础研究投入较多，需要更好的市场前景，可以考虑科研机构整体进入企业，形成技术、人才、资金的整体合力。最后，还应注意基础研究中的知识产权问题，在开展创新合作时，要仿效克林顿政府的反托拉斯法，既允许各公司合作开发新技术，又极力将扩大的技术外部性的溢出效应限定在国内，用相应的政策法规保护本国知识产权。

专栏6-3：他山之石——美国原始创新

美国经济社会发展得益于科学技术的突飞猛进，但基础研究的作用不容忽视，从美国基础研究对美国的作用看，基础研究的投资具有倍数增大效应；从经济角度来看，美国近30年来经济上的成就依赖于基础研究所培育的智力资本和知识增长，美国企业专利所引的参考文献70%来源于由公共资金资助的基础研究。

美国基础研究提升了本国原始创新能力,基础研究取得重大成就主要得益于美国良好的基础研究政策体系。归纳起来,美国提升原始创新能力,推进基础研究的相关政策措施主要包括以下几个方面:

(1) 确保基础研究投入。虽然美国基础研究资助多元化,但联邦政府始终是支持基础研究的主体,为基础研究提供长期稳定的支持。同时还通过税收等政策调节,带动社会对基础研究的投入。

(2) 注重创新人才的培养与引进。在引进和留住人才方面,美国主要通过三种方法,将全世界几百万的优秀人才吸引到美国来:一是长期执行有效的移民政策,每年至少为吸收国外各类人才保留14万名入籍名额;二是灵活的H-1B签证计划;三是尽量创造出较之其他国家更加自由宽松的学术环境,提供丰富的信息资源,加上各种学术大师云集,营造出吸引人的大环境。

(3) 促进联邦实验室和大学与产业界之间的合作。20世纪80年代以来,美国政府通过国家科学基金会采取了一系列措施来加强联邦实验室和大学与产业界之间的合作,在大学设立"工业—大学合作研究中心计划";国家科学基金会在大学兴建了25个工程研究中心;国防部、国家航空航天局、能源部、农业部和国立卫生研究院在大学兴建与本身任务相适应的跨学科的科学技术中心。

(4) 形成良好的遴选基础研究计划和项目的机制。基础研究的资金分配坚持由同行"优绩评议",并通过有效组织和管理实现人才、思想和工具(设施、仪器设备等)的有机结合;把是否有利于智力资本的积累和是否有利于建立各种各样的伙伴关系作为遴选基础研究项目的主要标准。

【资料来源:《美国的原始创新》,铁流网,http://www.tieliu.com.cn/information/2007/200704/2007-04-28/20070428092618_47316.html】

第七章

集成创新的制度安排

集众家之所长,对现有技术进行系统的集成创新,形成新知识,获得新发明,以实现技术的跨越式发展,乃是自主创新的基本方式和途径。一般说来,集成创新的主体是企业,其目的是有效集成各种要素,实现技术的融合效应和倍增效应,更多地占有市场份额,创造更大的经济效益。集成创新原本是美国高技术企业为适应经济发展所创造出来的一种新的技术管理和生产组织方式,不过,这种方式对于原始性技术创新与重大发明专利都较稀缺的我国及我国企业来说,既是新经济时代对企业发展提出的客观要求,也是我国和我国实现技术跨越的一个突破口。

第一节 集成创新的内涵与类型

"集成"一词早已有之，集成的观念也并不新鲜。但把集成创新当做自主创新的一个基本类型而加以大力提倡，却是近几年出现的事情。为了集成创新有一个全面的认识，此处有必要对集成创新的内涵与主要类型作一个初步的解释。

一、集成与集成创新

"集成"一词按一般理解就是聚集、综合之意。英文为"integration"一词，按照《新英汉词典》中的解释就是"结合、综合、融合"，有"整体化、一体化"的意思，如"economic integration"就是"经济一体化"。在《现代汉语词典》中，"集成"一词的解释是"集大成"，意思是指将某类事物中各个好的、精华的部分集中、组合在一起，达到整体最优的效果。[①]

从系统论的角度看，集成是指相对于各自独立的组成部分进行汇总或组合而形成一个整体，以及由此产生的规模效应、群聚效应。在这方面，我国学者作过许多研究。海峰等认为，集成从一般意义上可以理解为两个或者两个以上的要素（单元、子系统）集合成为一个有机系统，这种集合不是要素之间的简单叠加，而是要素之间的有机结合，即按照某一（些）集成规则进行的组合和构造，其目的在于提高有机系统的整体功能。[②] 张

[①] 转引自韩晓东：《企业集成创新理论综述》，http://hi.baidu.com/98868net/blog/item/9dcf8c50c5561f60843524ea.html

[②] 转引自刘斌："集成管理模式的探讨"，http://www.sinopecnews.com.cn/shzz/2007-01/11/content_ 422278.htm

正义、吴林海认为，集成不是简单的连入、堆积、混合、叠加、汇聚、捆绑和包装，而是将各种创新要素通过创造性的融合，使各项创新要素之间互补匹配，从而使创新系统的整体功能发生质的跃变，形成独特的创新能力和竞争优势。① 李守亳认为，集成创新是企业利用各种信息技术、管理技术与工具等，对各个创新要素和创新内容进行选择、集成和优化，形成优势互补的有机整体的动态创新过程。② 比如，现代运载火箭、波音系列飞机、家用电器、集装箱技术系统、CPU 芯片和因特网等等，都是集成创新的产物。

国外一些学者与机构对集成创新也做过深入研究。如美国学者马可·伊恩斯蒂（Marco Iansiti）认为"通过组织过程把好的资源、工具和解决问题的方法进行应用称为技术集成"。③ 美国哥伦比亚上诉法院在对微软案件的裁决中，对"集成产品"作了这样的定义，"集成产品"是指以提供特别优点的方式将两种功能的实体产品（也可以是独立销售而一同运行的产品）联合在一起的产品，这种特别的优点应是在消费者分别购买这两种功能实体后自行将他们结合在一起时所得不到的。这里强调的仍然是连接和联合形成的新的优势产品。

通过上面对集成创新概念的理解，我们认为集成创新具有以下几个主要内涵：

第一，集成创新是创新的融合。这种融合通过利用并行的方法把企业创新生命周期不同阶段、流程以及不同创新主体的创新能力、创新实践、创新流程和竞争力集成在一起，从而形成能够产生新的核心竞争力的创新

---

① 转引自韩晓东："企业集成创新理论综述"，http://hi.baidu.com/98868net/blog/item/9dcf8c50c5561f60843524ea.html

② 李守亳："企业集成创新能力综合评价研究"，《沿海企业与科技》2006 年第 12 期。

③ 转引自孙金梅："我国中小企业技术集成创新研究"，东北林业大学 2006 年博士学位论文。

方式。同时，集成创新是技术融合的进一步延伸，技术融合与技术的简单组合不同，融合的结果多于单个技术的简单相加，技术融合工作意味着 $1+1>2$。

第二，集成创新是组织建立新财富的高效途径。许多研究显示了创新和绩效的积极和直接的关系，创新速度和创新数量都对提升企业绩效具有积极影响。创新速度表明一个企业开发新产品的快速程度。创新数量代表了一个组织创新有效性和广度。创新意味着基于知识的竞争，要求企业应该发展对手难以模仿的资源和能力。

第三，集成创新虽然涉及到技术、组织和管理的维度，但又区别于单一的技术创新、管理创新和市场创新。在当今网络结构下，日益复杂的供应链和竞争关系使得创新具有某种集成的复杂性，从而形成复杂创新系统。它超越了传统的企业边界，要求考虑产品、生产流程创新流程、技术和商业战略、产业网络结构和市场创新的集成。集成创新不只是考虑流程而且还有产品和服务，它不只是集中在技术方面，而且在组织和管理方面。集成创新的结果是一个新产品、服务或者流程，甚至可以是概念、方法论、技术、组织与制度管理、营销和文化，也可以是以上结果的复杂结合。①

因此，集成创新既涵盖了技术的层面，也是一个经济和社会的概念。集成创新的标准不仅是科学或者技术的，而且也包含了经济或者社会环境的变化，以及不同主体包括消费者、生产者等的行为改变。总之，集成创新是创新主体将创新要素（技术、战略、知识、组织等）进行优化、整合，使其相互之间以最合理的结构形式结合在一起，形成具有功能倍增性和适应进化性的有机整体，形成新的技术优势、市场优势和竞争优势。

二、集成创新的基本类型

综上所述可见，集成创新内涵复杂，形式多样，但主要可分为水平化

---

① 张纪："开放环境下的我国集成创新战略"，《科技创业月刊》2007年第7期。

集成创新、垂直化集成创新及网络化集成创新等三种类型。

1. 水平化集成

水平化集成主要是通过知识生产的不同主体间以及主体与环境间的创新能力和行为集成起来,形成平行的创新网络。水平化集成创新网络的组织原则显示了新知识的协作与生产自身是一个复杂、动态的过程,使得创新网络能够在环境中发挥自组织功能,强调创新网络中知识生产的系统过程,具有高度复杂和非线性方式。水平化集成创新的意义在于,第一,创新网络能够生成用于知识交易的合作结构;第二,网络化创新的基础不只是存在于战略决策中,也与产业环境密切相关。

2. 垂直化集成

垂直化集成主要是指对与产品生命周期和企业生命周期相关的创新过程进行集成,通过实施并行工程的方式达到集成创新的目的。这种并行工程发生在产品开发过程、企业设计与再设计过程,以及在持续变化的市场环境中通过生命周期动态的检查来对前二者进行动态更新。这种垂直集成以产品数据管理和企业数据管理系统作为基础。

3. 网络化集成

网络化集成是指将水平化集成创新与垂直化集成创新结合起来,并将企业集群、用户、政府以及研究组织引入到集成创新中来,形成综合体式的创新集成。网络化集成创新的理论前提是把创新集群看做是一个自组织系统。集群创新的组织原则则显示了新知识的协作与生产自身是一个复杂、动态、高度非线性的过程,使得集群重新能够在环境中自组织。网络化集成不仅仅是公司层次上的竞争力集成,而且是社会层次上的集成,使集成不断地向供应链两端、产业生态环境立体延伸,通过不同群体、组织和过程的分工、对话使集成不断深入。

无论是水平化集成创新,还是垂直化集成创新,抑或是网络化集成创新,最重要的都是把产品、企业和环境创新的生命周期当作主要的集成对象,在此基础上,再集成不同的创新主体、创新资源、创新能力,形成持续的、不间断的集成创新的流程与方法。生命周期主要包括：概念生成、概念评估、技术和价值评价、产品与流程设计、早期开发—原型—商业与营销、最终开发—预生产原型—正式营销规划—业务结构、商业起点、快速增长、竞争加剧、成熟、衰落、处置阶段等。集成创新是一个持续的、上升的过程，在某一阶段的集成创新完成后，可以形成产品、流程、制度、关联、方法、组织、技术等创新成果，同时进行新一轮、更高层次的持续创新过程。

专栏7-1：韩国三星电子公司的集成创新

韩国三星电子在1969年成立之初就进入家电和电子产业，当时企业的技术基础薄弱，技术学习能力差，不能掌握最起码的电子技术，所以选择黑白电视机这一处在产品生命周期衰退阶段的产品。产品的开发采用了拷版模式，即通过从索尼进口成套散件和基本的组装技术，在外国技术人员的指导下进行组装生产，生产出的第一批12英寸黑白电视机供给低端消费市场，企业利润率较低。

从20世纪70年代末开始，经过多年积极进取的技术学习、技术吸收和技术能力培育，韩国三星电子公司的技术能力步入了新的成长阶段。此时技术集成创新的模式从拷版模式转向了渐进模式。在这一阶段，三星投放市场的产品如符合韩国国民特殊需要的修改版经济型12英寸黑白电视机（1975）、1M DRAM（1986）、便携式摄录像一体机（1989）等都是在模仿行业主导设计的基础上由其自行设计开发的；在技术选择和整合渠道上，三星通过"反解工程"（reverse engineering）、聘请海外工程师、收购发达国家的高技术企业（1994年收购日本LUX公司，1995年收购美国AST Research的重要股份）等多种渠道获得了尖端技术，在对企业内部技术资源集成的基础上，开发出了占据高技术电子产品市场领先地位的一系列知名产品[7]。虽然三星电子已经破解和掌握有关产品的部分关键技术，但是其自主开发创新能力还不强，产品的技术含量还有待提高，销售的产品的利润空间依然受到领先厂商的限制。

第七章 集成创新的制度安排

由于意识到自主研发的重要性,三星电子从20世纪90年代后期重点培育自主技术开发和自主产品创新能力,这一时期主要采用突破模式,在自主研发核心技术和元件的基础上集成相关技术资源创新出了一系列处在导入阶段的新产品,满足了高端市场需求,开发的多项产品在高技术电子产品市场上实现了行业领先。例如,三星电子利用已掌握的电子信息技术,通过派出或者借调不同部门的一些掌握关键技术(know-how)的工程师获得了项目开发需要的技术,同时企业内部的研发中心和实验室之间的交流与合作将相关资源有效地融合在一起,通过技术的全面集成开发出世界第一台硬盘数码摄像机ITCAM 9W、世界第一款具有光学变焦功能的300万像素照相手机、世界第一台高清晰电视用DVD等高新产品。步入到21世纪,三星电子确立了先见、先手、先制、先占的"四先战略",全力提升研发、生产的速度;正是这一"速度经营"的领先战略使三星电子尝到了先人一步的无尽甜头,在德国iF(International Forum Design)汉诺威国际论坛(中国)设计有限公司主办的iF-China 2005工业设计大奖中力拔头筹,一举荣获了45项大奖,其中3项最高级别奖、42项优胜奖。

【资料来源:郁培丽等,"企业技术集成创新模式研究",《东北大学学报》2007年11月】

第二节 我国集成创新的现状分析

一、我国集成创新的主要模式

目前,我国集成创新方式主要有三种,包括创新主体基于市场需求自主进行的集成创新、创新主体基于产学研合作的集成创新、政府启动大型项目推动的集成创新等。

自主创新的制度安排

1. 创新主体基于市场需求自主进行的集成创新

企业基于市场需求自主进行的集成创新是目前我国集成创新的主要方式。这种市场类型的集成创新模式也是一种效率较高的模式。市场提供了一个交易平台,使离散的分布于不同市场主体的创新要素,通过营销的方式产生集成和融合。在这种模式下,政府可以采取不作为的方式,依靠市场的调节作用,让各创新主体在市场的作用下进行协作。这是政府在自主创新中角色定位的另一种情况,政府更多的是通过间接的方式来推动集成创新,政府的介入更关注的是维护市场机制的活力,通过创造公平竞争环境,注重对企业竞争能力培育的间接支持。这类集成模式是通过创新环境的建设,创造一个良好的集成氛围,推动系统内各创新主体在资源、技术、知识等方面的融通和交流,促进研究开发、生产与市场的沟通,从而引起系统整体的演化和进步。这种模式实现的关键点在于能够为系统中的创新成员提供互补性资源和广泛的相互学习的机会和空间。

改革开放以后,我国通过原始创新和技术引进,获得了一些较先进的单项技术。在这个基础上,企业以市场需求为导向,开展了集成创新,并形成了一批具有竞争力的产品和产业。如通信领域的华为、中兴、金鹏等研发的程控交换机、光接入设备,家用电器领域的 TCL、创维等研发的彩电,以及科龙的冰箱、格兰仕的微波炉,还有光机电一体化领域的汽车制造等,都是集成创新的典型例证。

专栏 7-2:集成创新如何帮助"友邦"发展?

友邦集成化吊顶是嘉兴友邦有限公司的产品,该公司坚持以"创新推动发展","用集成打造品牌",经过几年的发展,已成为具备大规模生产供货能力的企业,并获得了 56 项国家发明专利。2004 年公司攻克了主机模块无法同条扣板搭配使用的技术难关,开创性地开发出了 48 款能同条扣板自由搭配的专用电器模块,进一步推动了吊顶产业的发展。友邦集成化吊顶是运用模块化、自组式的产业集成理念,将传统浴霸及吊顶拆分为取暖、换气、照明三大模块,然后对各个模块进行单独开发,最大限度优化其功能，自由搭配、自由移动、再次组合成为一个新的体系。

友邦集成化吊顶产生绩效的原因：

(1) 集成化吊顶实现了与消费需求的良性互动。集成化吊顶之所以蕴藏了巨大的市场空间，是因为这些产品的融合适应了消费结构升级和生活水平的提高，将取暖、换气、照明、吊顶四大功能融合为一体化，最大限度的满足了当今家庭、宾馆等对于厨卫装修的高标准要求，不同效果的取暖、照明模块迎合了顾客的个性化需求，创造出完美的装饰效果，简洁的造型和优美的流线型设计充分体现了时尚、前卫的消费品位。为消费者带来更加多样化的选择，与消费需求形成了良性互动。

(2) 集成化吊顶产生了新的融合型服务。集成化吊顶作为一种新的产品，在推向市场的同时产生了许多新的服务项目。如可以为顾客设计吊顶，从多个产品的购买到一站式采购，轻松实现了顾客个性化、自主化的选择，方便了顾客的购买，同时也便于日后的维修，降低了客户的维护成本。总之，集成化吊顶一方面提高了产品的价值创造功能，另一方面由产品的融合推动了吊顶技术服务的融合、业务服务的融合和市场服务的融合。

(3) 集成化吊顶促进了资源的优化和整合，降低了产品价格。集成化吊顶突破了取暖、换气、照明、吊顶四大产品分立的限制，从而为企业提供了扩大规模、扩展事业范围、开发新产品和新服务方面的巨大商机，友邦集成化吊顶打破了原来产品的结构，实现了融合型的创新，使得资源在更大范围内得以合理配置，从而在提高产品质量的同时，还降低了原来产品的价格。

(4) 集成化吊顶迫使业内产品的改良。友邦集成化吊顶的融合发展，塑造了新的市场结构，对原本的换气扇、照明灯、吊顶、浴霸等产品产生了巨大冲击，迫使这些产品在技术上改良，降低产品的成本，提高性价比。不仅对吊顶业单件产品的竞争格局产生了影响，反过来又促进融合产品的不断创新。

【资料来源：周旭霞，"浙江民营企业集成创新调研报告"，《工业技术经济》2008年第5期】

2. 创新主体基于产学研合作网络的集成创新

产学研合作网络是指企业（产）、大学（学）、研究机构（研）三方组织为适应市场需求和实现共同整体利益联合起来形成的集成创新网络。产学研按照市场经济的机制，采取多种方式方法进行科研开发、生产营销、咨询服务等经济合作活动，合作的基础是各取所需，实现优势互补，充分发挥产学研各方组织的资源优势。在合作的过程中，大学或科研机构为众多的企业提供可转化为产品的新技术成果和具有新产品、新工艺开发才能的科研人员以及设计人员，企业则为大学、科研机构提供资金，为科研人员和毕业生提供实习的场所。

创新主体基于产学研合作的集成创新是我国集成创新的另一个主要方式。目前，我国电子信息、电器机械、石油化工、汽车、医药等9大优势产业都与相关的科研院所、大专院校有着紧密的合作关系。我国企业开发的高新技术产品中，超过一半的产品属于企业与高校、科研机构合作开发的产品。而且，我国在促进产学研合作，推动集成创新方面也形成和积累了一些很好的做法和经验。比如，深圳建立的虚拟大学园，创办才短短六年时间，就吸引了清华大学、北京大学、浙江大学、中国科技大学等43家知名国内高等院校来园进驻，这些高等院校与深圳高新技术开发区企业在多个领域开展了技术合作，取得了很好的效果。

从产学研合作网络集成创新优势来看，产学研等不同创新主体的合作，使企业能充分利用大学、科研机构的研究成果，通过合同的研究开发活动、专有技术购买、生产技术专利许可等方式获取新的技术，减少创新的风险和对资本的需求。企业可以充分利用科研单位优越的综合技术力量，结合企业的生产经验和生产实践，达到扩大产品优势的目的。同时，众多企业为大学、科研机构提供资金，支持基础性应用研究，为科研人员和毕业生提供进行实习的场所。而企业因为有了大学和研究机构的合作，不必要成立专门的科研部门、配备专门的科研人员,有效地节省了开支,提高了研发能力;大学、科研机构的人员在原有资金的基础上吸入新的资金,既为研究项目注入资金支持,也使科研成果得到实际的应用和市场的检验。

专栏 7-3:海尔电冰箱的成长之路

1984 年,两个濒临破产的集体小厂合并成立了电冰箱总厂,这就是海尔集团的前身。创立 19 年来,海尔集团持续稳定发展,已成为在海内外享有较高美誉的大型国际化企业集团。产品从 1984 年的单一冰箱发展到拥有白色家电、黑色家电、米色家电在内的 96 大门类 15100 多个规格的产品群,并出口到世界 160 多个国家和地区。

海尔集团从无到有、从小到大、从弱到强、从国内到海外的发展过程中,积累很多成功的经验,其中,集成创新也起到了非常重要的作用。我们从海尔集团电冰箱的发展历程中就可以看出:1985 年,当时市场上的冰箱都是二星级、三星级的,海尔决策层看到国际上先进的冰箱已经发展到四星级,于是决定跨过二星级、三星级,一开始就搞四星级冰箱。从二星级到四星级,这中间的技术跨度是相当大的。但是在 20 世纪 80 年代末 90 年代初的电冰箱竞争大战中,海尔依靠不断技术集成创新生存下来,成为了该领域的佼佼者。

一个刚刚建成的电冰箱厂,要想实现技术的跨越,海尔认识到单靠自己的力量是不行的。于是海尔的经营者把自己的想法和创意具体化为产品设计要求,然后把设计要求分解,借助有关院校所的力量搞研发,自己组织班子搞技术集成,终于在较短的时间开发出四星级冰箱。他们的具体做法是:在设计上,借助青岛建工学院、青岛大学、海洋大学等几所大学的特长;在工业造型上,借助中央美院以及日本 GK 设计公司的力量;在系统匹配上,借助清华大学、上海交大、西安交大等学校的力量;在零部件检测筛选方面,借助中科院海洋所的力量。其后,海尔又与青岛海洋大学合作,从生物学及食品保鲜的基础理论入手,对食品的保鲜要求进入深入探索和研究，取得了"食品保鲜"的最新研究成果，进而于1992年底推出了MSV电冰箱（M-保湿无霜，S-同步风道，V-变容节能），在食品保鲜和节能方面达到了当时的国际最高水平，最多可节电40%，食品保鲜性能提高了11倍多，保活性提高了9倍多，成为当时冰箱的换代产品。不久，海尔又借助外力搞研究，自己搞集成，在减少50%氟里昂方面取得成功，使海尔冰箱迅速打入了欧洲市场。

我们不难看出：如果不是和高校与科技机构的合作而完全靠自己科研实力去干，海尔是不可能在这么短的时间内实现技术的跨越的。产品创新是企业成功的基础，正因为海尔和高校及科研机构的合作下，对引进的技术进行有效的集成，不断地推出新技术和新产品，从而使自己在激烈的市场竞争中始终处于主动的地位。

【资料来源：魏勤，"高技术产业跨越式发展的一种创新模式——集成创新的机理、主体、环境"，东南大学2004年硕士学位论文】

3. 政府通过大型项目主导的集成创新

由政府牵头在一些关系国计民生的关键技术和关键领域，通过大型项目招投标等形式推动创新主体和创新要素的融合，也是我国集成创新的一个重要方式。我国的一些大型招标项目，不少属于跨行业、跨领域的项目，往往需要两个以上的单位联合才能完成。我国通过招标的方式，推动了我国在电子信息、生物医药、化工、光机电一体化等个关键技术领域的集成创新。在这类创新中，政府发挥着举足轻重的主导作用。政府通过制订和执行政策和法规，管理和规范系统中其它要素的创新活动，规划设计了科技创新活动的发展战略及一系列项目和措施，直接参与实际的技术研发和扩散项目活动。在政府主导型集成创新中，政府可以直接有效地调控机制的具体运行，特别是在弥补市场失灵方面，由于政府的权力和威信，由于政府拥有信息优势和资源优势，可以凭借其特殊的身份而实现其他创新主体无法完成的系统功能，以一系列的激励措施和调节机制，推动创新活动的展开及创新资源的优化配置。

第七章 集成创新的制度安排

专栏 7-4：集成创新滋生"合宁现象"

专业协同，突显集成优势合宁铁路是我国第一条开工建设的时速 250KM/h 的客运专线，也是全国第一个四电系统集成工程（指通信、信号、牵引和供电系统的集成），具有规模大、接口多、技术新、工期紧等特点，按照传统的施工组织方法，像这种工程至少要相应地设置 4 个独立运作的项目部。

技术集成，拼盘做成盛宴。合宁线是我国第一个全线接触网采用弹性链型悬挂的铁路客运专线。在此之前，国内还没有四电系统集成施工技术和经验可供借鉴。为了攻克一系列技术难题，中铁十一局电务公司早在 2006 年 10 月就成立了铁路客运专线高速电气化施工技术课题攻关小组，就弹性链型悬挂和一些重大课题进行专题攻关。

项目部则把技术创新的目标定位在"技术承接、配套服务、五小（成果）攻关、工艺定性、一次成优"的方针上，搭建了我国铁路建设现场第一个四电系统集成工程技术攻关研发中心平台，他们与设计院和铁道部有关专家互动，和欧洲西门子公司、BB 公司、NKT 公司和 PEC+S 公司专家对话，对需要攻关创新的接触网弹性链型悬挂施工工法，弹性链型悬挂整体吊弦计算软件，通信 GSM-R 系统施工技术，牵引供电、电力远程监控系统安装调试技术，信号 CTC2 列控系统、站内一体化轨道电路安装调试新技术，大号码道岔电撤设备安装调试技术，特大桥长大电缆施工工法开发，电气化 18#道岔接触网交叉线岔与 30#道岔接触网无交分线岔安装调试技术等进行研究开发。

以上 10 项重大技术课题在规定期限内一一突破的同时，五小活动同样是硕果累累。通信、信号、电力 3 个分部联合攻关采用汽车吊、方向滑轮、绞磨机机械展放光、电缆新技术，一改往日人工敷设光、电缆的方法，只要 10 分钟就可以敷设一盘 1400 米的电缆，不仅克服了现场人力资源不足的问题，还大大提高了敷设速度，保证了电缆不受损伤，保持了电缆的电气绝缘特性；信号专业通过创新精准定测方法，实现了无接头敷设电缆，不但减少了接头工序,节省了作业时间,还保证了电缆的传输性能和敷设电缆的质量。

【资料来源:喻守军、李承连、郑传海等,"集成创新滋生'合宁现象'",中国工程建设网,http://www.cacem.com.cn/News/Open.Asp ID =291390&Sort_ ID =290】

二、我国集成创新存在的缺陷

集成创新是一项复杂的系统工程,不仅涉及到不同的创新主体、创新要素以及创新效益等技术和市场因素,更涉及到创新环境、创新文化等等制度因素。我国目前的集成创新仍然存在许多制度缺陷,需要采取措施予以改进。

1. 集成的水平低

集成创新应不仅仅是将各领域的知识简单加总,而应该采用系统工程的理论与方法,提供特别优点的方式,将各种技术经过主动的优化、选择搭配,相互之间以最合理的结构形式结合在一起,形成有竞争力的产品或者产业的过程。集成创新是更深入的开发,更高难度的创造。但是,目前我们的一些技术集成,只是简单的技术拼凑,没有从战略的高度系统地集成,因而难以形成真正有竞争力的产品和产业。

2. 企业创新主体地位不突出

我国企业创新主体地位仍不突出,企业还没有成为真正意义上的创新主体,科技投入不足,企业创新能力低下,制约了集成创新能力的发展。发达国家大企业研发费用一般不低于销售收入的5%,而中国工业企业的这一比例为0.06%。很显然,科技投入明显不足、消化吸收经费严重不足,制约了中国企业技术创新的步伐。从总体上看,我国企业的技术创新能力仍然薄弱。我国3.6万多家大中型企业拥有研发机构的只占38.7%,

61%的企业没有一个专职人员从事研发活动。① 企业创新投入严重不足，据最新的调查显示，企业研究开发经费仅占销售收入的 0.56%。在我国发明专利申请中，外国企业申请量占 50%以上，在一些高技术领域，关键技术的专利申请基本上被国外企业垄断。计算机类国外专利申请占 70%，生物技术类占 87%，信息类占 92%，半导体类占 90%。建设创新型国家，关键是企业要真正成为创新主体。目前，世界上创新型国家的知识产权 80%以上产生于企业。

3. 创新主体之间联系不紧密

各创新主体之间加强联系与合作，可以实现知识和技术的信息最大限度的共享程度，极大地提高集成创新的深度和广度；上、下游企业之间由于频繁的接触使信息扩散，也可以刺激彼此间的技术合作与创新；不同企业之间也可以战略联盟的形式实现资源的互补，降低成本，提高综合竞争力，以市场竞争中获得"双赢"；企业、大学和科研机构强化合作，也有利于促进技术的产生与成果的转化。但是，从目前我国的情况来看，在国家创新体系中各个行为主体之间相互作用的缺乏，公共研究部门的基础研究与产业部门的应用研究之间的失衡，技术转移机制和信息的不对称，企业的技术吸收能力的贫弱，都导致一个国家的创新活动的贫乏。

4. 人力资本特别是优秀企业家积累不够

目前，我国正面对日趋激烈的全球产业竞争以及加入 WTO 后的挑战，造就一支高质量的企业家队伍，是市场经济的要求，也是我国推进集成创新发展的要求。然而，我国人力资源不足，首先表现在优秀的企业家不足。许多企业家综合素质不高，决策能力不强、科技意识淡薄、缺乏冒险精神和敬业精神，这些人虽然拥有厂长、经理头衔，却不是真正的企业家。具体表现在：（1）创新动力不足。我国国有企业薪酬结构大部分采用货币工资制和年薪制，但货币工资制的激励作用微乎其微，而年薪制又比

---

① 数据来自于《中国科技统计年鉴（2007）》。

较容易导致经营者的短期行为,所以,目前的薪酬内容、结构很大程度上导致了创新动力不足。(2)创新能力不足。一方面,创新动力的缺失,必然影响企业家创新能力的发挥;另一方面,由于治理结构的不合理,经营者创新资源匮乏,制约企业家或经营者的创新能力空间。随着企业的成长,企业家自身的有限理性以及外界环境的不确定性,单个企业家甚至单个组织的创新能力未必就能满足企业发展的需要。(3)创新权力不足。企业家拥有权力的范围和大小,在很大程度上决定着企业家创新内容与方式的选择,也就是决定企业家今后的创新行为。企业家的创新权力不仅受到来自国家的经济体制、政策和法规对企业经营行为的限制,而且受到来自公司治理内部的规则和决策程序对企业家创新活动的限制。企业家的创新空间相对狭窄。以上这些现象直接严重阻碍着我国企业集成创新。

三、制度缺陷的成因分析

1. 创新主体对集成创新的重视不够

长期以来,我们的政府和企业都只注重单项技术的创新,对于技术集成也是自主创新能力的重要组成往往认识不足。单项技术的开发是技术开发的初级阶段,也是必然过程,但如果仅仅停留在这个阶段,因为缺乏与其他相关技术的衔接,很难形成有市场竞争力的产品或新兴产业,往往鉴定之日也就是这项技术的终结之时。

2. 技术集成创新中各参与主体的利益分配不公

技术集成创新参与主体多元,包括自然人、法人或其他单位,其多数都是采取合作开发或委托开发形式,有时还通过两方或多方企业进行集群式创新。在由个人与个人、个人与法人、法人与法人之间合作或委托研究开发的过程中,往往会形成分工、出资、权利归属与利益分享等多种权利义务关系。但由于大多数企业普遍知识产权意识不强、合同管理不到位,企业技术集成创新活动中经常会涉及到各个主体之间专利权归属和利益分配等问题。因为技术集成创新投入大、周期长,加之涉及主体多元化,参与技术集成创新的企业在技术创新市场不确定性的同时也伴随着巨大的合作风险，这时企业可采用动态虚拟联盟来进行合作开发或委托开发。作为一种松散型的组织结构，动态虚拟联盟不同于传统的单个企业的自主创新，对企业传统的管理制度提出了挑战。在合作创新和委托创新中技术集成创新联盟可采用动态合同对合作单位和个人的分工加以明确，根据诚实信用原则对各研发单位专利归属和利益分配加以约定。在技术集成创新立项过程中企业如果不在合同中进行利益分配和专利权归属约定，将导致研发成果被他人侵占或流失，从而使企业丧失了可能的市场机会和竞争优势，最终致使技术集成创新的目标无法实现，研发投入化为泡影。

3. 知识产权保护机制不健全

集成创新涉及到多种技术来源，因此要处理好集成创新过程中的各种技术的知识产权问题。特别是由于当前侵犯商业秘密立法存在一定滞后性，高科企业保护自身核心知识产权遇到困难，自主创新的动力均有所受损。造成巨额经济损失，而且打击企业创新的积极性。如果侵犯知识产权的行为没有得到有效的惩处，一方面既不能保护好受害企业的合法权益，另一方面也放纵侵权者，甚至会使他们更加肆无忌惮地作案。因此，加强对高新企业的知识产权保护工作急需引起重视。在知识产权问题上，我们国家和企业大多处于被动态势，国外政府也常常借此打压中国企业。时下许多侵犯知识产权的案件难以刑事追究，原因在于：一是侵犯知识产权罪的入罪门槛较高。二是过失侵犯知识产权者不受刑法追究。有些企业的科研人员没有主动拿商业秘密去牟利，但他们在对外交往时可能会无意中泄露商业机密，比如参与科研讨论、介绍经验乃至丢失硬盘、软件，造成资料被窃取。这种过失泄露商业秘密也可能给企业造成特别重大的损失，但由于刑法并未规定过失泄露商业秘密罪，使得知识产权的保护力度受到削弱。三是侵犯商业秘密罪量刑起点较低。根据刑法有关规定，侵犯商业秘密罪将被处三年以下有期徒刑或者拘役。四是企业自身知识产权保护意识较差，不注重自身智力劳动成果的保护，有发明不申请专利保护，产品好,服务好,不懂得树立商标形象,不知道创造与积累无形资产。由于企业知识产权保护不力,担心创新成果被别人模仿、假冒,自己得不到应有的回报,宁可引进、仿制,不愿花力气创新。

4. 风险投资机制不健全

企业的发展需要资金,资金是企业发展不可缺少的杠杆。资金的供给是决定生存与发展的关键因素,资金获取的渠道对企业的形成、经营方式、组织结构有着决定性的因素。风险资本不仅向新企业注入资金,而且提供建立新企业、制定市场战略、组织和管理所需要的技能。风险投资在现代经济发展中起到了举足轻重的作用,推动了高技术企业从小到大、从弱到强的成长并带动了整个经济的蓬勃和兴旺。目前,我国的风险投资呈现了良好的发展态势,各地政府为了发展当地高技术企业,都大力发展当地的风险投资。但是也存在着一些问题,具体表现为:(1)资金来源有限,资本结构单一。资金的缺口仍非常大,远远不能满足我国高技术产业发展的需要,而且风险投资公司的资金来源大多有政府背景,这既限制了我国风险投资公司的资金规模也使风险得不到有效分散。(2)风险投资的运作机制有待完善:第一,投资方式需要调整。通常风险的投资方式应是股权投资的方式,但我国相当多的风险投资公司是以贷款的方式运作资金。第二,评价机制需要完善。我国的风险投资项目评价体系带有人浓厚的人为色彩,缺乏严肃性和科学性。第三,缺乏相应的激励和约束机制。许多风险投资公司基本上是沿用传统国有企业的管理模式,还没有建立起适合风险投资运作的激励和约束机制。第四,由于知识产权的保护不够,使风险投资不敢涉足风险较大的中试前期的投资。第五,法律未给风险投资以充分的保护,我国现有的经济法律法规中,有许多地方与风险投资运作规则相冲突。

第三节 加强集成创新制度建设的建议

面对国际竞争,越来越多的国家包括美国都主张政府有必要对研究开发予以积极支援,因此技术领域的国际竞争普遍在政府支持的基础上展开。各国相继出台的国家高新技术长期发展的规划显然带有相互竞争、相互促进的色彩。出于应对的考虑,政府也需对研究开发给予积极支持。我国政府在集成创新中应该进行如下的战略思考,制定合理有效的制度,引领我国集成创新。

一、政府层面的制度建设

1. 增强创新主体集成创新的意识

集成创新通过利用各种信息技术、管理技术与工具等,对各个创新要素和创新内容进行选择、集成和优化,形成优势互补。要提高广大科技人员对集成创新意义的认识,提高对集成创新在当代创新创业活动中主流作用的认识。广大科技人员、创新创业者应更多地进行跨学科、跨专业的学习、培训。提倡各类创新机构应根据当代科技发展的特点,创新的时代要求,对已有学科资源进行结构调整,鼓励大跨度的学科或专业交叉。广大科技人员、创新创业者,各类创新机构都应把全球科技资源及市场上可获得的各种创新资源作为组织集成创新的出发点。

2. 加大对企业的科技投入

一是要确保财政科技投入稳定增长。各级政府要把科技投入作为预算保障的重点,预算编制和预算执行中的超收分配,财政科技投入增幅明显高于财政经常性收入增幅。保障科技基础条件建设投入。

二是要引导银行金融机构扩大对科技型中小企业贷款支持。目前,银行仍然是企业融资的主渠道，但是，由于一般企业获取银行科技贷款难度大、程序杂、周期长，要创新融资机制，搭建融资平台，通过建立助贷、转贷平台，开展贷款贴息、建立融资担保体系等方式，降低银行风险，实现银企双赢。

三是要引导和激发企业自身增加科技投入。中央提出建设创新型国家以来，国家制定了一系列促进和支持企业技术创新的政策。其中科技投入加记税前抵扣、高新技术企业所得税优惠等政策的落实，将极大促进和激励企业创新投入。要进一步落实这些政策，同时创新科技计划组织形式，进一步提出企业主体，促进资金、技术、人才等资源向企业集聚，促进科技型企业又好又快发展。

四是要引导创业投资机构的发展，引导创投机构投资科技型企业，尤其是成长前期的科技型中小企业。第一，要发展规范风险投资主体。我国一些风险投资公司是以政府出资为主，由此带来资产所有者虚置、错位和预算约束软化等问题，不利于风险投资发展。需要对这部分风险投资公司加以调整，实施所有权与经营权相分离的治理结构，政府不能对风险投资公司运作横加干涉，经营管理者必须与原所在单位割断联系并作出承担投资风险责任的承诺，政府出资起带动作用，在公司发展步入正轨、能获取较高利润时，政府资本应该退出，让其他社会资本介入。第二，要拓宽风险资本来源渠道。保险公司、信托投资公司、养老基金和捐赠基金等机构投资者是风险投资的最佳资金来源。其次，商业银行资金也可以多种模式介入风险投资。另外要积极引导国外资金进入，这样不仅可以获得风险投资资本，而且可以学习经营管理经验。引导大企业参与风险投资，同时解决企业产品更新换代、提供增值服务的问题。引导民间资本投向风险投资领域。证券商可通过发起设立风险投资基金、入股风险投资公司等方式介入风险投资。第三，完善风险投资法律法规。必须加强风险投资立法，研究制定风险投资法及其具体实施细则，规范风险投资机构的组织形式、设立条件、筹资方式、投资组合、运作程序、内控制度和退出机制等，切实有效地调整风险投资行为及其法律关系，为风险投资的正常运作提供必要的政策法律保障。

3. 加大知识产权保护力度

目前我国知识产权方面的问题还很多，如很多科技成果没有申请专利，专利技术和产品被侵权的事情时有发生。因此，要不断加大对知识产权的保护力度，从以下几个方面完善知识产权保护制度：（1）加强保护知识产权宣传工作的力度，以提高全体社会公民保护知识产权的意识。增强知识产权的保护意识，建立有效的知识产权管理体制，加大宣传力度，提高对知识产权重要性的认识。加强知识产权的宣传教育，将其纳入各类学校法律课程，使人们真正认识到侵犯知识产权和侵犯其他财产权一样是违法的和可耻的行为。（2）加强对知识产权违法行业打击的力度。软件盗版和各种假冒伪劣行为已经严重影响了我国软件产业的发展，干扰了一些领域的正常经济秩序。国家要从法制经济和信誉社会的高度，下决心花大力气加大知识产权保护力度，对侵权者给予重罚和严厉的打击。（3）培养相关人才和完善社会支撑体系。知识产权管理需要有关专门的人才，知识产权保护水平的高低关键在人。因此我们应当大力发展知识产权教育事业，大力培养知识产权专门人才。

4. 搭建集成创新的支持和媒体平台

政府努力搭建集成创新的政府支持与媒体平台，可以为集成科学技术创新提供良好的体制与机制保证。在产业关联度大、市场前景好以及有利于解决国民经济重点、热点、难点问题的技术和优势产业领域，优选一批重大项目，集中力量，加强攻关，务求突破；在各种技术创新工程和基金投入上，向有较大应用价值和市场需求、存在商品化及产业化的必要性和可能性的项目倾斜；在各种信息媒体上加大集成技术创新的宣传力度，在相应网站上开辟专栏和系统跟踪，建立集成技术创新的数据库，致力于形成集成技术创新社会氛围以及正确的社会价值观念。

5. 构建适应集成创新的有效协调与整合机制

集成创新不仅仅是把一些要素组合起来，更重要的是把各个有创新思想、素质的人为了共同的目标组织起来，使每个人都能够运用组织的整体资源实现超出个人能力和局限的创造。所以，每个创新机构都应该考虑用最好的信息手段打造自己的整体资源和指挥系统，用最好的制度手段设计出能够因事而宜的，既有统一意志，又有个人心情舒畅的组织系统。

尽管企业的组织整合能力是软性的，但它通常是企业发展与否的决定性因素。集成创新成功的前提是技术创新应该有合适的组织变革或组织开发伴随。技术与组织的有效集成对集成创新成功起决定性的作用。组织整合能力会使组织的整体能效大于其部分之和，能为企业带来超常利益。萨德勒（Philip Sadler）在其所著的《无缝隙组织》中，更是强调在当今企业创新管理中，构建柔性的组织结构流程和创新型文化，以快速响应环境的变化来更利于集成创新。目前，在外界环境变得越发动荡时，对于企业来说，实现有效的内外部协调或组合是非常重要的。这种重要性不可能被组织的资产和技术所取代，尤其是以网络或虚拟企业的方式建立更为广泛的资源基础，显得更为重要。例如，日本的企业已经把内部协调扩展到了公司外部，除了有效的内部协调之外，像丰田、日产等著名公司早就开始建立了公司外部的有效协作关系。日本的企业实力的一个主要力量来自于企业与供应商之间的密切关系。正如有些学者指出的，丰田公司的战略核心能力在很大程度上取决于它的供应商网络的力量，即其外部的整合能力。

6. 促进产学研合作

国家一方面要大力推进应用型科研机构企业化转制改造，另一方面要继续大力促进产学研合作，力争使产学研合作上一个新台阶，特别要促进高校与企业的合作和联盟。因为随着我国"211工程"和"985计划"的实施，大学的科研实力将大大加强，研究生和博士后的规模将会迅速扩大。现在研究生已经有20多万，估计到2010年在校研究生的规模将达到100万以上。这些研究生大约有70%以上要进行应用性研究，这必然要求高校与企业合作甚至"联姻"。企业也需要利用高校的教育资源和较为"廉价"的研究生资源，提高企业技术创新能力，促进技术进步。政府应采用多种措施促进高校与企业的合作与联合，这些措施包括税收优惠、与企业分担投入高校的科研经费、支持大学科技园和孵化器建设等等。

总之，政府应该为整个集成创新系统的环境建设而出谋划策，确保集成创新组织的灵活性和创新人员流动性的制度手段，积极鼓励和促进制度创新，促成各集成创新主体的融合，推动国家整体创新能力的提升。

二、企业层面的制度建设

企业应该从集成创新能力的整体上来提高创新绩效。各个能力要素必须以企业的组织结构为基础，通过特定的方式复合在一起，才能充分发挥各个能力要素的潜力。因此企业集成创新能力的提高，所重视的应该是企业中最薄弱的那一个能力要素。具体建议如下：

1. 企业要担当起集成创新资金投入主体角色

资金要素是企业集成创新成功的关键要素，企业既要考虑生存，更要重视发展。没有较强的研发实力做支持，企业很难在竞争激烈的市场中获得持续的竞争优势。企业要发展也必须以一定的 R&D 投资作保证。所以企业要兼顾好眼前利益和长远利益，保证企业研发资金的充足合理供给。要拓宽融资渠道，保障创新资金的充足供给。从现有的状况看，企业的融资渠道主要是自筹、政府资助和商业贷款。要增加创新资金的投入，除了加大国家财政投入和增加银行信贷外，还可开辟其他渠道，包括从企业销售收入中按适当比例提取技术开发资金，从证券市场上筹措资金，以及设立必要的研究和开发专项基金、中小企业开发基金，来促进高新技术企业的发展和中小企业的技术创新。要合理分配资金，保障研发所需资金的稳定充足供给。虽然说对研发的高投入不一定带来高产出，但如果没有投入又是不现实的，这样企业永远也没有自主知识产权的核心技术，总是处于受制于人的状态，不利于企业的和长远发展。为了保障研发的合理投入，企业要健全研发项目的风险评估机制石对具体的研发项目要运用先进的决策方法，充分考虑风险和利益关系，科学地做出判断。

2. 大力培育集成创新的文化底蕴

在集成创新过程中，创新主体之间的信任和承诺是影响创新成功的关键因素，直接关系到创新的成败。由于集成创新主体具有多元性，并分处于各个不同部门、企业、甚至不同的国家和地区，它们就有可能在价值观、思维方式和操作方面发生冲突，这最终导致利益冲突和它们相互之间的集成与协作的低效率或失败。纵观世界著名的公司发展历程，无论是美国的 IBM 公司、通用电气公司，还是日本的松下电器公司、丰田汽车公司，以及我国的海尔集团公司、联想电脑公司，都无不把组织文化中的精髓——组织精神和组织价值观视为企业成功的根本动力。我国近几年花巨资引进了 CIMS 技术和 ERP 技术，但多数项目并未达到预期的效果，其原因在于忽视管理方面的相应变革，其中组织文化及其指导下的战略、行动方式没有变革是主要的原因。

集成创新的底蕴在于组织的文化，企业开展集成创新要充分重视文化的作用同时对组织文化进行相应的调整。企业要通过组织文化组织氛围的塑造，培养知识共享、创新的观念，形成相对宽松的学习和创新环境。

3. 建立健全创新激励机制

创新激励是激发企业员工的积极性和创造性的重要工具，也是创新氛围的一个组成因素。首先，要使激励手段多样化。激励手段不仅仅是物质激励，还包括情感激励和产权激励。物质奖励是最重要的手段，企业要在分配上向研发人员倾斜。产权激励是目前最经济、最有效、最持久的创新激励手段。产权保护不仅从物质上保证了研发人员的创新成果不受侵害，而且满足了研发人员个人对拥有成果的成就感。第二，激励需要本着实现双方利益目标这一原则而进行。因此，企业创新激励应该是管理者与研发人员之间的双向信息交流、双方目标相结合、双方行为互动的过程。企业研发人员在目标定位、价值系统、需求结构和行为模式方面与企业其他员工有很大不同；因此对研发人员的激励要有的放矢。与管理人员不同，与职务发展相比，研发人员更看重专业的成长。企业要为研发人员提供各种培训学习机会，如出国培训，参加各种专业会议和专题培训。第三，企业要建立公平公正的员工创新绩效考核制度。以此作为激励的标准。如何把创新工作合理地量化，这是一个复杂困难的过程，需要企业通过不断地实践，与创新人员多方面沟通，确定一个大家都认可的标准。只有这样，才能保障激励机制对创新人员起到有效的激励作用，促使他们主动地尽其所能，积极创新，从而保障企业创新过程的顺利实现。

4. 企业要加强与外界的创新合作

就我国企业的现状而言，大部分企业的集成创新能力低下，同时也没有进行联合创新，企业之间、企业与高校科研机构之间不能有效地合作并充分发挥各方的优势，因此，作为企业，必须从以下几个方面改善这种情况：第一，探索多种合作形式。通过共同研究、技术指导、技术培训、科研器材的共同使用、关键技术信息的服务、专利使用等兼职、培训等形式，整合、优化现有资源，建立以实现共享为核心的合作机制。政府要鼓励有条件的高校、科研院所和企业联合建立技术中心、中试基地，或通过联营、投资、参股等多种方式实现与企业的联合，增强企业的集成创新能力。第二，企业研发要注重和高校、科研机构有机集合。企业研发经费要有一定比例用于产学研合作，以强化技术引进与消化吸收的有效衔接，提高技术配套和自主开发能力。第三，要妥善处理合作各方的权利和利益问题。

专栏 7-5：日本创新模式：集成创新

日本国家科技创新政策的特点是"以科研体制改革为主线"，主要包括以下几点：

（1）执行"科技基本计划"。1995 年，日本颁布实施了新的《科技基本法》，对日本科技界产生了深远影响。在此影响下，日本开始了连续的、五年为周期的执行"科技基本计划"。1995 年至 2005 年，日本已经完成两期"科技基本计划"，主要内容包括：加强产学研合作；在大学或研究机构的技术种子或创意的基础上，促进新风险企业的创办；大幅度增加博士后奖学金名额，加大对年轻研究人员的支持；提高研究人员的流动性；增加竞争性研究资金,更加集中地使用研究资金;增加政府研发资源。

(2) 将国立研究机构改为独立行政法人。2001年日本执行"第二期科技基本计划",开始国立研究机构改革,主要措施包括:国立研究机构的法律地位变为独立行政法人,提高各机构在人员和财务管理方面的灵活性;取消研究机构雇员的公务员地位,使研究机构有充分的自由根据自身需要签订雇佣合同;允许研究机构接受私营部门的资助(以前是禁止的);改变主管省厅按年度来详细规定研究机构工作计划和预算的做法;主管省厅对独立行政法人定期评估,评估结果会影响到政府资源的分配。

(3) 国立大学法人化。2004年4月,日本开始国立大学独立行政法人化改革,具体措施包括:从法律地位上看,国立大学变为独立行政法人,不再是文部科学省的一部分;从政府资助经费总量看,国立大学从政府得到的资助总量没有显著的变化;从国立大学数量看,日本政府已明确表示未来会减少国立大学的数量,导致国立大学的合并(如医科大学并入缺少医学院的大学)。

(4) 增加竞争性研究资金。"第二期科技基本计划"规定5年内实现政府竞争性研究资金总量翻一番。2000年竞争性研究资金所占比例仅为9%,2003年提高到约18%。

(5) 确定四个优先领域和四个附加领域。生命科学、信息通信技术、环境和纳米技术/材料等四个优先领域约占政府研发总支出的45%;能源、制造技术、社会基础设施和前沿领域(空间和海洋)等四个附加领域占政府研发总支出的38%。此外,日本还制定了一系列措施以推动科研体制改革,如允许企业研究人员申请科研补助金;加强青年学者培养力度,每年培养一万名博士后等。

【资料来源:"日本创新模式:集成创新",铁流网 http://www.tieliu.com.cn/information/2007/200704/2007 - 04 - 28/20070428092849_47320.html】

第八章

引进消化再创新的制度安排

　　强调原始创新和集成创新,并不是全盘否定技术引进,而是强调在技术引进之后对技术进行深度的消化吸收,通过对原有技术的模仿和再创新,获得优先于原技术的新技术。这种引进消化再创新既是我国推进自主创新的重要内容,也是后发展国家实施技术追赶战略的必要途径。改革开放以来,我国开始大规模引进国外先进技术,有力地推动了产业技术的更新换代和产业结构的优化升级,大大提升了我国经济实力和综合国力。但是,由于种种原因,我国与日本、韩国等先进国家相比,我国在技术引进的方式和效益方面还存在较大的差距,这个问题亟需引起我们的高度重视。

自主创新的
制度安排

第一节 引进消化再创新的理论前提

所谓引进消化再创新，具体地说就是后发展国家为快速提高本国技术水平，在国际技术转移过程中通过各种方式从先进国家取得本国需要的先进技术和设备，并对引进的技术进行消化吸收、改进完善和再创新，获得有别于原技术设备的新技术、新设备，从而实现技术的跨越式发展。由于任何国家都不可能获得全部的技术资源和技术优势，所以技术引进是国际上技术交流的常态。对于技术资源缺乏且原始创新能力不足的后发展国家来说，大量引进技术并在此基础上进行模仿再创新，是缩短自身与发达国家的技术差距、实现本国技术进步和跨越式发展的主要途径。关于后发展国家通过技术引进实现本国技术进步的机理，国内外学者进行了广泛的研究，提出了一些有代表性的理论。

一、技术差距论

技术差距论是波斯纳（M. Posner）与胡弗鲍尔（G. C. Hufbauer）[①]于20世纪60年代提出的，他们认为，率先完成了技术创新的国家，不仅会取得技术上的优势，而且还会凭借其技术优势而在一定时期内在某种产品的生产上获取垄断地位，形成与未进行技术创新的其他国家间的技术差距，并且导致了该技术产品的国际贸易。但随着其它的技术领先国家也掌握了该项技术，国际市场出现激烈的竞争趋势，这种情况下，完成技术创新的那些国家可能会通过多种途径和方式进行技术转让。技术落后国家也会因该项技术（产品）在经济增长中的示范效应，或进行研究与开发，或

[①] 姜波："中国技术引进问题与对策研究"，哈尔滨工程大学2002年硕士学位论文。

第八章 引进消化再创新的制度安排

进行技术引进,最终也掌握该项技术,从而导致双方技术差距不断缩小。

许多学者都认同,正是不同国家间存在经济的、技术的差距,才出现了技术转移的出现。早在1954年,美国经济学家阿瑟·刘易斯就提出"二元经济结构"理论,认为发展中国家具有现代化的工业和技术落后的传统农业同时并存的经济结构①,为技术差距论提供了理论基础。迈伊耶也认为,技术存在二元结构。福尔泰德更证明了,技术是从"中心"(指发达国家)向"边缘"(指发展中国家)转移的,同时,"中心"即据此控制或支配了"边缘"。② 韩国学者金永镐则认为,由"中心"向"边缘"转移技术,有两种情况是必须考虑的,一种是技术上的差距,"中心"与"边缘"部分在技术发展阶段或技术体系上存在着差距,即技术供方("中心")所转让的技术与技术受方("边缘")需要的技术之间不相适应,这就是技术转移差距。另一种情况是人的差距,"边缘"部分由于技术人员、技术工人在质和量两个方面都严重不足,因而很难与"中心"部分转移过来的"外来技术"结合起来,这就就表明存在消化吸收的问题。技术转移的成效如何,并不仅取决于技术引进方的基本条件,还取决于技术提供方所提供的技术。③

二、需求资源理论

日本学者斋藤优1979年在《技术转移论》中,提出了需求资源关系理论,即NR关系理论。④ 他认为,一个国家发展经济及开展对外经济活动,受该国国民的需求(Need)与该国的资源(Resources)关系的制约,

---

① 安卫:"资本主义世界经济二元结构产生根源解析",《南开经济研究》1999年第2期。

② 王凤丽:"技术引进政策对经济增长的作用研究",天津财经大学2004年硕士学位论文。

③ 王凤丽:"技术引进政策对经济增长的作用研究",天津财经大学2004年硕士学位论文。

④ 杨坤:"论中国技术引进的机制",东北财经大学2001年硕士学位论文。

这种关系即 NR 关系。为了满足需求（N），就需要一定的资源（R）与之相适应。如果资源不足以满足需求，就会形成所谓的"瓶颈"，意味着 NR 关系出现了问题，必须设法解决，否则经济发展就会受挫。要解决 NR 关系的不适应，需要使用新技术，以此节约资本、劳动、原材料等，但新技术的发明单靠一个国家是远远不够的，这也是国际技术转移盛行的原因。在技术相对落后的发展中国家，要发展本国经济，一方面要重视技术创新，形成鼓励技术发明的机制；另一方面引进适宜新技术。由于各国都有独特的 NR 关系，所以也存在发达国家从发展中国家引进技术。原来不相适应的 NR 关系，经过技术创新和技术转移后，又会产生新的瓶颈，引起新一轮的技术创新和技术转移。整个世界经济就在这种不断的由不相适应到互相适应，又产生新的不相适应的循环中，技术水平不断地向更高层次发展。

三、后发优势理论

美籍俄裔经济学家格申克龙（Alexander Gerschenkron）在《经济落后的历史透视》一书中，对俄国、法国、德国、意大利、奥地利、保加利亚等国在 19 世纪的经济发展的特殊经验进行了比较分析，他指出："一个工业化时期经济相对落后的国家，其工业化进程和特征在许多主要方面表现出与先进国家（如美国）显著不同。"[1] 格申克龙认为，工业化前提条件的差异将影响发展的进程，相对落后程度越高，其后的增长速度就越快。他特别指出，后发优势是由后发展国家地位所致的特殊有利条件，这一条件在先发国是不存在的，后发国也不能通过自身的努力创造，而完全是与其经济的相对落后性共生的，是来自于落后本身的优势。[2]

---

[1] Alexander Gerschenkron: Economic Backwardness in Historical Perspecttve, Harvard University Press, 1962.

[2] Alexander Gerschenkron: Economic Backwardness in Historical Perspecttve, Harvard University Press, 1962.

第八章 引进消化再创新的制度安排

美国经济学家列维（M·Levy）从现代化理论角度[①]分析了后进国家与先进国家在经济发展前提条件上的异同，认为后发外生型现代化与早发外生型现代化的条件有着明显的差异，后发外生型现代化有五方面明显的优势：一是后发国对现代化的认识要比先发国在自己开始现代化时对现代化认识丰富得多；二是后发者可以大量采用和借鉴先发国成熟的计划、技术、设备以及与其相适应的组织结构；三是后发国可以跳跃先发国的一些必经发展阶段，特别是在技术方面；四是由于先发国家的发展水平已达到较高程度，这可使后发国对自己现代化前景有一定的预测；五是先发国可以在资本和技术上对后发国提供帮助。

阿伯拉莫维茨（M. Abramovitz）提出了"追赶假说"，他认为，一国经济发展的初始水平与其经济增长速度都是呈反向关系的假说。[②] 他认为，生产率水平的落后，恰恰使经济的高速发展成为可能。当然，阿氏所指的落后，与其说是处于一般性的落后状态，不如说是处于技术落后但社会进步的状态，才使一个国家具有经济高速增长的强大潜力。在一个特殊的阶段，经济追赶依赖于一些历史因素，它们限制或促进了知识的传播、结构的调整、资本的积累以及需求的扩张。鲍莫尔（William J. Baumol）在阿伯拉莫维茨追赶假说的基础上提醒人们注意，对贫穷的落后国家而言，其低下的教育水平和工业化水平使其不能有效利用技术差距以实现经济追赶。[③]

日本学者南亮进以日本为背景，探讨了日本的后发优势从产生到消亡的过程。[④] 他认为日本上世纪50至60年代的高速增长主要是从后发优势中受益。特别是日本在现代经济增长之前，或与现代经济增长并行，已经

[①] M. Levy, Modernization and the Structure of Societles: S Setrng for Intemational Relations. Princeton University Press, 1996.

[②] M. Abramjoritz: thinking about growth, cambridge university press, 1989.

[③] 郭熙保、胡汉昌："后发优势研究述评"，《山东社会科学》2002年第3期。

[④] 南亮进：《日本的经济发展》，经济管理出版社1992年版。

具有了阿伯拉莫维茨所说的很强的消化和掌握现代技术的能力，具体体现为丰富的人力资源、现代化的经营组织、发达的信息产业和装备产业，这是日本发挥后发优势、实现经济追赶的必要条件，从一定程度上印证了阿伯拉莫维茨的有关观点。他指出，以1970年代为转折点，随着技术差距的缩小或消失，日本依靠引进技术、实施追赶的机会日益减少，日本已经失去了所谓的"后发优势"。

伯利兹、克鲁格曼等（Brezis，Krugman）在总结发展中国家成功发展经验的基础上提出了基于后发优势的技术发展的"蛙跳"（Leap—Frogging）模型。① 它是指在技术发展到一定程度、本国已有一定的技术创新能力的前提下，后进国可以直接选择和采用某些处于技术生命周期成熟前阶段的技术，以高新技术为起点，在某些领域、某些产业实施技术赶超。它强调在技术发展变化的顺序上并不严格按照由简单到复杂的路径，可以跨越技术发展的某些阶段，直接开发、应用新技术、新产品，进入国际市场与先进国家进行竞争。"蛙跳效应"表明，先进与后进、发达与不发达并不是一成不变的，历史既有连续性、累积性，又有跳跃性和更替性，先发国与后发国是会兴衰交替的。当然，"蛙跳"也是有条件的，如发达国家与发展中国家之间的工资成本差距悬殊，新技术产生之初相对于旧技术缺乏效率，在旧技术中积累的生产经验对新技术用处不大，以及新技术最终能够带来巨大的生产力提高潜力等。显然，在大规模的产业革命中，上述条件就可能具备，而这恰恰是后进国家实现跨越式发展的契机。

在开放经济的条件下，商品和资本、技术、信息、劳动力等要素可以在全球范围内更加自由流动，后发优势的表现更加突出，影响更加深远。格罗斯曼和赫乐普曼（Grossman and Helpman）首先在开放经济条件下建立了经济增长的一般均衡模型，并且把一国技术转移、模仿和创新的动态

---

① Brezis, Paul Kruman, Tsiddon (1993): leap – frogging in international competition: a theory of cycles in national technological leadership, american economic review, 83.

过程内生化了。① 然而,他们仍然维持不同国家之间技术能力的差异是永久的外生变量的前提假定,因此他们的模型的结果是不同国家在技术模仿或技术创新两种角色之间将最终实现完全的分工化发展。

四、技术模仿理论

巴罗和萨拉易马丁(Barro and sala – I – Martin)假定一国进行技术模仿的成本是该国过去已经模仿的技术种类占现有技术总数量比例的增函数,也就是说,一国过去模仿的技术越多,其继续实行技术模仿的相对成本就越小。同时,他们也假定技术模仿的成本要比技术创新低得多,而某些国家(主要是发达国家)将在技术创新方面拥有其内在固有的优势。由此,他们的模型所导出的结论是通过技术的赶超,一国的学习能力将最终体现在其拥有的内在固定优势方面,并且各国在长期内将实现收入的趋同。②

范艾肯(R. Van Elkan)在开放经济条件下建立了技术转移、模仿和创新的一般均衡模型,他强调的是南北国家之间经济发展的趋同,即经济欠发达国家可以通过技术的模仿、引进或创新,最终实现技术和经济水平的赶超。经济落后的国家可以通过大量的技术模仿以缩小与发达国家之间的技术差距,提高本国的技术水平。从长远来看,不同经济起点的国家的人力资本的积累、生产能力以及经济增长速度将最终趋于收敛,各国在技术模仿和创新方面的回报率也将趋于一致。③

---

① Grossmna, G. M. and E. Helpman (1991): quality ladders and product cycle, quarterly journal of economics, 106.

② Barro, R. J. and X. Sala – I – Martia (1995): technlogical diffusion, convergence, and growth, national bureau of economic research, working paper series no. 5151.

③ Vanelkan, R. (1996): catching up and slowing down: learning and growth patterns in an open economy, journal of international economics, 41.

第二节 我国引进消化再创新的背景与发展阶段

一、我国引进消化再创新的意义

1. 做好引进消化再创新工作,是实现国家技术赶超与突破的前提

近现代以来,科技交流缺乏和技术上闭关锁国是制约我国科技发展的重要原因。改革开放以来我国科技发展取得了令人瞩目的成就,但高新技术研发基础仍然较为薄弱,需要根据自身的实际,引进先进国家的技术和设备,节约科研费用和时间,快速培养本国人才,在一个较高的起点上推进科技现代化进程。正如格申克龙所强调的,技术引进消化再创新能冷静观察率先创新者的创新活动,研究不同率先者的技术动向,向每个技术先驱学习,选择成功的率先创新进行模仿改进,避免大量技术探索中的失误,大大降低其技术开发活动的不确定性。同时,后发地区对有效技术的及时模仿、跟进和移植只需较短的时间,因而具有时间优势。比如,注重技术引进消化再创新,使日本的自主创新取得了巨大的成功。二战后,日本仅用66亿美元引进了外国用2000亿美元开发的技术,用15年的时间走完了先进国家50年走过的路。到20世纪70年代初日本就已经赶上了欧美,并在许多领域进入世界领先地位。"引进+消化吸收+创新"的模式使日本迅速实现了对技术输出国的超越,成为实现技术引进良性发展的典型范例。

2. 做好引进消化再创新工作,是促进我国经济快速增长主要途径

根据后发优势理论的提出和发展研究,技术引进消化再创新是促进后发地区经济快速发展的重要途径。后发优势理论表明,作为后发地区存在

着有别于先发地区的方式或途径来达到与先发地区同样发展水平或状态的可能性,即后发地区也存在着因其相对落后所拥有的特殊利益。这种益处既不是先发地区所能拥有的,也不是后发地区通过自身努力创造的,而完全是与其经济的相对落后性共生的,这种特殊利益既有技术性的,也有制度性的。格申克龙指出,后发国家工业化存在着相对于先进国家而言取得更高时效的可能性,后发国家在工业化进程方面也存在着赶上乃至超过先发国家的可能性。阿伯拉莫维茨提出的"追赶假说",伯利兹、克鲁格曼等提出的"蛙跳模型",都指出后发国家具有技术性后发优势,并讨论了后发优势"潜在"与"现实"的问题。巴罗和萨拉易马丁以及范艾肯等人又从计量经济学的角度,验证了经济欠发达国家可以通过技术的模仿、引进或创新,最终实现技术和经济水平的赶超。就我国目前的现状而言,完全可以在实现经济增长、经济赶超过程中,从实际出发、创造条件,通过引进、模仿、学习,充分发挥技术性和制度性的后发优势,从而实现地区经济高速增长。

3. 做好引进消化再创新工作,是提升自主创新能力的重要捷径

很多人将自主创新等同于自己创新。笔者认为自主创新中的"自主"一词主要强调的是"不依赖别人,不受别人控制",它并不含有不向别人学习的意思。目前有许多人把自主创新就等同于自己创新,认为自主创新就是完全依靠本国的力量,什么都从零起步,什么事都自己做,这种把自主创新与开放和引进外国技术看成是对立的关系的观点是错误的。自主创新不完全是自己创新,更不是关门创新,不是否定、排斥引进先进技术。恰恰相反,就目前的国情而言,引进消化吸收再创新更应该是我们自主创新的捷径,时间最省,成本最低。当年日本、韩国就是引进欧美的技术,通过消化吸收再创新迅速形成了出口的拳头产品。我国政府提出的自主创新应当是指在开放的国际国内环境下,在充分学习借鉴发达国家已有的科学技术成果基础上的自主创新。其实在我国在"十一五"规划中已经明确指出自主创新能力的提高主要体现在原始创新能力的提高、集成创新能力

自主创新的
制度安排

的提高和引进消化再创新能力的提高三个方面。

专栏8-1：铁路技术引进消化再创新取得重要成果

在党中央、国务院的大力支持下，经过铁路部门和相关企业历经4年的艰苦努力，以第六次大提速的成功实施为标志，我国铁路技术装备现代化已经取得了重大成果，集中体现在五个方面。

一是我们已经掌握了世界先进成熟的铁路机车车辆制造技术。经过艰苦努力，我们成功实现了这些技术的转让引进，使我国铁路装备技术一下子跻身世界先进行列。

二是动车组和大功率机车的核心技术已为我所有。高速动车组的总成、车体、转向架、牵引变流、牵引控制、牵引变压、牵引电机、列车网络控制和制动系统等核心技术，大功率电力机车的总成、车体、转向架、主变压器、网络控制、主变流器、驱动装置、牵引电机、制动系统等核心技术，大功率内燃机车的柴油机、主辅发电机、交流传动控制等核心技术，以及大量的配套技术，我们已经掌握。

三是实现了低成本引进。我们引进的动车组和大功率机车技术，价格比其他国家低得多，动车组比西班牙低14%、比韩国低20%，6轴大功率机车比欧洲同类产品市场价格低44%。之所以能够取得这样高的性价比，主要是我们充分利用了中国铁路巨大的市场优势，以及在铁道部主导下国内各企业的组合优势，再加上采取了灵活的谈判策略，实现了国家利益的最大化。

四是加快了我国机车车辆制造工业现代化步伐。在这次大规模的技术引进中，国内共有十多家机车车辆重点制造企业和几百家外围企业直接从中受益，实现了机车车辆制造水平的跨越，增强了市场竞争力，有力地推动了我国相关民族工业的发展壮大。

五是再创新工作已取得重要进展。在关键技术引进消化吸收与国产化取得阶段性成果的基础上，我们联合中科院和清华大学等科研院校，以项目为纽带，构建了产学研一体的技术引进消化再创新体系，着手进行再创新工作，目前已经取得重要进展。动车组方面，正在全力推进大编组动车组、卧铺动车组等自主创新工作，同时在时速200公里的技术平台上，自主创新研制的时速300公里动车组即将下线，将在京津、武广、京沪等客运专线上投用，成为未来我国高速客运的主力车型。大功率机车方面，在6轴总功率7200千瓦的技术平台上，正在组织实施牵引变流器、牵引电机、车体、转向架以及整车集成技术的自主创新，机车总功率可提高到9600千瓦，成为未来牵引货物列车的主力机型。

【资料来源："中国铁路技术引进消化吸收再创新取得重要成果"，人民网，http://finance.people.com.cn/GB/8215/55300/5781920.html】

二、我国引进消化再创新的发展阶段

1. 大规模技术引进阶段（1949年–1980年）

这个阶段，我国以国防基础工业和重工业工程建设为重点，大规模引进先进技术与装备。比如，20世纪50年代从前苏联和东欧国家成套引进先进技术装备，即根据国民经济恢复和"一五"建设的需要，国家确立了大力引进国外先进技术提高本国技术水平的方针；60年代从日本和西欧引进先进设备与技术，以156项工程为代表的2000项左右的技术和装备，重点集中在购买生产成套设备方面，以形成国防工业和基础工业生产能力为主；70年代从整个西方国家引进先进设备与技术，技术引进工作也出现了新的高潮，中国开始扩大从美国、前联邦德国、日本、英国、法国等国引进设备与技术的规模。

2. 以市场换技术阶段（1980年–2006年）

在技术引进方面，我国在经历了"以资金换技术"之后，上世纪80年代初，开始了"以市场换技术"的探索。遵循这一思路，《90年代国家产业政策纲要》明确指出，为了获取关键技术和设备，允许有条件地开放部分国内市场。其主旨在于以FDI（外商直接投资）提升民族经济的内在含量，即不断扩大市场开放，吸引更多的外商来华投资，引进更多的先进技术。"以市场换技术"的行业技术政策,在汽车行业主要表现为提出了对引进的技术及其转让的明确要求。在发电机行业,最为典型的是三峡工程的技术引进政策。我国政府主管部门曾专门为三峡工程规定了一整套技术引进的办法。在程控交换机行业,为发展国产局用交换机,国家规定从1995年1月1日起停止使用软货款购买进口交换机,从1995年4月1日起不再对进口程控交换机提供免税优惠政策;金融部门也出台了相关政策,对我国程控交换机行业的发展提供资金支持。在手机行业,主要涉及牌照、技术标准和国家鼓励的技术发展方向等方面。在计算机行业,主要涉及到税收减免,逐步放松进口管制,鼓励外商在中国投资计算机行业。"以市场换技术"的主要方式是通过技术合作、技术购买、合作生产、联合设计、共同投标、代工生产、出借牌照、设计外包、与供应商合作等方式来引进技术,兴办合资企业。通过技术合作等方式,我国的技术水平有所提高,在一些关键技术上取得了突破,技术人员得到一定锻炼,积累了相当的研发与生产制造经验。通过与国外企业及研发机构的合作与交流,我国制造企业在技术管理、生产流程设计、质量控制等方面受益匪浅。但在某些重要领域和核心技术的掌握方面,与发达国家先进企业仍有较大差距,且差距是全方位的,尤其是创新能力不足。

3. 引进消化再创新阶段(2006 – 现在)

随着我国改革开放的深化和国际经济政治形势的改变,我国"以市场换技术"的弊端日益显现出来,比如尽管外资转移技术的水平在提高,换来的虽比我国原有的技术先进,但实际上是世界上已进入成熟期、衰退期甚至是落后的技术,真正先进的技术并没有换来;由于我国一些行业在引进技术的过程中忽略了对其消化吸收,造成了严重的技术依赖现象,有的使用了"用市场换回的技术"却废掉了自己原来的技术,不仅市场让出去了,就连当初换回的核心技术也没有学到,最终被外资锁定在技术陷阱里。因此,2006年以来,我国大力推进自主创新发展战略,强调要对引进技术进行消化吸收再创新。主要体现在:加强引进技术的筛选,优先支持国家急需的先进适用技术成果的引进与产业化，克服引进项目只追求高和新、不注重适用性的现象。进一步完善对企业技术引进消化吸收的政策体系，尤其要大幅度增加引进技术消化吸收再创新阶段的资金收入，避免出现有钱买技术无钱搞消化吸收的现象，推动企业引进消化吸收再创新活动的深入开展。完善对企业引进消化吸收再创新的评价体系，把消化吸收再创新的成效作为引进成功与否的主要衡量标准，表彰消化吸收再创新成绩突出的企业、部门和单位。这些政策与措施的实施较大的推动我国技术引进消化再创新能力的提高，极大地促进了我国经济与科技的发展。

第三节 我国引进消化再创新的现状分析

一、我国引进消化再创新的基本政策

由表8-1可以看出，2006年以来，我国加强了引进消化再创新的制度建设，技术引进消化再创新引起了相关部门重视，有关技术引进消化再创新的法律法规逐步出台。特别是2007年，技术引进消化再创新列入了《中华人民共和国科学技术进步法》，并以法律的形式强制其执行，充分显示了政府推进引进消化再创新的决心和力度。在本章中，我们利用Rothwell和Zegveld的政策分析工具，对我国消化吸收再创新制度进行分析。总的来看，我国引进消化再创新政策主要包括以下几个方面的内容：

表 8-1　我国引进消化再创新政策（国家层面）

序号	法律法规名称	政策类别	出台时间	条款数
1	《中华人民共和国科学技术进步法》	法律	2007	2 条
2	《关于鼓励技术引进和创新，促进转变外贸增长方式的若干意见》	规范性文件	2006	若干
3	《中国鼓励引进技术目录》	规范性文件	2006	若干
4	《国家中长期科学和技术发展规划纲要（2006-2020 年）》	法规	2006	4 条
5	《＜国家中长期科学和技术发展规划纲要（2006-2020 年）＞若干配套政策》	法规	2006	6 条

1. 从供给层面制订政策为引进消化再创新提供制度支持

在这个层面中，根据政策的内容，Rothwell 和 Zegveld 的政策分析工具的解释和分类，我们把它分为资金支持、技术支持、信息支持和人力资源培养等四类。由表 8-2 我们可以发现，在供给层面中，我国对引进消化再创新还是较为重视的。比如在技术引进方面，由过去强调引进装备、设备、生产线等，转变为现在不仅要引进装备、设备、生产线，更重要的是要注重引进技术，增强技术创新能力。通过调整政府投资结构和重点，设立专项资金，用于支持引进技术的消化、吸收和再创新，支持重大技术装备研制和重大产业关键共性技术的研究开发。

表8-2 我国技术引进消化再创新供给层面政策

工 具	内 容
资金支持	通过调整政府投资结构和重点，设立专项资金，用于支持引进技术的消化、吸收和再创新，支持重大技术装备研制和重大产业关键共性技术的研究开发。
	采取积极政策措施，多渠道增加投入，支持以企业为主体、产学研联合开展引进技术的消化、吸收和再创新。
信息支持	建立和完善国际技术贸易公众信息服务系统。通过信息收集、政策咨询、发布技术资源和技术需求，帮助企业获取国际技术市场信息。
	培育、扶持一批高素质中介服务组织，为企业提供技术信息、市场调研、技术评估、专利检索、法律咨询等服务，弥补企业信息和专业人才的不足，防范风险，促进企业间的沟通与协调。
技术支持	进一步鼓励跨国公司在华设立研发机构，提高我国整体研究开发水平。鼓励跨国公司和国内科研机构、学校、企业等展开技术研发合作，鼓励外资研发中心的技术成果在国内进行产业化，鼓励外商投资企业对国有企业和民营企业转让技术。
人力资源培养	建立技术引进工作交流与培训制度。加强企业技术引进工作的信息交流，加强对技术贸易专业人员的指导和培训，培养一支既有专业技术知识又懂国际贸易的技术贸易骨干队伍。

2. 从环境层面制订政策为引进消化再创新提供制度支持

环境面政策工具指政府通过财务金融、租税制度、法规管制等政策影响技术发展的环境因素，为产业界进行技术创新提供有利的政策环境，间接推动技术创新和新产品开发。我国从环境层面制订了不少促进技术引进消化再创新的政策（见表8-3）。在这个层面中，根据政策的内容，Rothwell 和 Zegveld 的政策分析工具的解释和分类,我们把它分为财务金融、法规管制和策略性措施等。比如,《<国家中长期科学和技术发展规划纲要(2006－2020 年)>若干配套政策》第 27 条规定,凡由国家有关部门和地方政府核准或使用政府投资的重点工程项目中确需引进的重大技术装备,由项目业主联合制造企业制定引进消化再创新方案,作为工程项目审批和核准的重要内容,报请国家有关主管部门审批(核准)后实施。重大技术和重大装备的引进消化再创新方案须经有关部门联合组织的专家委员会进行咨询论证,明确消化和再创新的计划、目标和进度。将通过消化吸收是否形成了自主创新能力,作为对引进项目验收和评估的重要内容。将重大技术和重大装备的引进与消化吸收再创新计划捆绑在一起,以此来推动消化吸收再创新的实施。

表 8－3　我国技术引进消化再创新环境层面政策

工具	内容
财务金融	对引进先进技术和再创新提供必要的金融支持。政策性银行和商业银行可根据国家有关法规和政策要求,积极开展技术引进和消化吸收再创新的贷款业务。
	为企业在境外设立研发中心提供必要的金融和外汇政策支持,重点支持能利用国际先进技术、管理经验和专业人才的境外研发中心项目。
	研究建立完善创业风险投资机制,利用社会资金支持企业和科研机构引进前沿技术成果,并进行产业化,以利于企业掌握国外最新技术成果和核心技术,提高企业自主创新能力。

8-3 续表

法规管制	加强对技术引进和消化吸收再创新的管理。凡由国家有关部门和地方政府核准或使用政府投资的重点工程项目中确需引进的重大技术装备，由项目业主联合制造企业制定引进消化吸收再创新方案，作为工程项目审批和核准的重要内容，报请国家有关主管部门审批（核准）后实施。
	加强对引进技术工作的咨询和评估。重大技术和重大装备的引进消化吸收和再创新方案须经有关部门联合组织的专家委员会进行咨询论证，明确消化吸收和再创新的计划、目标和进度。将通过消化吸收是否形成了自主创新能力，作为对引进项目验收和评估的重要内容。
	鼓励引进国外先进技术，定期调整鼓励引进技术目录。对国内尚不能提供、且多家企业需要引进的重大装备，国家鼓励统一招标，引导外商联合国内企业投标；在进口装备的同时，应当引进先进设计制造技术，并支持国内企业尽可能多地参与分包和实现本地制造。
	实施促进自主制造的装备技术政策。针对国民经济、社会重点发展领域和重点工程，由综合经济部门牵头，并由使用部门和制造部门共同参与制定国家装备技术政策，积极推进重大装备的自主制造。国家和地方重点工程建设项目采用重大装备和技术，应符合装备技术政策。
	积极推进企业知识产权管理和保护工作。支持和鼓励企业为吸收和创新的技术申请国内外专利；积极为企业提供专利信息和知识产权法律服务，引导企业运用专利检索分析和专利申请等手段，自觉保护知识产权，提升运用知识产权制度的能力和水平。
	健全技术引进法律法规制度。政府主管部门应对现行法律执行情况进行调查研究，根据形势发展需要完善《中华人民共和国技术进出口管理条例》，研究制定《中华人民共和国技术进出口管理条例实施细则》，指导企业保护自身合法利益。定期调整《中国禁止进口限制进口技术目录》，限制进口我国已成熟和落后的技术；禁止或限制进口高能耗、高污染和已被淘汰的技术，限制盲目重复引进。
	健全技术引进综合统计制度。商务、外汇、海关、统计等有关部门加强协作，建立全口径技术进口统计分析和联网管理系统。
	限制盲目、重复引进。定期调整禁止进口限制进口技术目录。限制进口国内已具备研究开发能力的关键技术；禁止或限制进口高消耗、高污染和已被淘汰的落后装备和技术。

8-3 续表

策略性措施	支持产学研联合开展消化吸收和再创新。对重大装备的引进，用户单位应吸收制造企业、高等学校和科研院所参与，共同跟踪国际先进技术的发展，并在消化吸收的基础上，共同开展自主创新活动。在国家科技基础设施建设中，优先支持在重点产业中由产学研合作组建的技术平台，承担重大引进技术消化吸收再创新任务。
	根据国家产业发展方向和要求，重点支持若干具有市场潜力且在未来竞争中将取得优势的或对国计民生具有重大意义的技术。
	积极开展多双边技术合作。通过加强政府间及非政府组织、企业间交流与合作，突破发达国家的技术垄断，促进高新技术的引进；采取联合研究，合作攻关和对口交往等多种形式，扩大合作范围；拓展技术引进来源国，适应企业的技术需求引进不同层次的技术；利用多双边合作机制，为双方企业和科研机构间进行研发和技术合作牵线搭桥。
	鼓励和引导企业与跨国公司或发达国家技术先进企业建立战略联盟关系，参与跨国公司主导的技术研发活动。鼓励国内企业与外商投资企业开展技术配套，加速高新技术研发领域的国际化进程。
	充分发挥企业技术引进和消化创新的主体作用。鼓励企业自主引进先进适用技术，并与科研机构、高等院校开展吸收与创新的联合研究开发，或联合建立技术开发机构；支持大型企业或企业集团，利用现有资源，开展关键和共性技术的引进消化、吸收和再创新，并实现技术向中小企业的扩散。依托国家级经济技术开发区和国家级高新技术产业开发区的智力、信息、资金和政策资源，引导区内企业引进高新技术，实现技术创新。
	把国家重大建设工程作为提升自主创新能力的重要载体。通过国家重大建设工程的实施，消化吸收一批先进技术，攻克一批事关国家战略利益的关键技术，研制一批具有自主知识产权的重大装备和关键产品。

3. 从需求层面制订政策为引进消化再创新提供制度支持

需求面政策工具指政府通过采购与贸易管制等做法减少市场的不确定

性,积极开拓并稳定新技术应用的市场,从而拉动技术创新和新产品开发。在这个层面中,根据政策的内容,Rothwell 和 Zegveld 的政策分析工具的解释和分类,我们把需求面政策工具分为政府采购、贸易管制、海外机构几个方面。在这一层面,应该说,我国对引进消化再创新的贸易管制还是比较重视的,出台的政策也相对较多(见表 8-4)。

表 8-4 我国技术引进消化再创新需求层面政策

工具	内容
政府采购	对企业消化吸收再创新给予政策支持。对消化吸收再创新形成的先进装备和产品,纳入政府优先采购的范围。对订购和使用国产首台(套)重大装备的国家重点工程,国家优先予以安排。建立由项目业主、装备制造企业和保险公司风险共担、利益共享的重大装备保险机制,引导项目业主和装备制造企业对国产首台(套)重大装备投保。
海外机构	引导有条件的企业"走出去"。通过建立境外研究与开发机构,充分利用国外科技资源,跟踪学习世界先进技术,不断提高中国企业技术开发和创新能力。
贸易管制	国家财政、税务主管部门根据国家产业和技术发展需要,研究调整外国企业向境内转让技术获取的特许权使用费减征、免征所得税的范围。
	国家财政主管部门会同有关部门研究完善引进技术的税收政策,海关会同有关部门研究制定单独引进技术在进口环节完税价格的确定和征税办法,鼓励企业引进符合国家产业技术政策的专利技术、专有技术和先进管理技术,进一步优化技术引进的质量和结构。
	国家利用外贸发展基金支持企业通过引进技术和创新扩大出口。依据《技术更新改造项目贷款贴息资金管理办法》和《出口产品研究开发资金管理办法》等有关政策,支持企业引进先进技术、对引进技术进行消化吸收再创新和对外技术合作而进行的技术改造和研究开发。

二、我国引进消化再创新取得的成绩

1. 引进的规模迅速扩大

由表 8-5 可以看出，近年来，我国技术引进的规模呈现出迅速扩大的趋势。以大中型工业企业为例，1998 年，我国大中型工业企业技术引进经费只有 214.8 亿元，而 2007 年我国技术引进的经费达 452.5 亿元，十年间技术引进的支出增长了 1.1 倍。

表 8-5　1998-2007 年我国大中型工业企业技术引进与消化吸收经费支出

年　份	1998	1999	2000	2001	2002	2003	2004	2005	2006	2007
消化吸收经费	14.6	18.1	18.2	19.6	25.71	27.1	54	69.4	81.9	106.6
技术引进经费	214.8	207.5	245.4	285.9	372.5	405.4	367.9	296.8	320.4	452.5
消化吸收与技术引进经费支出之比	1:15	1:12	1:14	1:15	1:15	1:15	1:7	1:4.3	1:3.9	1:4.2

数据来源：《中国科技统计年鉴（2008 年）》。

2. 消化经费加速增长

1998 年，我国大中型工业企业消化吸收经费支出只有 14.6 亿元，2007 年我国大中型工业企业消化吸收经费支出达 106.6 亿元，十年间增长了 6.3 倍，快于大中型工业企业技术引进支出的增长速度（见表 8-5）。

3. 内资企业成为引进消化再创新的主体

由表 8-6 可以看出，内资企业是引进消化再创新的主体。以大中型工业企业为例，2007 年，内资企业技术引进经费达 234.02 亿元，高于"三资"企业技术引进经费支出；2007 年，内资企业消化吸收经费支出是 81.18 亿元，也高于"三资"企业消化吸收经费支出。2007 年，我国大中型工业内资企业消化吸收与技术引进经费支出之比1：2.9，远远高于"三资"企业（1：8.6）。但是，尽管私营企业的技术引进与消化再创新的规模较小，但私营企业对引进技术的消化再创新最为重视，2007年大中型工业中，私营企业消化吸收与技术引进经费支出之比1：1.2。

表8-6 2007年大中型企业技术引进经费按企业类型分布

	技术引进经费支出	消化吸收经费支出	消化吸收与技术引进经费支出之比
内资企业	234.02	81.18	1：2.9
私营企业	12.18	9.77	1：1.2
国有控股企业	202.84	55.04	1：3.7
三资企业	218.44	25.44	1：8.6

数据来源：《中国科技统计年鉴（2008年）》。

4. 引进消化再创新在部分行业和企业中取得一定成效

在大规模技术引进的同时，我国又加强了对引进技术的消化再创新的推动。引导企业把引进技术和消化结合起来，组织实施了一批重点项目，突破了一批制约行业发展的关键和共性技术。加快了我国产业技术升级步伐。以下是我国几个企业引进消化吸收再创新的几个成功案例。

专栏8-2：引进消化再创新的几个成功案例

1. 京东方：通过跨国并购，整合国际资源，实现技术跨越

（1）在跨国收购中，选准收购对象，采用灵活融资方式，全盘收购国外企业；

（2）在消化吸收中，采取融合策略深入吸收技术成果，引入外籍人才，打造本土研发体系，避免本土人才缺乏。目前，京东方已形成了外籍

(专家)雇员和本地技术团队相结合的完整的本地产品技术研发团队,满足了企业经营和发展对技术的需求。

(3)政府在京东方的消化吸收、再创新中的作用功不可没。首先,政府全力支持京东方的收购行动,无论是项目审批还是股票增发等都给予积极支持。此外,还以对外合作补助和政策贴息的方式给予资金支持。

2. 联想集团:通过跨国并购,实现国际化,打造世界品牌,提高研发、管理能力

(1)联想敢为天下先,通过跨国兼并,建立全球研发体系,加强资源整合,完成了从土生土长的中国品牌到全球知名的世界品牌,从一个只会管理中国市场的企业到全球运营的跨国公司的转变。在跨国并购中,以小搏大,实现产业链的完整收购,打造国际化的快速通道;

(2)在消化吸收中,整合全球资源,维持人员稳定,建立全球研发体系;

(3)在发展创新中,整合全球营销网络,加强管理创新,打造世界品牌。

3. 北京第一机床厂通过跨国并购,整合国内外研发资源,提高技术能力

(1)在跨国并购中,获取核心技术和国际品牌,获取进军全球市场的快速通道;

(2)在消化吸收中,通过保持国外研发人员稳定,加强技术学习和人员培训,加强加强产品合作开发和联合设计以及建立技术共享机制等,迅速提高自主创新能力;

(3)在发展创新中,整合全球资源,实现研发和制造的合理布局,提高全球影响。主要包括协同采购、协同服务体系、协同销售等,充分利用科堡公司品牌,提高公司产品在全球价值链中的地位;

(4)充足的后续投入,为多个具有自主知识产权、世界先进水平的新产品的开发提供了保证。

4. 至柔科技：留学人员携带技术归国创业，利用国内国外两个平台，促进产业发展

（1）在技术引进中，加拿大未来技术公司以技术入股。通过这一策略，公司创始人可以顺利地使用该技术，在此基础上进行创新，从而防止了专利争论。在自主创新中，实验环节外包，设备与技术打包出售共同开拓市场。

（2）在消化吸收中，基于留创人员优势，降低消化吸收难度并对现有技术进行二次创新。

（3）政府支持。如中关村管委会为企业提供了"创业专项资金"，一定程度上支持了企业的生存，从而为后续研发创造了可能。

（4）为了广泛开拓木塑材料的市场，采取设备与技术打包出售方式，迎合生产市场的需求，提高了整个行业的生产规模与技术水平，促进了产业发展。

【资料来源："北京市技术引进消化吸收与再创新的典型案例研究"，http：//www.plansky.net/details.php nid=1217&p=1】

三、我国引进消化再创新存在的问题

1. 重引进、轻消化致使我国对外技术依赖加深

一直以来，在我国的技术引进中存在严重的重引进、轻消化问题。2007年，我国技术引进的经费投入是452.5亿元，而用于消化吸收的经费为106.6亿元，技术引进与消化吸收经费的投入比例是4.2：1。与国际相比，我国对引进技术消化吸收远远不够，日本技术引进与消化吸收经费支出支比是1：7，韩国技术引进与消化吸收经费支出支比是1：8。引进技术的消化吸收与二次创新是技术引进成功与否的重要条件。引进技术的目的在于促进本国技术水平的提高，而不是外资企业的技术进步。技术引进后是否能够及时有效地消化吸收与再创新，形成有本国特色的技术成果，是决定技术引进是否能有效推动本国技术水平迅速提高的唯一途径。但是，

多年来，囿于自主创新的不确定性、高投入、高风险等特点，国内不少企业只注重引进技术，忽略自主开发，"大钱搞引进，小钱搞改革，没钱搞消化。"导致对引进技术的消化吸收和自主创新方面的投入严重不足，陷入了"引进→落伍→再引进"和对国外技术过度依赖的双重恶性循环之中。

2. 重硬件、轻软件导致我国自主创新能力不足

长期以来，我国在技术引进和吸引外商投资过程中存在的一个普遍现象就是"重硬轻软"，集中表现为在技术引进中，主要以成套设备引进为主，以软件技术和其他方式为辅。从表面上看，近年来这种局面有了一定的改善，数据显示，2007年，我国技术引进中成套设备关键设备和生产线只占17.1%，但事实上，在2007年技术引进额中有相当部分是以外资企业技术引进的技术费出现的，本国民族企业"软件"技术引进额仍然很低，硬件技术引进额占本国民族企业技术引进总额的仍然较高，本国企业重"硬"轻"软"的现象没有得到根本改变。这在很大程度上降低了我国技术引进的成效，导致我国企业的自主创新能力始终不足。

3. 重技术引进、轻研发资源投入引起企业技术消化吸收创新能力不足

技术引进消化吸收再创新，除了引进先进技术外，更重要的是企业要有消化吸收再创新的能力与动力。长期以来，我国研发与企业生产相脱节，R&D资源投入不足，企业关键技术自给率低，导致企业技术消化吸收再创新能力严重不足。企业创新资源是技术创新的重要保障，它在很大程度上决定着企业技术引消化吸收再创新的成败。据统计，2007年，我国3.6万多家大中型工业企业拥有研发机构的只占24.3%；2007年大中型工业企业R&D经费仅占销售收入的0.81%，而发达国家大多数企业至少把销售收入的5%投入到R&D中；2007年，在我国发明专利申请中，外国企业申请量占53%以上，在一些高技术领域，关键技术的发明专利申请基本

上被国外企业垄断。①

4. 重数量、轻质量使得技术引进水平较低

长期以来，我国部分企业偏重短期效益，进口设备的总体技术水平不高，技术引进结构不合理。受经济增长方式和产业结构及发展水平的制约，以及发达国家的技术出口限制，我国企业进口的设备总体技术较低，有些企业引进的虽然是已经成熟的技术，但不利于消化吸收和再创新，这样的技术往往也容易被淘汰。以汽车工业为例，我国汽车工业引进的技术达到20世纪80年代水平的占30%；开发的换代产品达到80年代技术水平的占30%；技术落后的产品占40%。轿车的关键生产技术始终控制在外方手中。本国汽车企业只能占领部分附加值较低的中低档轿车市场，而附加值较高的中高档轿车市场皆为国外品牌的轿车所占有。在汽车行业研发方面，上海大众汽车虽与通用汽车合资建立技术开发中心，但至今为止，尚难有效运作，技术溢出效果也不明显。②

四、我国引进消化再创新的制度缺陷

由上文可以看出，我国技术引进消化再创新的的制度与政策体系仍存在诸多问题。主要体现在以下几个方面：

1. 缺乏统一的政策和管理，引进技术的消化吸收和再创新能力不强

近年来，中央及地方政府不断加大企业引进消化再创新的政策支持力度，包括通过税收政策、优先采购、优先予以安排等措施，对企业引进消化再创新给予政策支持。但是，由于长期以来没有把自主创新放在主导地位，我国对技术引进缺乏统一和明确的规划，技术引进缺乏权威统一的宏观管理体系和协调运行机制，特别是未能在技术引进的不同发展阶段制定明确而统一的国家技术引进战略计划以及与之相配套的消化吸收、技术开发和技术创新政策，导致引进技术的消化再创新缺乏宏观调控，企业对引

---

① 数据来自于《中国科技统计年鉴（2008）》。
② 柏振忠："我国技术引进效率存在的问题探析"，《理论月刊》2007年第8期。

进技术的消化吸收和再创新都处于无政府状态。在技术引进工作中缺乏一个统一的有权威性的宏观管理体制和成熟的技术引进政策环境,许多立法还只是行政法规、规章乃至政策文件,可操作性不强,权威性不高,缺乏应有的法律约束力,不能较好地协调和管理技术引进,导致众多重复引进和低水平引进现象的发生,国内企业之间形成恶性竞争,并且使得资金过于分散,规模经济效益差。同时,与引进消化再创新密切相关的一些领域,如风险投资、科技投入等,也需法律调整。

2. 相关政策内容不具体,可操作不强

近年来,我国先后出台了较多关于引进消化再创新的政策,虽然这些政策与国外一样对引进技术都有注重消化收的政策导向,但国外的规定更严格,要求更具体。比如:如日本对技术引进内容有明确的规定,引进零部件能解决问题的就不引进单机,引进单机能解决问题的就不引进成套设备。日本审批的标准是"一号机进口,二号机国产,三号机出口"。相比之下,我国现行政策对重复引进仍然没有一个清晰的界定和普遍的共识。又比如,韩国为了引进先进技术,增强本国消化吸收再创新能力,韩国政府规定不允许企业完整引进生产线,而只允许引进关键技术,然后进行消化吸收再创新。韩国政府规定,凡是计算机、材料工程、遗传工程、信息通讯等产业的技术引进,企业必须留有同等的消化吸收的经费。而我国无论是国家和地方的法规都没有对消化吸收创新有这么严格的规定。只是有一些引导性政策出现,比如:规定"利用国家财政性资金和国有资本引进重大技术、装备的,应当进行技术消化、吸收和再创新"(见《中华人民共和国科学技术进步法》)。"支持大型企业或企业集团,利用现在资源,开展关键和共性技术的引进消化、吸收和再创新,并实现技术向中小企业的扩散"(《关于鼓励技术引进和创新,促进转变外贸增长方式的若干意见》)。由于我国政策措施宏观性太强,企业对政策条款关注的比较少,具体操作层面上由于政策措施办理手续繁杂,享受政策的成本高,致使政策措施的实施往往缺乏有效性。

3. 政策制订滞后，难以适应形势发展

与日本和韩国相比，我国技术引进和消化再创新的政策出台较为滞后。比如，从20世纪60年代起，韩国就先后颁布了《科学技术振兴法》（1967）、《工业技术开发促进法》（1972年）、《特定研究机构扶持法》（1973年）、《技术评估法》（1973）等一系列法律，这些政策的制订为技术引进和自主创新提供了制度保障。比如：韩国政府早在1968年就对引进技术的消化吸收资助总费用的19%。韩国政府不允许企业完整引进生产线，而只允许引进关键技术，然后进行消化吸收再创新。反观我国，直到最近几年技术引进政策才由过去强调引进装备、设备、生产线等，转变为现在不仅要引进装备、设备、生产线，更要注重引进技术，增强技术创新能力的政策导向。我国直到2006年以后才逐步制订了促进技术引进、消化再创新政策。而且，由于技术政策的配套性较差，使技术引进和进一步自主创新受到阻碍。要保证这些政策实施的有效和高效，还需要中央和地方加强政策的实操性和给予恰当的制度安排。

4. 政策优惠影响偏小，"造血"功能亟待加强

从企业对近几年出台的一些关于引进创新的政策的反响来看，企业大多关心的是税收和金融扶持政策，而对其它优惠条款关注较少。但是，与韩国与日本等国相比，我国的优惠程度仍然不够，优惠面仍有待拓宽。比如，日本政府通过制订实验研究机械设备与新技术企业机械设备特别折旧制度，扣除实验研究经费的税额制度等，对企业引进技术消化再创新进行间接投资。韩国企业引进技术支付的各种费用（包括专利权使用费）在5年内均可免税等；企业所属研究开发机构的引进技术消化吸收研究试验设备的投资，按购置价款的50%（国产器材为70%）实行加速折旧；韩国"技术准备金制度"规定，企业可按收入总额的3%－5%提留技术开发准备金，在投资发生前作为损耗计算，自提留之日起3年内使用；韩国政府还采用风险投资方式帮助企业承担引进风险，向对引进技术进行消化吸收的企业提供长期贷款和税收优惠，尽量满足引进技术企业消化吸收的需

求。与韩国与日本相比，我国政策造血功能仍有待加强，如我国鼓励政策性银行和商业银行积极开展技术引进和消化再创新的贷款业务；研究调整外国企业向境内转让技术获取的特许权使用费减征、免征所得税的范围；研究完善引进技术的税收政策，等等。这些政策有的还停留在文件的层面，没有具体实施，收效自然不大。

5. 企业缺乏创新机制，再创新的经济政策体系还不完善

目前，我国企业创新机制仍然不健全，再创新的制度建设仍不充分。表现在以下三个方面。首先，企业产权制度不清晰。现行行政管理体制使我国的技术引进在很大程度上成了政府行为而非企业行为，其结果是技术引进缺乏经济分析，过时技术、不适用技术大量被引入；由于企业内部产权制度不明晰，技术引进的最终决策者和主要投资者没有承担相应经济责任的约束，致使企业往往偏重于短期利益回报，而在技术引进后对技术的消化吸收方面的投入很低，导致技术得不到扩散，技术引进达不到预期的功效。其次，知识产权保护制度体系不健全。完善的知识产权保护制度是保障自主创新过程的最基本层面。我国自改革开放以来，基本建立健全了符合国际通行规则、门类比较齐全的法律法规体系，先后公布实施了商标法、专利法、著作权法、反不正当竞争法、计算机软件保护条例等知识产权方面的法律法规。但是，在知识产权的保护当中还存在很多的问题，比较突出的是：违规成本较低和监管不力，知识产权意识与知识产权制度在整体上产生脱节，等等。第三，没有建立起相对完善的科技投融资体制，对技术引进消化再创新形成了较大的制约。风险资金规模较小，投资能力弱，风险资本缺乏合格的投资主体，现有的创投机构在抵御风险能力、投资风险意识和化解风险经验等方面，远远满足不了企业开展引进、再创新和发展高技术产业的需要。

第四节 我国引进消化再创新的制度安排建议

一、完善政府的规划引导与宏观管理

1. 制定切实可行的技术引进规划

根据各地经济发展战略和产业政策、科技政策,合理确定技术引进的战略目标、重点,并根据各地实际制定切实可行的技术引进具体规划。在确定技术引进策略和项目时,必须充分考虑行业特点和区域优势。

2. 突出重点抓好重大项目的引进与消化再创新

有关部门要突出重点,集中精力抓好关系到本地区总体技术水平和竞争能力的技术,特别是重点产业、重大项目的引进。政府对这一类引进技术要重点进行扶持。侧重扶持有市场竞争优势的前沿企业,扶持对本地区经济有重要影响的支柱企业,扶持在高新技术领域有广阔潜力的朝阳企业。对于一般性的技术引进项目,应实行政府统一指导下的分散决策。制定政策,鼓励企业引进先进技术,提高国际竞争力和技术水平。

3. 要加强技术引进的宏观管理,保证企业通过技术引进进入自主创新良性循环

目前政府对技术引进的管理比较凌乱。各地发改委、经贸委、外经贸厅、科技厅等部门都具有管理技术引进某一方面工作的职能,形成了技术引进多头管理的局面。为了防止多头引进与低水平重复引进,建议打破现有技术引进管理构架,建立并运行全新的管理机制,同时把技术引进的前期论证纳入到技术引进管理中,增强引进管理的针对性。在技术引进管理上,要强化宏观调控的力度,加强协调统一,加强对技术引进的宏观导向

和重大引进项目的审批,打破地方分割或条块分割的局面,克服因地方利益、部门利益、个人利益和为追求"政绩"而产生的重复引进、盲目引进和低水平引进的现象。

4. 要提高政策法律支持引进消化再创新的有效性

先是要完善鼓励企业引进消化再创新的政策法律,如进一步建立与完善税收、金融等一系列激励企业技术引进和技术创新的方针政策;通过实行政府采购,保护知识产权,促进创新要素的流动,调节各创新主体之间的关系;加强立法工作,通过完备的法制规范、鼓励高科技企业的引进消化再创新,为高科技企业的技术创新提供有力的支持与保护。更重要的是要提高政府鼓励企业引进消化再创新政策的成效。要加快政策激励机制的完善,加快配套政策的制订,不断加强开放式的公共信息平台建设,以畅通政策信息渠道;通过实行"一站式"的管理模式,简化政策措施办理手续,以降低享受政策的成本;加强有关职能部门的执行力度,使得政府的政策措施能够得到有效执行。

二、加大并落实对引进技术消化再创新的财税优惠政策

1. 将现有支持引进技术消化再创新的财政政策落到实处

目前我国制订了支持企业引进技术的消化再创新政策,必须尽快制订相关的配套文件落实。要进一步优化投入方式,通过财政贴息、投资补贴、项目补助、前期共性开发投入等方式,引导社会资金,逐步形成多元化、多渠道的消化吸收再创新体系。切实保障重大科技专项的顺利实施。省市财政要重点支持已列入国家及省重大科技专项计划的研发。完善财政科技资金绩效评价制度。逐步建立财政科技经费绩效评价指标体系与面向结果的追踪评价机制,根据绩效评估指标调整项目预算拨款。

2. 完善金融支持政策对技术引进消化再创新的支持力度

首先,落实国家政策,引导政策性银行对我国引进技术消化吸收项目提供贷款,对高新技术企业发展所需的核心技术和关键设备的进出口提供

融资服务，鼓励政策性银行发行专项用于消化、吸收的投资债券。二是制订有力措施，鼓励商业银行加大对技术引进消化再创新的信贷支持。有关部门要组织高科技企业和重大技术引进项目与银行部门的银企对接与银企合作。三是加快发展创业风险投资。建立完善创业风险投资机制，利用社会资金支持企业和科研机构引进前沿技术成果，并进行产业化，以利于企业掌握国外最新技术成果和核心技术，提高企业自主创新能力。四是对于承担消化、吸收和国产化工作的企业，可以优先进行市场化融资，包括股票上市、国际融资等。

3. 落实政府对消化吸收再创新产品政府首购制度

目前我国政府规定："消化吸收再创新形成的先进装备和产品，纳入政府优先采购的范围"。"将通过消化吸收是否形成了自主创新能力，作为对引进项目验收和评估的重要内容"。这是非常有利的政策，同时，结合重大工程项目建设，实行首件政府采购并给予优惠的价格、信贷及预付款支持。不断完善政府采购目录和国内产品优待采购制度。改进政府采购评审标准和评审方法。适当降低对引进技术消化再创新产品在技术先进性和稳定性方面的要求，给予企业必要的技术过渡期。建立货物原产地认定制度和购买外国产品审核制度。结合进口目录管理，按照 WTO 相关条款，区别情况，给予国内产品必要支持。

4. 加大对技术引进消化再创新的税收优惠政策

目前我国制订了一些引进先进技术的税收政策，优化技术引进的质量和结构，要进一步制订配套执行政策以保障政策的落实。最重要的是，必须加紧制订技术引进消化再创新的税收优惠。目前，我国中央一级政府还没有制订促进消化吸收再创新的税收优惠政策，我国应加紧这方面政策的制订。比如：消化吸收再创新项目可从所得税中扣除若干比重的成本；从所得税中扣除若干比重的消化吸收专项资金，等等。

三、培育引进消化再创新的主体及中介组织

1. 大型企业集团要成为技术引进与消化再创新真正主体

大型企业和企业集团是引进技术的主体。要依托这些大型企业现有的生产科研联合、专业化配套体系,解决产业性的主导技术、关键技术、基础技术和高新技术的引进消化、吸收、创新,并将这些技术向中小企业扩散。

2. 引导中小企业的技术引进与消化再创新力度

大多数中小企业的技术引进实行国家统一政策下的分散决策。政府要对其加强指导、服务、支持和协调工作。在政策上鼓励中小企业联合建立开发机构,鼓励中小企业与研究开发机构合作进行开发,充分发挥现有国家工程中心的服务功能,加速中小企业的技术进步。

3. 建立行业技术引进与创新协会

协会要加强对国外技术研究的追踪和对国内条件的分析,负责对行业技术引进与创新的指导与协调工作,最大程度地减少技术引进的盲目性、重复引进和低水平引进。由该协会建立一个完备的信息系统,公布国家和地方对技术引进的政策法规(鼓励、限制和禁止的引进技术目录)和近期技术引进动态,国内外行业技术概况等内容,全面反映国家和地方技术引进的具体情况。同时,应从政策、法规等方面促进技术转让等中介组织的建立和完善。要加强中介组织的管理,建立规范的中介服务程序。对于进行中介服务的人员要有一定考核标准。

四、强化引进消化再创新的配套经济政策建设

1. 完善以企业技术中心为重点的技术创新体系,提高企业自主创新能力

支持企业建立、健全不同形式的技术开发机构。加速形成有利于技术创新和科技成果转化的有效运行机制。企业技术中心要加强自身建设和机制完善,加快形成具有自主知识产权的核心技术和核心产品的开发能力。形成一

批接近国际或国内一流水平的企业、行业或区域创新基地。重点企业普遍建立市级以上企业技术中心。在大中型企业中，积极鼓励建立以技术中心、博士后工作站为核心的技术创新体系，推进技术创新中介服务机构的改革和发展。在中小企业，则通过建立技术创新社会服务体系，加快培育和发展社会中介组织，以产学研联合为纽带和支撑，促进高校、科研院所的科技成果在中小企业转化并实现产业化，以此推动中小企业的技术创新和技术进步。由此，形成了一个完善的以企业为主体的技术创新体系。

2. 坚持制度创新，使企业真正成为技术引进的主体与技术创新的主体

没有现代企业制度，产权不明晰，企业的技术引进行为必然是短视的，就不可能引进投资大、短期见效慢而有长期利益的技术项目。目前，我国一些地方相继出台了关于国有企业的创新激励措施，比如：广州国资委于2008年5月出台了《关于大力推进市属国有企业自主创新工作的实施意见》，规定将加强自主创新的长效激励与考核，把企业自主创新能力建设列入经营者经营业绩考核指标体系，积极探索采取股权（份）奖励、股权（份）出售、技术入股等方式对经营者和技术、业务骨干予以激励，增强创新收益分享机制，必须把引进技术的消化吸收再创新纳入考核体系。没有出台这些措施的地区必须出台相关政策，已出台相关措施的城市也必须加快落实该政策，并形成完善的监督与绩效评价机制。

3. 完善知识产权保护体系

按照行业和领域特点编制并定期发布应掌握自主知识产权的关键技术和重要产品目录，各类科技计划和建设投资要对列入目录的技术和产品研制、专利申请、标准制定、国际贸易和合作等方面予以支持。大力培育知识产权市场体系，加速发展知识产权中介服务市场。政府建立知识产权信息服务平台，为各类企业提供知识产权信息查询及服务。支持企业自主制定和参与制定国际技术标准，积极推动省级标准和企业标准成为国际标准。加强国际技术标准和技术法规研究，努力突破国际贸易中的技术与标准壁垒。

五、注重国际技术合作与国内产学研合作

1. 完善技术引进消化再创新的产学研合作机制建设

建立配套政策，落实技术引进消化再创新的产学研合作政策，产学研合作引进消化再创新项目优先立项。突出企业在产学研合作中的主导作用。建立以企业为主导、以项目为纽带、以园区（基地）为载体、以机制创新为保障的产学研合作体制。努力构建优势互补、互利共赢、务实高效、开放灵活的产学研合作新机制，不断充实产学研合作的内涵，扩大合作领域；通过企业内建立外来专家工作站、委托开发、协议联合开发、成果转让、股份合作项目开发、技术人员交流等多种方式，实现产学研联合创新。

2. 加强国际技术合作

建立重点技术引进目录，有重点地实施一批重大技术引进项目。紧紧围绕自主创新目标，有步骤、有选择、有重点与国外高水平的设计公司、咨询公司、科研机构和企业开展联合设计、联合制造和联合投标，通过国际合作提高引进技术的消化再创新能力。加大对境外高水平专业技术人才和技术管理专家的智力引进力度，降低技术引进成本，提高技术引进的成功率。充分利用海外华人众多、科技人才密集的优势，积极争取海外华裔工程技术专家参与我国重大技术引进和智力项目建设。

专栏8-3：技术引进消化再创新的成功案例

举世瞩目的"三峡工程"不仅工程总量和装机容量位居世界第一，而且是当今世界技术水平最高的水电工程。更为重要的是三峡工程充分发挥国家重大工程对技术创新的带动作用，形成了引进消化再创新的"三峡模式"，成功实践了中央提出的"走中国特色自主创新道路"，实现了我国水电装备技术水平和自主创新能力的新跨越。

捆绑招标和技贸结合开辟技术引进新途径。三峡工程设计安装26台70万千瓦特大型水轮发电机组，而当时我国只有设计制造32万千瓦水轮

第八章 引进消化再创新的制度安排

发电机组的能力,远远落后于世界先进水平。为此,国家于1996年6月宣布三峡左岸电站14台70万千瓦机组一次性进行国际招标采购。巨大的市场需求使三峡机组国际招标成为世界水电装备技术最高水平展示和较量的舞台,达到了选择当今世界最先进技术和装备的目的,探索了一条提高技术引进水平和层次的新途径。

"三个必须"确保核心技术完全转让到位。在引进的过程中,坚持以我为主,把引进技术摆在比引进装备更重要的位置。在招标文件中明确提出"三个必须":投标者必须同意与中国制造企业联合设计、合作制造,并对供货设备的技术和经济负全部责任;投标者必须向中国制造企业全面转让核心技术,培训中方技术人员;中国制造企业分包份额不低于合同总价的25%,14台机组的最后两台必须以中国企业为主制造。在合同的执行过程中,通过合同中的经济约束条款,根据技术转让的进程和执行情况分期支付技术转让费,保证了核心技术完全转让到位。三峡工程左岸14台机组合同执行结果是:国内制造份额达到50%以上,后4台机组由哈尔滨电机厂和东方电机股份公司为主制造,投产后各项运行指标均达到设计要求。

坚持引进技术的消化再创新显著提升我国水电产业整体技术水平。三峡工程从引进之初就重视消化吸收再创新。国内技术受让方的哈电和东电向国外合作伙伴派出了最强技术力量,全过程参加机组的设计、制造、安装和调试,在国外先进技术的高起点上,在较短时间内形成了自主创新能力:配置了一批国际精尖加工设备,使加工检测达到数控化、精密化和集成化;完全掌握了特大型机组整体设计与制造的核心技术和关键工艺;形成了水轮机水力设备、定子绕组绝缘、发电机蒸发冷却等具有自主知识产权的核心技术,在水轮机高水头稳定性上有了较大的技术突破;培养了一批素质高、业务精的技术骨干;直流输电设备、主变压器、电站及梯调计算机监控系统等重大装备也不同程度地提高了自主创新能力。

政府引导和企业为主是实现"三峡模式"的有力保障。国家高度重视引进国外先进技术和关键设备，在三峡工程建设之初，就做出了"技贸结合、技术转让、联合设计、合作生产"的重大决策，明确提出了依托三峡工程，在引进技术和装备的基础上消化吸收实现自主创新，全面提升我国机电装备制造业自主发展能力和水平。国家通过技改计划，投入近8亿元资金支持哈电和东电进行技术改造和升级，形成了以企业为主体，科研、设计和制造相结合的技术创新体系，推动我国水电建设和产业发展跃居世界先进行列。

【资料来源："技术引进消化再创新的成功范例"，http：//kjs.mofcom.gov.cn/column/print.shtml/d/200601/20060101405434】

第九章

自主创新研发阶段的制度安排

　　完整的自主创新活动链条是一个从研发阶段到孵化阶段（中试）再到成果市场化的演变过程，研发阶段是自主创新活动的起点，对自主创新研发阶段进行合理的制度安排是确保整个自主创新活动顺利开展的关键一环。国际上通常采用研发活动的规模和强度作为衡量一个国家或企业的科技实力和核心竞争力的指标。

自主创新的
制度安排

第一节 自主创新研发阶段
的内涵及其特点

一、自主创新研发阶段的内涵

研发（research and development，简称 R&D）也叫"研究与开发"、"研究与发展"或"研究与试验性发展"，是科学研究与技术开发活动的统称。经合组织（OECD）将研发定义为："是一个在系统基础上的创造性工作，其目的在于丰富有关人类、文化和社会的知识宝库，并利用这一知识进行新的发明"。① 当代中国词库上将研发解释为："指政府、企业或其它非盈利性组织所进行的基础研究与应用研究以及把研究成果推广应用于新产品、新工艺和新技术开发的一种活动，一般把一项科技成果研究成功到新产品试制成功这一阶段叫研究与发展阶段"。②

自主创新研发阶段按其活动类型，可分为基础研究、应用研究、试验发展三大类。基础研究是指没有特定商业目的，以创新探索知识为目标的研究。基础研究具有很强的前瞻性，是以产生新观点、新原理、新理论等理论性成果为主要目标。应用研究是应用基础研究成果为创造新产品、新方法的技术基础所进行的研究。应用研究虽然也是为了获得科学技术知识，但与基础研究不同的是，其在获得知识的过程中具有特定的应用目的。基础研究是应用研究的理论基础，但同时基础研究获取的知识也必须

---

① 董志良、段正梁："企业集团研发网络的若干问题研究"，《中国市场》2008年第28期。

② 李占强、李桂杰、莫淑华："R&D 项目风险评价指标体系研究"，《大众科技》2005年第10期。

第九章　自主创新研发阶段的制度安排

经过应用研究才能发展为实际运用的形式。试验发展是利用基础研究和应用研究的成果为创造新产品、新方法、新技术、新材料而进行的技术研究活动。

一般说来，基础研究和应用研究主要是为了获得科学技术知识，因此基础研究与应用研究也统称为科学研究。而试验发展并不增加科学技术知识，只是利用或综合已有知识创造新的应用，试验发展与生产活动直接相关。基础研究和应用研究是试验发展的重要知识源泉。由此可见，基础研究、应用研究、试验发展三者之间既相互区别又相互联系，共同构成一个完整的研发结构体系。

二、自主创新研发阶段的主要特点

1. 研发活动具有很强的外部性

外部性也称外部经济效应，是指一些人的生产或消费使另一些人受益而又无法向后者收费的现象。知识、技术是具有很强外部性的公共性质物品，研发活动其实就是知识创新的活动，研发成果会在不同行业之间扩散和外溢，产生正外部经济效应。琼斯和威廉姆斯（Jones & Williams）以内生增长理论为基本框架进行了实证研究，他们认为研发存在着四种效益：（1）溢出效应和研发人员的流动使竞争对手获益；（2）由于实施研发活动的厂商不能差别定价，因此不可能获取全部的社会收益；（3）创造性破坏活动导致原有产品过时所造成的外部性；（4）研发活动的跨时溢出效应。而从产业角度看，研发活动存在着两种溢出效应：一种是企业间研发知识的扩散；另一种是企业研发活动的纵向效应。同时，有学者通过大量的实证研究证明，研发的社会收益要远远大于自身的收益，通常情况下外部的研发收益至少是自身研发收益的两倍。[①] 正因为研发活动具有典型的外部性特征，因此研发活动需要有合理的激励机制，需要政府的示范与参与，

[①] 夏杰长等：《高新技术与现代服务业融合发展研究》，经济管理出版社 2008 年版，第 123 页。

否则就会导致社会研发投入的供给不足。

2. 研发活动的高度不确定性

研发活动是一种探索性与创造性的工作，面临太多的未知因素，因此人们对研发的过程和结果很难预测和把握，具有高度不确定性的特点。尤其是随着现代科学技术的不断发展，最新的前沿科技的复杂性与难度越来越大，研发的不确定性也愈发明显。而研发结果的不确定性，自然也造成了研发投入效果的不可预期性。由于研发活动需要进行巨额投资，存在很多固定成本和沉没成本，因此研发阶段是一个高风险的阶段。

影响研发活动不确定性的因素主要有两个：一是外部环境因素。研究表明，研发结果与研发资金和人力的投入并不存在正相关关系，即使投入了足够的人力、财力、物力，研发活动结果仍然是无法预料和没有把握的。这是因为在研发活动过程中，存在着诸如国家政策、技术发展、市场需求此类的大量外部环境因素，这其中某个因素的变化都可能会影响到最终研发的结果。而且，研发活动经历的时间越长，这些因素发生变化的可能性就越大，不确定性也就越大，因此受外部环境影响的程度也就越深。二是内部技术因素。研发活动是一项专业性很强的活动，整个研发过程很大程度上取决于研发人员的经验与知识。在研发项目中，研发人员对自己经常从事的研究领域往往比管理者知道得更多，理解更深，除了研发人员本身，别人很难说清楚应该如何分配时间，在不同的阶段应该从事什么具体工作才最有利于研发项目的成功，这就是所谓的私人信息。而私人信息作为一种隐性知识，往往很难交流甚至是无法交流的，这就使得管理者处于信息劣势一方，对研发过程很难直接控制。[①] 正因为研发活动中这种私人信息的存在，管理的好坏就成为影响研发活动成败的一个关键性因素。实践证明，很多研发项目的失败都是因为管理不善造成的。

---

① 潘颖雯、万迪昉："研发不确定性与研发人员激励契约的设计研究"，《科学学与科学技术管理》2007 年第 8 期。

3. 创新人才的优先性

研发活动是靠人才来实现的。人才是研发活动的主体，只有拥有了具有高度创新意识和创新能力的人才，研发活动才能开展，才能成功。在研发阶段，人力资源处于基础、首要地位，人力资源的规模、素质和能力是决定研发活动进程的关键性因素。也正因为如此，在研发阶段的资金支出结构中，除试剂、实验器材等硬件投入成本之外，最主要的成本就是科学家和工程师的智力劳动投入成本。

与研发活动相关的人力资源主要有两类：一类是直接参与研发活动的研发人才。研发人才数量的多少，能力的高低，直接决定着研发活动的进程快慢和最终结果。而具有战略眼光的大师级领军人才更是影响研发活动的关键人力资源。纵观当今科技发展进程，一个杰出的领军人才，往往能够带动一项重大技术的突破，乃至一个学科、一个产业的兴起。所谓"千军易得，一将难求"，领军型研发人才是最为稀缺的资源之一。当然，领军人才也不能包打天下，必须依靠一个紧密团结、分工协作的研发团队才能更好地发挥作用。另一类是企业家。根据熊彼特的企业家理论，富有创新精神并准备冒创新的风险付诸实践的企业家是推动技术创新的主要动力。企业家是研发投入最为关键的决策者和投资者，以及研发活动的组织者和管理者，他们对科学技术的态度，直接影响企业开展研发活动的积极性和自觉性，他们的科学素质与领导艺术，又直接影响企业研发决策的方向，以及科研人员的工作积极性的发挥，对研发活动能否顺利开展起着关键性的作用。

第二节 研发阶段对制度安排的要求

一、企业必须成为研发活动的主体

1867年,德国巴斯夫化工公司为了在染料行业获得更强竞争力,创建了全球第一家企业专属的染料技术研发部门,标志着企业进入了有系统、有目标地从事研发活动的阶段。从此,研发是企业提高自身竞争力的必由之路的观点逐步在西方企业中得到广泛认同,企业研发投入越来越大,创新能力越来越强,企业逐渐成为新技术、新产品研发活动的主体和核心。具体表现为:一方面,企业是研发活动投入和支出的主体,是研发经费的最主要来源。据联合国教科文组织2004年公布的统计数据显示,目前大多数发达国家企业的研发经费占全部研发经费的比重一般已在60%以上,其中最高的韩国和日本甚至达到了76.1%和75.0%。另一方面,企业也是开展研发活动的主体。在西方发达国家,企业掌握了最多的研发人力资源,企业所属的研发人员占全国研发人员的比例一般都在60%以上,例如德国企业从事研发的人员占全国比例为64%,美国甚至达到了75.4%。而且80%以上的研发活动是在企业中完成的。为了保持企业的持续创新能力,跨国公司的研发人员占企业人员的比例一般在30%以上。例如在日本三菱重工业公司6万名职工中,从事技术研发的人员近2万名,占职工总数的1/3。[①] 因此,企业成为研发活动的主体既是西方发达国家的成功经验,也是技术进步规律和市场经济规律的客观需求。

二、政府必须强力支持研发活动

研发活动的主体虽然是企业,但研发活动同样离不开来自政府的资

---

① 赵刚、孙健:《自主创新的人才战略》,科学出版社2007年版,第39页。

金、政策等方面的强力支持。一是政府要有足够的财政研发资金投入。一项前瞻性技术的研发,具有高风险性、不确定性和外部经济性等特征,具有典型公共物品的性质,基础研究和公共技术尤其如此,因此政府有研发投入的义务。而且政府科技研发投入可以发挥重要的杠杆和示范作用,是撬动企业和社会研发投入的一项重要的制度安排。研究表明,在工业化初期,在企业经济和技术实力都还比较弱的情况下,更需要政府投入大量的财政资金来协助与补贴企业研发,财政投入甚至超过了企业的实际投入。在20世纪70年代,美国和法国的政府财政研发投入比例都在55%左右,而企业的研发投入只有43%和39%。[1] 二是制定出台一系列能激励企业创新意愿的政策法规,推动企业承担起研发主体角色。例如,一些发达国家就明确立法将企业用于研发的开支看作企业的一种投资行为,并对这种投资给予较大的税收优惠,这种税收激励政策大大激发了企业进行研发投资的热情。如美国就规定,当企业委托研究机构进行基础性研究时,其费用的65%可从所得税中扣除,并且研发投入增加值的20%可以退税的形式返还给企业。而法国政府对企业的研发活动补贴高达50%。[2]

三、建立完善的开放的研发联盟机制

外部环境的不确定性与复杂性,技术升级换代速度越来越快,研发复杂程度和巨额研发成本已超出了单个企业的承受范围,企业已越来越难以单独开发产品开发所需的全部技术。这就迫使企业必须突破过去封闭的研发模式,企业之间、产学研之间需要结成广泛的研发联盟,形成了一个开放式的研发合作体系。企业间结成研发联盟是顺应当今的环境要求,在企业间进行资源整合、优化配置、联合研发,提高企业的效率、降低企业的

---

[1] 科学技术部专题研究组编:《我国自主创新能力调研报告》,科学出版社2006年版,第16页。

[2] 李湛、吴寿仁等著:《走向自主创新——中国现代创新的路径》,上海人民出版社2008年版,第118页。

风险和成本、发挥技术协作、技术创新优势，塑造企业核心技术能力，更快地实现创新，从而迅速提升企业的核心竞争力，获得竞争优势。① 研发联盟是一种以目标为导向的有限期的合作组织，在组织形式上一般采取契约合作方式，在约定的期限即研究结束后解散。

当前国际上常用的研发联盟模式主要有两种：一种是企业研发联盟。它是指两个或两个以上企业，为了实现共同的研发目标，整合、协调彼此的资源和活动，而建立起来的战略研发合作关系或组织。另一种是产学研研发联盟。它是指一个或一个以上企业与科研机构和（或）高校，为了实现共同的研发目标，整合、协调彼此的资源和活动，而建立起来的一种战略研发合作关系或组织。产学研研发联盟是从企业研发联盟的基础上发展起来的，这种模式更好地整合了科研机构与高校的知识和技术资源，是一种更加有效的合作研发形式。

自 20 世纪 90 年代以来，研发联盟呈现了高速发展的势头，被美国、欧盟、日本等发达国家广泛采用，成为推动这些国家技术进步的一项重要制度安排。例如，为了推动日本半导体产业发展，通产省于 1976 年决定成立由政府和民间企业共同出资的共同研究开发组织——超大规模集成电路（VLSI）技术研究组合，从而一举奠定了日本在世界半导体产业中的霸主地位。受此刺激，美国也及时成立了由电子、通讯与计算机企业成立的半导体研究集团（SRC）以及由半导体企业成立的半导体制造技术联盟（SEMATECH），在这两大不同类型的研发联盟的协同作用下，美国半导体产业得以全面复兴，终于在 1992 年重新夺回世界第一的宝座。

专栏 9-1：中国移动斥资 6 亿与 12 厂商联合研发

为加速 TD-SCDMA 终端产品化进程，2009 年 3 月 13 日，中国移动正式启动"TD-SCDMA 终端专项激励资金联合研发项目"招标。最终共有

---

① 余佳群，王晓辉："我国企业研发联盟产生的动因分析"，《辽宁工业大学学报（社会科学版）》2008 年 10 月（第 10 卷第 5 期）。

9个手机厂商和3家芯片厂商中标。在该项目中,中国移动将提供总规模6亿元人民币的资金支持,与手机终端厂商和芯片制造商联合研发设计满足市场需求的TD-SCDMA终端产品。政府主管部门对本次联合研发项目的资金使用效率和实施流程都提出了严格要求。

据介绍,2009年TD-SCDMA终端联合研发一期推出的项目包括"旗舰宽带互联网手机"和"低价3G手机"。"旗舰宽带互联网手机"对产品外观设计、互联网体验、业务体验等方面均提出了很高要求,软硬件集成研发难度大。"低价3G手机"则对于芯片方案、整机集成度和成本控制要求很高。

为此,中国移动通过公开招标的方式选择项目合作伙伴,手机厂商和芯片方案厂商联合投标。招标结果显示,"旗舰宽带互联网手机"项目有6个方案中标,分别是摩托-天碁、三星-天碁、宇龙-联芯、多普达-天碁、LG-联芯、中兴-联芯,中国移动在本项目中总计投入约3.1亿元;"低价3G手机"项目中有5个方案中标,分别是联芯-中兴、联芯-LG、展讯-海信、展讯-新邮通、天碁-华为,中国移动在本项目中总计投入约2.9亿元。

中国移动此次总投入6亿元,同时也激发了合作厂商合作投入热情,一期即赢得三星、摩托、LG等国际品牌以及众多国内品牌的支持,他们的投入将不低于中国移动的投入规模,总计将为TD-SCDMA终端产业链带来超过12亿元的研发资金。据悉,诺基亚公司也与中国移动就TD-SCDMA合作进行了探讨,表示将全力投入对TD-SCDMA终端产品的研发。中国移动表示,支持诺基亚这一战略投入,并将拓展与诺基亚的合作深度。

业内专家认为,运营商与终端、芯片厂商"联合研发"在我国电信行业属首次,开创了行业先例。在TD-SCDMA产业发展的当前阶段,由中国移动率先尝试和推进"联合研发",充分体现了中国移动在业界领先的创新能力和推动TD-SCDMA产业发展的信心与决心。

中国移动副总裁鲁向东表示，联合研发模式只是中国移动促进 TD - SCDMA 终端发展的措施之一，在政府的大力支持下，中国移动还将推出包括终端销售补贴、深度合作等措施，将全面推进 TD - SCDMA 产业发展。

【资料来源：朱润博、陈欢，"斥资 6 亿力推 TD 终端规模发展，中国移动与 12 厂商联合"，新华网，北京 2009 年 5 月 17 日电】

四、可行的吸引人才的战略和机制

在知识经济时代，人才是最根本、最宝贵的资源。研发型人力资本是自主创新的执行主体，他们具体从事科学研究和技术开发工作，若离开人才，任何研发活动都将无法进行。因此，制定了有利于研发型人才培养、引进、管理的人才发展战略，拥有了丰富的具有强烈创新欲望和创新能力的人才资源，是西方发达国家能长期保持科技优势和经济领先的一大法宝。

以美国为例，通过实施国外人才吸引战略，美国在第二次世界大战以来从世界各地共吸纳高级科技人才 50 多万人，世界上绝大部分获得诺贝尔奖的顶尖科学家都在美国工作或居住，成为世界人才争夺战的最大赢家，为美国科技领先优势奠定了坚实基础。美国的人才集聚战略的核心思想为：一是开放的移民政策。美国 1921 年颁行的"移民配额法令"、1965 年颁行的"优惠制"新移民法和 1990 年实施的 H - 1B 签证计划，都是积极鼓励技术移民的法律。为了吸引更多优秀高科技人才来美国，2004 年美国还提供特别配额，允许每年引进 6000 名外国科学家和高级科技人员直接到美国定居。二是宽松的留学生政策。美国实施积极的留学教育政策，大力鼓励各国学生来美国留学。为了吸引留学生留居美国，美国实行宽松入籍的"绿卡制"，在这些政策的吸引下，有近一半的外国留学生在学成后滞留美国。三是利用国际学术交流的机会广泛吸引访问学者。美国积极实施"共同教育和文化交流"计划，提供优越的科研条件和资金，广泛吸引外国专家学者来美国从事科研工作。2003 - 2004 年度，在美国高等教育机构工作的外国访问学者就达到了 82957 人。四是跨国公司实施人才本土化战略。实力雄厚的美国跨国公司在国外广泛设立研究机构，并以高薪为条件积极招募大量本地科技人才为其服务。

五、完善的知识产权保护制度

根据熊彼特等经济学家提出的经济增长理论，技术进步是推动长期经济增长最重要因素。为了鼓励技术创新，促进长期经济增长，就必须赋予研发者一定的垄断权力。而知识产权制度就是赋予研发者垄断权力的一种重要的制度安排。知识产权制度明确规定研发者在一定时间内对其取得的技术成果享有专有权，其他人或企业要使用的话，就必须征得其同意并支付一定的使用费用。这样就可以确保企业的研发投入成本能及时收回，并能获得合理的投资收益和良好的市场预期，从而提高企业继续进行研发投入积极性，激励他们从事更多的研发活动，使研发活动能持续开展下去。例如，1980 年以来，美国进入了一个技术创新的高速发展期，获得的技术专利数量大幅上升，2000 年的专利数量是 1980 年的 2 倍之多。[①] 而能取得这样骄人的成绩，与美国在那时推行的一系列专利制度改革有直接的关系。其改革要点一是设立了联邦巡回上诉法院管辖专利侵权诉讼案件，专利所有者的法律保护进一步得到了强化；二是将专利保护期从 17 年延长到 20 年，使专利所有者能从研发活动中获得更多利润。因此，建立完善的知识产权保护制度体系，不断加强对知识产权的保护力度，是目前大多数国家政府用来消除企业研发投资市场失灵的重要手段之一，是保证研发活动良性循环的一项重要制度安排。

[①] 徐朝阳："专利制度与创新：争抢及进展"，《经济社会体制比较》2009 年第 1 期。

第三节 我国自主创新研发阶段的制度缺陷

一、整体研发投入强度不足，结构不尽合理

国际上通常采用一个国家或地区年度研发总支出与其当年国内生产总值之比（即 R&D/GDP），作为衡量一个国家或地区研发投入强度的指标。据国家统计局、科技部、财政部 2009 年 12 月 15 日最新发布的《2007 年全国科技经费投入统计公报》显示，2008 年，我国研发经费总支出达到了 4616 亿元，全国研发经费占当年国内生产总值（GDP）的 1.54%，研发投入强度再创历史新高。[①] 但与发达国家通常 2%－3% 的投入强度相比，我国整体研发投入强度依然不足。

另外，我国研发投入结构不尽合理。企业研发主要集中在试验开发方面，高校和科研机构的研发也是以应有研究和试验开发为主，基础研究投入明显不足，致使我国技术储备严重不足，研发活动缺乏后劲，掌握到的核心技术少之又少。而在美国、法国、日本等发达国家，基础研究、应有研究、试验发展三者所占比例大致保持在 1：2：5 的水平，即基础研究经费在其研发总经费投入的 15% 左右。如美国 2000 年为 1：1：3，法国 1999 年为 1：1：2，日本 1999 年为 1：2：5。而我国 2008 年的基础研究、应用

[①] 参见"中国科技经费投入再创新高 R&D 总支出逾 4600 亿"，中国新闻网，2009 年 12 月 15 日，http://www.dzwww.com/rollnews/news/200912/t20091215_5264076.htm

研究、试验发展经费支出金额分别为 220.8 亿元、575.2 亿元和 3820 亿元①，三者所占比例为 1：3：17，研发投入结构严重失衡。

专栏 9-2：中国汽车工业发展证明"市场换技术"行不通

中国汽车工业在"市场换技术"战略引导下走过了风雨 20 年。但是目前中国汽车工业的发展现状尤其是自主研发，并不完全令人满意。

"从国际经验来看，'用市场换技术'这条路是走不通的。"许多专家和企业界人士认为，其中不少人从前是"市场换技术"的拥护者。心态复杂的大厂商们对中央自主创新的倡导和"一边倒"的舆论，强烈刺激着地方政府和企业。

"从三大集团的'十一五'规划来看，大家都把自主品牌提上来了，过去没有人提这个，这是很有特色的，值得注意；至于产量规模，我感觉都是高目标，不是低目标。"看到各大企业的规划，中国汽车工程学会名誉理事长张兴业的第一感觉是宽慰。

虽然上汽、一汽们大谈自主品牌，但这不能掩饰企业心里的恐慌和少许无奈。恐慌的原因是，自主品牌已经箭在弦上，而他们并不掌握制造的核心技术。

由于 20 年的合资中，大众等跨国厂商一直坚持拒绝出让先进技术，并拒绝中方插手设计，国内企业的研发一直在吸收旧技术的轮回中循环。而且由于忙于消化、吸收合资方的技术，许多企业主动放弃了自主的研发。

然而这些年走下来，情况却离当初的设想越来越远。市场是实实在在让出去了，在中国汽车市场上，居主流地位的品牌都是来自德国、日本和美国的品牌。以德国大众为例，该公司 2003 年的每股赢利中，有 80% 来自中国市场。而大众在中国市场的汽车销量，仅占其全球总销量的不足 1/

---

① 参见"中国科技经费投入再创新高 R&D 总支出逾 4600 亿"，中国新闻网，2009 年 12 月 15 日，http：//www.dzwww.com/rollnews/news/200912/t20091215_5264076.htm

7。除终端的维修服务业,在整条汽车产业链上,我们几乎一无所获。中国本土的品牌几乎没有,仅有的几家也都集中在中低档领域。而在这个领域,品牌的附加值非常有限。

"'以市场换技术'本身是一个博弈过程,跨国公司逐利性的本质,决定其只会根据自身利益需要向我国转让有关技术,双方实力的不对称决定了'以市场换技术'战略不会取得明显的效果。"北京大学政府管理学院教授路风在接受媒体采访时说,"当兴奋和期待转变成困惑、失望和不满,就会产生思考和反弹,自主创新抬头便毫不奇怪。"

【资料来源:"汽车产业规划挥别市场换技术",人民网-市场报,2006年2月13日,http://auto.sina.com.cn/news/2006-02-13/1044167064.shtml】

二、企业未能担当起真正研发主体的角色

衡量一个企业研发能力的指标主要有研发人力资源拥有量、研发机构拥有量、研发活动量、专利拥有量等几个方面。从我国近期的统计数据看,我国企业研发人力资源极度匮乏,大中型企业拥有的工程师和科学家仅占38.2%,与发达国家的研发人员主要集中的企业的趋势极不相符。例如在美国,企业就雇佣了4/5的工程师和半数左右的科学家。我国大中型企业拥有研发机构的仅占25%,绝大部分中小企业没有研发能力。2004年至2006年间,我国开展研发活动的规模以上工业企业只有8.6万家,仅占全部规模以上工业企业的28.8%。而且开展了研发活动的企业中只有不到30%进行专利申请。[①] 只有万分之三的企业拥有自主知识产权,绝大多数企业缺乏自主技术、特别是缺乏自主的核心技术。这些数据证明,我国企业的研发能力还是非常弱的,还难以担当起研发活动主体的角色。这也是为什么长期以来,我国绝大部门研发工作是由科研机构和高校承担的,企

---

① 参见"我国规模以上工业企业申请专利比例不足10%",新华网,2008年3月17日,http://news.sohu.com/20080317/n255749638.shtml

第九章 自主创新研发阶段的制度安排

业一般只能从事一些简单的工艺革新的原因所在。

同时，受体制方面的影响，我国很多企业缺乏自主创新动力，从事研发活动的积极性不高。我国大型国有企业的领导是通过行政任命的，有一定任期，而且考核他们在任职期间成绩的指标主要就是企业产值和经济效益，研发活动并不在考核之列。这种行政任命制度和绩效考核制度直接导致了许多国有企业管理者不愿意进行研发投入，而更愿意抓投资和生产。因为研发活动需要大量的资金投入和长时间的科研攻关，难以在短期内获得效益，而且失败风险很大，即使取得研发成果也可能是"前人栽树，后人乘凉"。同时受到任期限制，即使有些企业进行了一些研发投资，一般也只着眼未来两三年的技术，与跨国公司研发投资着眼未来五到十年的技术相比差距甚远。这种研发投入的短期化现象，必然导致企业的研发基本都是一些小打小闹的技术和工艺革新，难以在核心技术上取得突破，难以获得核心竞争力和可持续的发展。

三、政府财政研发投入明显不足

我国政府财政研发投入资金 2007 年已达到了 913.5 亿元，虽然绝对数值近年来有所增长，但财政研发投入占全社会研发投入比重却一直在持续下降，已从 1995 年的 50% 下降到 2007 年的 24.6%，财政研发投入明显不足。而政府研发投入的相对滞后和不足，一方面迫使尚未准备好的企业承担过大的研发压力，使我国科技投入主体结构出现"早熟化"现象，从长远看反而会制约企业研发能力的发展。国际经验表明，在工业化初期和中期，政府财政是社会研发经费的最主要来源，只有到了工业化后期，即企业研发经费占 GDP 的比重达到 2% 之后，企业才会逐渐取代政府成为研发活动的投入主体。而当前我国的发展趋势与美国、日本等发达国家的工业化进程的通行做法大相径庭，企业在经济规模、科研能力都还不具备的情况下被迫成为了研发活动的投资主体，近年来企业研发经费支出占全国研发经费的比重逐年上升，在 2000 年达到 60.0% 之后，到 2008 年更是进一步飙升到了73.2%的高水平。另一方面,企业对外溢性较强、具有公共物品性质的基础研究和公共技术的研发投入缺乏积极性,基本得靠财政投入来进行。而当前由于我国政府财政研发资金的投入不足,自然使得一些研制周期长、技术难度大、科技投入多而又事关国计民生和国家安全的战略产业及技术的严重缺乏研发资金,这对整个国家自主创新战略的实施以及长远可持续发展是极为不利的。

四、体制弊端导致研发效率明显偏低

每百万元研发经费的专利授权量是衡量研发效率的一个主要指标。2007年我国国内专利授权总量达到30.2万件,而每百万元研发经费的专利授权量仅为0.81,不及2000年的1.18和2005年的0.87,这表明我国目前的研发效率呈持续下降趋势。与发达国家进行比较,也可以清晰看出我国的研发效率是比较低的。OECD关于中国创新政策报告认为,中国单位研发投入的科学发明成果和技术创新成果还远低于世界平均水平。我国包括人力、财力等综合因素在内的研发投入总量大约是美国的1/4,而研发产出却只有美国的8%-9%,从这里可以看出,我国当前的研发效率只有美国的1/3左右。[①]

根据内生增长理论,知识性资本具有边际收益逐渐递增的特征,也就是说研发效率至少不会递减。我国研发效率出现持续下滑的反常现象,主要是因为我国的科研体制中还存在诸多弊端:一是研发投入体制的弊端。虽然我国近年来的研发投入总量在不断增加,但我国研发活动结构却严重失衡,基础研究薄弱,宏观资源配置错位,从而造成我国的研发成果质量比较差,核心技术掌握得不多,严重制约了研发的发展潜力。二是研发管理体制的弊端。目前我国研发管理基本是一种"大厨式"的模式,研发工作过于依赖某个能人,而没有建立有效的研发管理体系,尤其是结构化的

---

① 佟贺丰:"提高研发效率中国科技实力才会跃升",《科学时报》2007年12月28日。

研发流程体系，这些掌握关键技术的人才一旦流失，企业研发活动就会受到致命性的影响，研发活动波动性大，可持续性较差。

五、人才激励机制缺乏导致人才外流严重

据中国科协 2009 年 7 月 10 日发布的第二次全国科技工作者状况调查结果显示，目前我国科技人力资源总量已达 5160 万人[①]，中国科技人力资源总量已居世界第一，可谓是科技人力资源大国。但是，我国研发人才资源整体水平却不高，研发人才中领军型顶级技术人才和战略科学家奇缺，从而难以形成可以突破核心技术的研发团队。以我国汽车行业为例，整个行业仅有中国工程院院士 1 名，许多才毕业两三年的本科生就被要求挑起汽车设计的大梁，这种高端研发人才的极度缺乏正是我国汽车工业一直没有掌握核心技术的原因之一。同时，目前我国的人事管理体制中，由于缺乏有效的绩效管理机制、激励机制、人才流动机制和职业发展机制，我国的研发人才发展的环境较差，大部分研发人员缺乏工作热情，工作积极性和主动性不足。

另外，我国科技人才的流失问题仍然比较严重，高端科技人才单向流出的不合理现象一直没有得到根本改观。主要表现在两个方面：一是留学人才回归率较低。国际研究数据表明，发展中国家在经济起飞阶段回归率与滞留率保持在 2：1 的"最佳回归比数"是比较合理和有利的，但我国从 20 世纪 80 年代初至 2002 年底，却一直呈现 1：3 的倒比现象，出国留学人员尤其是尖子人才回国很少。[②] 二是跨国公司广泛在我国设立研发机构。这些在华设立的跨国公司研究机构，利用其优越的科研条件和丰厚的工资待遇，从国内企业和研究机构中"挖走"了一大批科技精英。

---

① 参见"我国科技人力资源总量达 5160 万人"，新华社 2009 年 7 月 10 日电。
② 李正风、胡钰：《建设创新型国家——面向未来的重大抉择》，人民出版社 2007 年版，第 91 页。

自主创新的
制度安排

专栏 9-3：中国成为跨国公司海外研发机构首选地

据商务部外资司统计，截至 2007 年底，跨国公司在中国共设立研发机构 1160 家。该司有关负责人称，根据联合国贸发组织的调查，中国仍是全球跨国公司海外研发活动的首选地，62% 的跨国公司将中国作为其 2005—2009 年设立海外研发机构的首选。

跨国公司来华设立研发机构始于 20 世纪 90 年代初。1994 年，北方电讯公司与北京邮电大学合作建立北邮—北电研究开发中心。在此之后，跨国公司在华设立研发机构势头日益迅猛。

跨国公司在华投资的研发机构具有如下特点：第一，行业分布较集中。主要分布在电子及通讯设备制造业、交通运输设备制造业、医药制造业、化学原料及化学品制造业等行业。第二，地域集中。这些研发机构主要集中在北京、上海、广州、深圳、天津、苏州等科研力量比较集中的大城市。北京主要集中在医药、软件、通信等领域；上海主要集中在化工、汽车、医药领域；广州、深圳、天津、苏州等以 IT 领域为主。第三，以独资研发机构为主。跨国公司研发机构可以分为独立法人和非独立法人（即公司内部研发机构），两者所占比重基本相当；为有利于管理，同时也便于尽快将研发成果商业化，跨国公司大多倾向于设立独资研发机构，约 3/4 的现有研发机构采取独资方式。

中国拥有大量高素质、低成本的研发人员，投资环境和研发支持政策较为完善，知识产权保护水平日益提高等，是跨国公司在华研发机构持续增长的主要原因。此外，跨国公司也非常看重中国市场，针对中国市场需求开展的应用开发和技术支持在跨国公司研发活动中占较大比重。近年来，伴随着外商研发活动对华转移速度加快，在华设立的研发机构在跨国公司全球研发布局中的地位不断提高，研发层次和技术水平逐步上升，已有不少研发机构在华从事纺织化学品、化合物、磁技术等基础研究工作。

【资料来源："调查：六成以上跨国公司海外研发机构首选中国"，中国网，2008 年 2 月 29 日，http：//www.china.com.cn/info/txt/2008-02/

29/content_ 11088462.htm】

第四节 自主创新研发阶段的制度设计建议

一、建立对企业管理层新的激励与考核机制

虽然大多数企业都知道研发创新是企业获得核心能力与竞争优势的战略性举措。但研发的高风险性和不确定性，让许多企业在进行研发投资时犹豫、胆怯，因此，必须做出一系列的制度安排来激励企业的研发投入积极性。

第一，建立管理层股权激励机制。管理层在企业战略和组织实施过程中起着核心作用，对企业管理层进行适当的股权激励，有助于管理者从企业的可持续发展和长远利益角度考虑问题，这样自然有助于管理层创新意识的提高，激励他们制定切实可行的企业研发战略，大胆进行研发投入，以提高企业的核心竞争能力。研究表明：管理层股权激励与研发支出具有显著正相关，管理层股权激励越大，研发支出越多；公司资源的富余水平越高，管理层股权激励对于研发支出的影响越显著；公司的业绩较好，管理层股权激励对于研发支出影响越显著。[①]

第二，创新管理层的考核机制。对企业尤其是国有企业的管理层任职期间的评价指标要进行适当修正，不仅要考核管理者任职期间企业产值增长了多少，赢利了多少，还要将研发活动考虑在内，要考核企业吸引了多少研发人才，开展了多少有效的研发活动，获得了多少核心技术专利，企

[①] 夏芸，唐清泉："我国高科技企业的股权激励与研发支出分析"，《证券市场导报》2008年第10期。

业有没有可持续的发展能力和拥有了核心竞争力，从而促进管理层不断提高企业研发投入水平。

第三，建立企业研发投入税收激励机制。税收激励方式通常有直接优惠和间接优惠两种。其中直接优惠方式主要包括税收免征、减征和优惠税率，间接优惠方式主要为税前扣除、投资抵免、先征后退、亏损结转和返还、加速折旧等。我国目前经常采用的税收优惠政策是直接优惠，但实践证明，间接优惠方式对研发投入的激励作用更直接、更有效，因此今后我国的科技税收政策应该从直接优惠逐渐向间接优惠方式转变。

专栏9-4：广州市积极落实企业研发费用税前扣除优惠政策

一直以来，企业研究开发投入不足是制约广州提高自主创新能力的瓶颈之一。2008年12月11日，广州市制定出台了《关于企业研究开发费税前扣除管理试行办法的实施细则》（以下简称《实施细则》），确定广州地区企业研究开发费加计扣除须经过市科技、经贸行政部门的项目初审；具有合法资质的税务师事务所鉴证；税务行政部门最后的申报受理等三个程序。《实施细则》为落实企业研究开发费用税前扣除优惠政策提供了操作层面的依据，为广州地区的企业享受国家关于企业按研究开发费用的150%抵扣当年应纳税所得额的优惠政策提供了保障，将极大地激励企业研究开发的积极性，主要表现在以下三方面：

1. 减轻企业负担，帮助企业应对金融危机。对企业研究开发费实行所得税税前150%加计扣除，以2007广州大中型工业企业研发经费66.66亿元（2007年统计年鉴数据）作为初步测算基础，企业加计扣除所得税大约为25亿元（66.66×150%×25%），将大大减少了企业的税负，同时对于企业应对当前的金融危机将有很大的帮助。

2. 促进企业加大研发投入，提高自主创新能力。企业研究开发费加计扣除只对企业自主或配套投入的经费给予所得税税前扣除，对政府财政拨款并纳入不征税收入部分不给予扣除。从长远来看，《实施细则》的实施，将激发企业自主研发投入的积极性，提高企业自主创新能力，加快广州以企业为主体的技术创新体系的建设。

3. 形成企业研发经费加计扣除办理体系。《实施细则》对企业申请研发费加计扣除的程序、应提交的材料；科技、经贸和税务部门等的职能分工等给予细化，形成申报、专家初审等一系列办事程序，方便企业申请税前扣除，使企业今后研发经费的财务管理更为规范。

【资料来源："广州市落实企业研究开发费用税前扣除优惠政策，提高企业自主创新积极性"，广州市科技局网站，2008年12月15日】

二、建立政府研发资金投入机制和绩效考核机制

首先，要建立起稳定的政府财政科技投入机制，特别是加强对基础研究和共性技术的研发投入力度。政府财政投入对社会资金投资研发领域具有强烈的示范作用，可以产生"四两拨千斤"的杠杆效应。因此，要抓紧修订《科技进步法》，明确规定中央与地方财政的研发投入的增长幅度要高于当年的GDP增幅。同时，要不断优化政府财政对研发资金的配置，政府资金要重点投往基础研究和共性技术研发领域。从西方发达国家的成功经验来看，在经济起飞阶段，基础研究的投入一般会占到全社会研发经费的20%以上；到了经济发达阶段，基础研究投入有所下降并稳定在15%的水平。目前我国经济正进入了高速爬坡的关键阶段，经济发展动力正在从投资拉动向科技驱动转型，因此更需要加大对基础研究的投入比例，使基础研究的投入比例从当前的5%尽早达到15%－20%的正常水平，以增强我国的研发后劲和经济社会的可持续发展能力。

另外，要不断优化政府研发资金的投入方向，财政资金的投向重点应该是科研机构而不高校和企业。根据布鲁诺·拉图（Bruno Latour）的研究成果，当政府研发资金投入不同的研发单位时，往往会产生促进或抑制的截然不同的效果：政府对科研机构的资助将对企业研发支出具有较强的促进作用，形成吸纳效应，即政府对科研机构每多资助1元，企业会相应追加研发支出1.007元；其次，政府对企业研发进行直接资助和向高校提供

研发资助会对企业研发支出产生挤出效应,即政府向企业每资助研发经费1元,企业将减少研发支出0.043元;政府向高校每资助研发经费1元,企业将减少研发支出0.132元。① 因此,政府的财政研发资金要重点投向科研机构,尽量减少对企业的直接科技经费资助,政府对企业的扶持要重点要放在激励与保护政策方面。

最后,在继续强化对政府投入研发项目资金使用情况的传统财务审计的同时,要及时建立起政府研发资金使用的绩效考核和审计机制,以强化对微观执行主体的预算约束,促进政府研发资金的使用效率的提高。

三、创新科研体制,培养创新文化

自主创新研发是个高风险的过程,失败是难免的。尤其是那些前沿性、探索性的基础研究,研发周期长,研发结果难以预知,更需要社会有一种宽容的心态,为其营造宽松的研发环境。只有敢于试验,敢于失败,才能实现真正的创新。但允许失败不能只停留在口头上,而是应该在制度建设和文化环境上予以保证。

一是要改变过去那种以成败论英雄、评审年年搞的科研评级机制,改变过去那种研发者一旦失败就没有出路的陈旧科技体制。不能将一种研发项目短期内没有取得成果就简单认定为失败,要根据研发项目的性质确立不同的考核机制,一般考核期应为3—5年,基础研究和长效项目考核期应该更长。科研活动尤其是基础研究的考核不能用失败和成功来进行简单的判断,主要还是要看是否进行了有效的研发活动,是否从科学探索中得到了新的科学认识。

二是要构建敢于冒险、勇于质疑的创新文化环境。一是要大力培养人们对旧事物的质疑精神和对现有事物的不满意识;二是要有开放的与面向未来的态度。一般来说,开放文化总是有利于创新的。三是要大力培养人

---

① 李湛、吴寿仁等:《走向自主创新——中国现代创新的路径》,上海人民出版社2008年版,第136页。

们的独立性与自主精神。独立性和自主精神不仅是人的一个个性,也是一种文化的产物。一个社会如果倡导独立、自主、自立,这个社会就会形成一个自主精神的文化传统,从而影响处于长大成熟中的个体。四是要鼓励对创新的非功利性追求。创新文化倡导的价值观之一,就是创新不仅仅是为了获得利益,而是为了探究真理。功利文化会扼杀许多科学创新思想的产生。五是要鼓励冒险精神。一种文化如果鼓励人们去冒险,那么这种文化可能会造就更多的创新者,包括企业家和发明家。①

四、建立产学研合作开放的研发联盟体系

随着当代技术发展日趋复杂和综合,单靠某个企业承担全部技术研发工作已不现实,因此,通过开放式的创新合作,建立多单位的研发合作联盟也成为一种必然趋势。合作研发模式有合资研究企业、交叉许可协议、研发联盟等多种形式,其中以研发联盟最为普遍。从我国现阶段的实际情况来看,当前我国大多数企业的研发能力非常弱,而且研发投入也很有限,而科研机构和高校在计划经济体制下又积累了大量人才、科研设备等研发资源,因此,借鉴国际先进经验,积极推动产学研三者建立研发联盟,共同开发产业关键技术和战略技术,是提高我国研发效能、减少重复研发弊端的一项至关重要的制度安排。

要建立产学研研发联盟,首先是要制定有利于研发联盟形成的相关激励政策,为研发联盟提供有力的制度保障。由于研发联盟一般只从事专门的研发活动,而没有任何生产和营销等经济活动,在欧美等发达国家一般都将产学研研发联盟认定为一种非营利的法人机构,在融资、税收等方面给予诸多优惠政策。我国目前由于还没有相应的法律和政策,大部分研发联盟都被注册为工商企业,这种状况不利于研发联盟开展有效的创新研发活动,因此,有必要抓紧制定研发联盟促进法,赋予其非营利组织的法人

---

① 王滨:《自主创新纵横谈》,上海科学普及出版社2007年版,第182-190页。

地位，并在在融资政策、税收扶持等方面予以相应的优惠待遇。另外，研发联盟牵涉到最终研发成果所有权的归宿问题，产权不清往往是研发联盟最后产生矛盾甚至导致破裂的根源，因此也需要在有关政策和法律中对产权给予明确的规定。

其次，要以产学研的研发联盟为基本框架，尽快搭建起我国产业战略性技术研发平台。产学研的研发联盟不是一般的产品联盟，而要定位于共性基础技术的研发，着眼于整个产业技术水平的提高。在这个联盟中，行业龙头大企业应该承担主导角色，科研机构和高等院校是知识创新和技术创新的骨干力量，政府要发挥重要的政策引导和资金投入的作用。目前，经合组织（OECD）成员国几乎都制定了支持产学研合作的国家科技计划，而我国在这方面的工作还相当滞后，因此要积极学习西方发达国家的先进经验，设立重大产业技术研发联盟专项基金，并鼓励更多的政府科技计划项目采取产学研合作研发的方式进行。

五、建立合理的研发人员激励制度安排

在自主创新的研发阶段，人才特别是高级创新人才是最关键的资源。因此，需要设计一个较为完整的人才激励制度体系，使研发人员的能动性和创造力能充分发挥出来。

第一，要建立合理的分配制度，提高研发人员的薪酬水平。在西方发达国家，人力成本是自主创新研发阶段最主要的支出成本。如美国的科研经费中15%用于购买试剂等物品，其余的都用于项目管理和人员收入。而在我国的研发投入机制中，特别是政府财政投入的预算机制中，长期以来都是采取重物不重人的核算模式，研发经费大部分都用于购买仪器设备和试剂辅料，研发人员的工资、管理费用等只占其中很少一部分，这种"既要马儿跑，又要马儿不吃草"的低报酬待遇最终会导致创新人才的大量流失。因此，必须加大对研发项目人才成本的支出，建立起一种能真正体现科学家价值的薪酬制度。

第二，建立合理的产权激励制度。在对研发人员的创新活动进行激励时，股票期权、股票增值权、劳动分红等产权激励制度是西方企业经常采用的一种富有成效的制度。如德国戴姆勒-奔驰宇航公司为激发雇员创新的积极性，规定雇员的研发成果申请专利后，如果公司自己实施该项专利，则将销售额的 0.2% 作为报酬支付给研发者；许可他人实施的，提取使用费收入的 22% 给予研发者。产权激励制度其实是将研发人员的收益与企业的长远发展紧密结合起来，这样就使得研发人员必须考虑中途离职的经济损失，不仅可以有效激励研发人员的创新热情，也能帮助企业更好地留住优秀人才。

第三，精神激励也是必不可少的措施。在自主创新过程中，获得精神上的满足也是研发人才进行创新的一大动力。采取兴趣与环境激励、权利和地位激励、尊重与荣誉激励、成长空间与自我实现激励等多种精神激励方式，可以大大增强人才吸引力度。有时精神激励的巨大创造力和持续的内在动力是物质待遇的激励作用远不能及的。[1]

六、建立高效的研发管理体系

自主创新的研发过程中的不确定因素很多，风险也很大，因此仅仅重视研发投入是不够的，还需要建立起一个严谨的研发管理体系，以控制研发活动的随意性和不可预见性，提高研发活动的成功率。研发管理就是在研发体系结构设计的基础之上，借助信息平台对研发进行的团队建设、流程设计、绩效管理、风险管理、成本管理、项目管理和知识管理等活动。研发管理体系包括研发团队建设管控、研发流程管控、研发成本管控、研发项目管控、研发绩效管控、研发风险管控等多个方面。[2]

---

[1] 刘新同："我国大中型企业 R&D 活动特点实证分析"，《工业技术经济》2006 年第 11 期。

[2] 参见"如何实施研发体系的管控？"，中国研发管理网，http://www.chinardm.com/info/html/200907296885.html

具体地说，一是研发团队建设管控。卓有成效的研发需要优秀的研发团队来完成，可以说"有什么样的研发团队就有什么样的研发成果"。一个高效的研发团队需要有合理的人力资源配置，应该把最重要的人力资源放在关键技术的研发上，使研发人员都能各司其职，各尽其能。二是研发流程管控。研发优势的唯一可持续源泉是卓越的研发管理流程。要告别"大厨式"研发，关键是要建立结构化的研发流程体系，从而实现从依赖"大厨"依靠流程的转变。三是研发成本管控。研发成本控制并非指压缩研发规模或者减少研发投资，而是指减少研发中不必要的开支，从而提高研发投资的收益率。四是研发项目管控。研发属于动态作业，整个流程可能横跨所有部门，故研发是以项目为导向的，研发管控中项目管控不可或缺。五是研发绩效管控。绩效管理是激励研发人员提高工作效率，保持工作热情的重要手段。研发管理的绩效评价指标包括研发项目的难度、研发效率和研发质量等几个方面。六是研发风险管控。重点是防止研发人员被竞争对手挖角，防止研发信息、所取得的技术成果被泄密或者恶意破坏。

专栏9-5：华为公司的研发项目分类管理模式

华为公司一直重视研发，每年将上年度销售收入的10%投入到研发中。但具体到对研发管理，华为公司将研发体系的项目进一步细分为产品预研、产品开发、技术预研、技术开发四大类。

产品预研：在市场前景尚不明确或技术难度较大的情况下，如果该产品与公司战略相符且有可能成为新的市场增长点，那么可以对该产品进行立项研究，着重探索和解决产品实现的可行性，使得能够在条件成熟时转移到产品开发。

与产品开发相比，产品预研有以下特点：（1）产品预研的目的是验证或引导客户的潜在需求，把握正确的市场方向和抓住市场机会；（2）产品预研着眼公司未来发展和未来市场，一般在一年内不产生大量销售；（3）市场前景尚不明确；（4）存在较大的技术风险；（5）主要关注核心功能的实现，一般不作商用要求。

第九章 自主创新研发阶段的制度安排

技术预研：在产品应用前景尚不明确或技术难度较大的情况下，如果有利于增强公司产品竞争力，那么可以对这些前瞻性技术、关键技术或技术难点进行立项研究，着重探索和解决技术实现的可行性，使得能够在需要时为产品开发提供支撑。

与技术开发相比，技术预研有以下特点：（1）技术预研的目的是验证产品技术方案或产品技术，并做技术储备；（2）着眼公司未来发展和未来市场；（3）产品可能还没有明确的需求；（4）技术预研实现难度较大；（5）主要关注核心功能的实现，一般不作商用要求。

华为公司各类型研发项目的特点见下表：

	产品开发	产品预研	技术开发	技术预研
目的	根据项目任务书中的要求，保证产品在财务和市场上取得成功	验证或引导客户的潜在需求，把握正确的市场方向和抓住市场机会	开发公共技术和平台，使之符合用户产品的业务目标	验证产品技术方案或产品技术，并做技术储备市场
市场	针对公司近期的目标市场和客户，有明确的市场需求	着眼公司未来发展与未来市场，一般在一年内不产生大量销售，市场前景不明确	满足公司产品对当前技术的需求	着眼公司未来发展与未来市场，可能产品没有明确需求
技术难度与市场	较小	大	较小	较大

华为公司之所以将研发项目进行分类管理，也是为了考核的需要。针对预研项目而言，由于预研项目风险大、结果难于预知，因此对进度、结果考核的权重要小一些；而对开发项目而言，由于进度、结果可以预知，质量可以控制，因此针对开发项目，进度、质量、财务往往成为考核的目

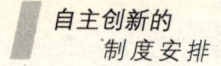

标。另外,不同类型的项目对人力资源要求不同,对预研项目,技术倾向明显,往往是技术水平高的人进行预研工作,而开发人员往往工程化倾向明显,华为公司提出的"工程商人"大部分是针对开发人员而言的。

【资料来源:"华为公司研发项目管理精髓",中国研发管理网,http://www.chinardm.com/info/html/200909237316.html】

第十章

自主创新孵化阶段的制度安排

　　自主创新成果孵化是自主创新成果价值和使用价值得以实现,并推动经济发展的前提条件和关键环节,在自主创新孵化阶段进行合理的制度安排对确保整个自主创新活动顺利开展具有重要意义。

自主创新的
　　制度安排

第一节　自主创新孵化阶段的内涵及模式

一、自主创新孵化阶段的基本内涵

1996年颁行的《中华人民共和国促进科技成果转化法》明确规定，所谓科技成果转化是指为提高生产力水平而对科学研究以及技术开发所产生的具有实用价值的科技成果进行的后续试验、开发、应用、推广，甚至形成新产品、新工艺、新材料，发展新产业等活动。其中，科技成果的后续试验、开发阶段就是我们所说的自主创新的孵化阶段，它是自主创新成果进入市场的第一步，是自主创新与市场相连接的纽带。可见，所谓自主创新的孵化阶段，就是特指自主创新成果转化为商品生产的中间性研究（通常也称为"中试"），是研发阶段和市场化阶段的中间环节，是连接技术与经济这"两张皮"的桥梁。

自主创新的孵化阶段具有两个典型特点：第一，孵化阶段是对自主创新研发成果的技术条件和商品化条件的同时检验，这是孵化阶段区别于研发阶段和市场化阶段的最重要特征。一方面，检验该成果在技术上的先进程度和可行性，是否具备规模生产的技术条件。自主创新的研发成果主要是在实验室里获得的，因此必须在生产条件下对这种成果的可转化性质进行技术检验，包括生产的规模化，产品质量的可靠性，产品部件的标准化及生产工艺、流程、技术等等。另一方面，检验该成果能否被市场接受，衡量其商业价值的大小。自主创新研发成果的孵化阶段是正常生产和市场销售的一种预演，因此需要对这种成果进行经济可行性检验，以确定其在规模生产和市场销售时所需具备的各种经济性条件。与经济检验有关的活动包括：检验新产品或新技术在正常生产条件下需要达到的各种预定的经济指标（如生产成本、利润率、劳动生产率、材料消耗量和正常的储备量、资金利用率等）；通过试销，检验新产品或新技术的市场评价（如市场的需求量、新产品消费者和新技术使用者的反应、竞争对手的反应、预订的市场营销计划的可行性等）。[①]

第二，自主创新研发成果的孵化阶段具有不确定性和高风险性。自主创新研发成果孵化阶段的不确定性，包括研发成果开发的不确定性与市场的不确定性两个方面。研发成果开发的不确定性主要是指研发出来的成果过于超前市场而不具备应用该项成果的技术环境。市场的不确定性主要是由于研发出来的科技产品不具有市场的基础，存在许多不可预测的因素，因而对自主创新研发成果的孵化阶段构成潜在的威胁。同时，自主创新研发成果的孵化阶段还存在较大的因产品创意设计、技术设计等引起产品试制失败和投产延期而导致的技术风险，以及可能别人已经抢先一步获得了产品专利、或捷足先登占领了市场、或出现消费者对创新产品认可度偏低的市场风险。例如，联想集团为了提高研发成果的孵化质量和成功率，虽然严格规定了研发成果必须经过研究院、市场销售等部门专家组成的评估小组严格审查后才能进入孵化器进行产品化，但联想集团的研发成果每年能最终孵化成功并推向市场的成功率也只有3-5%。

二、自主创新孵化阶段的主要模式

1. 国家组织孵化模式

国家组织孵化模式是指由国家部委或地方政府将自主创新研发成果直接组织实施的孵化模式。一般对于国家经济繁荣和安全具有至关重要的关键和核心技术的孵化适用这种模式。国家关键和核心技术主要包括以下五类：一是在能源、环境、社会发展等方面产生巨大影响的重大技术，加快国家信息化和工业化进程的重大技术，以及提高产业国际竞争力的重大技

---

① 王先庆："高校科技成果转化：过程与机制"，《深圳大学学报》2001年第3期。

术；第二类是有助于保持国内生产和技术体系相对独立性和完整性的技术；第三类是代表产业发展方向、有助于打破产业升级的技术障碍、蕴藏巨大产业商机的产业共性技术，特别是在未来产业发展中起带头作用的重大技术；第四类是非交易性战略技术；第五类是满足国家特殊利益如维护国家安全的战略技术。①

2. 内部自我孵化模式

内部自我孵化模式是指高等院校、科研机构或企业将自身开发的自主创新研发成果在本单位内部进行孵化的模式。这种孵化模式的特点是科技成果的供给方与实施方合二为一，将市场的交易内部化，省略了中间环节。因而，这种孵化模式既可减少许多交易手续和费用，又可省去技术泄露等许多麻烦以及其他可能产生的摩擦；又由于单位内部的研发人员对本单位技术和生产状况比较了解，更有利于该项技术的适用、配套和完善。②不过，内部自我孵化模式的实施效率虽然较高，但对单位自身的条件要求也较高、较全面，因此，这种孵化模式主要适用于拥有强大研发能力和配套设施的大型企业集团。例如，联想集团为了将研发成果及时转化为符合市场需求的产品，在2004年专门成立了新产品孵化部门，专门负责将公司研究院的研发成果进行孵化。同时，我国高等院校与科研机构也经常通过自己的校办企业、院办企业、所办企业的方式来对自己拥有的自主创新研发成果进行内部孵化。高等院校和科研机构办企业是我国的一种特有现象，因此这种孵化模式在我国高等院校和科研机构中也比较普遍。

3. 企业孵化器模式

孵化器本义指人工孵化禽蛋的专门设备，后来引入经济领域，成为一种新型的社会经济组织。根据美国国际企业孵化器协会（NBIA）的定义，

---

① 傅家骥等：《技术经济学前沿问题》，经济科学出版社2003年版，第256页。
② 任秀奎、祝士明："我国研发转化体系构建模式研究"，《科学学与科学技术管理》2009年第1期。

第十章 自主创新孵化阶段的制度安排

企业孵化器是在向新企业提供便宜而富有灵活性的场地的同时,通过提供各种支持性服务,为管理、技术、融资援助牵线搭桥,提供与其他专家和企业家的交流机会等,从而达到促进企业成长和发展的目的。企业孵化期是一个商业企业发展的动态过程,孵化器孵化年轻企业,在他们非常脆弱的启动时期帮助其生存并成长。企业孵化器模式一般适用于因尚未成熟而暂时不被大企业接受或无法立刻投入生产,但却具备开发潜力的自主创新研发成果。采取这一模式相当于为自主创新研发成果找到一个理想的中试基地,在这里可以进一步完善科技成果、进行小批量生产试验,还可以对小企业的组织、制度等管理方面问题进行改革与协调,为产品的市场化、产业化铺平道路。①

企业孵化器与高科技园区一般是共生共存的。科技园区是实现自主创新研发成果商品化、市场化的重要载体,孵化只是科技园区内的其中一项功能,而承担主要孵化职能的其实是园区内的孵化器——创业中心或创业服务中心。科技成果一旦在孵化器内孵化成功,创业企业就必须从孵化器中迁出,空出来的位置再接待新的高技术创业者。世界上首个企业孵化器模式的出现是以1951年斯坦福研究园诞生为标志的,其最著名的代表就是美国硅谷。企业孵化模式区别于其他孵化模式的一个重要特点,就是它不仅可以将自主创新研发成果孵化成为成熟的高科技产品,而且还可以同时培养高科技企业和企业家。

专栏10-1:美国建立世界首座军事技术孵化器

据美国《技术评论》报道,2002年美国陆军在新泽西州的卡姆登建立起了世界第一家军事技术孵化器,用以开发未来战场用通信技术和其他技术,同时探索利用孵化器促进军事技术商业化的方法。

加入该孵化器的条件很简单:小公司免费获得办公室空间,并能获得

---

① 刘涟、索柏民:"高等院校科技创新成果转化模式研究",《科技与管理》2002年第1期。

有经验的企业家的各种咨询意见。而军方则可优先查看在孵化器内新开发出的技术的类型和用途，以决定是否提供支持。为入住孵化器的小公司提供咨询意见的企业家布塞利说："这是试验性的，对于加入公司可免除经验不足的后顾之忧。"

加入该孵化器的每家小公司都是根据不同军事单位和不同需求而进行技术研发的，如一家名为 Secureant 的小公司正在研制超级保密手提电话，这是一种用于未来战场的通信技术。有4家公司共同从事"应用通信和信息网络计划"，目的是研究开发网络化战争技术，即一种在战场环境混乱的情况下，如何使各方分享信息的技术。该计划由位于新泽西州的"陆军通信和电子技术司令部"以及德莱克塞尔大学共同发起，希望走出50年来美军方依靠大军事承包商进行技术更新的死胡同。每一家加入孵化器的公司都希望获得成功，但实际上大多数新创公司最终都会死掉。

美陆军的这项计划仅向小公司提供一种通向市场的安全途径。这些小公司开发的产品，有的适合军方需要，从而获得军方继续支持，同时他们还可能改造其产品，使其适应市场需求，最终走出孵化器而进入市场。

【资料来源："美国首座军事技术孵化器诞生"，《科技日报》2002年6月22日】

4. 技术转让孵化模式

技术转让孵化模式是指高校、科研院所、企业等自主创新研发成果的拥有者通过有偿方式将自身的专利技术转让或许可给符合条件的企业，并由企业单独实施研发成果转化的模式。与内部自我孵化模式相对应，技术转让模式的特点是科技成果的供给方与使用方是互相分离的，它们之间往往需要通过技术交易市场等科技中介组织的牵线搭桥，因此，技术转让模式顺利实施的一个重要前提条件就是要有发达的科技中介机构。这种模式的另一个主要特点就是进入交易市场的科技成果一般都比较成熟，因此技术转让模式的孵化成功率一般较高。但这一模式也有一个典型的缺点，那就是科研机构与企业的互动融合程度较低,这就不利于科研机构开展有针对性的研发,也不利于企业自身技术创新水平的提高。不过,在我国当前这种科学技术、经济"两张皮"的现实情况下,技术转让仍不失为一种有效的自主创新成果孵化模式。

第二节 孵化阶段对制度安排的要求

科技成果犹如植物的种子,其发育和成长都需要相应的外部条件和制度保障。自主创新研发成果要顺利通过孵化阶段进入市场,也需要有科学的、合理的制度安排。

一、有完善的孵化器制度,具有良好的孵化平台

孵化器通过提供场地、共享设施、培训和咨询、融资和市场推广等方面的支持,有效降低了初创小企业的创业风险,对提高自主创新研发成果的孵化成功率具有重要作用。据全美企业孵化器协会(NBIA)统计,凡未经孵化器孵化的小企业,50%在创办头5年内就会垮台,而经过孵化的小企业80%都在激烈的竞争中生存下来并得到发展,成功机率大大提高。因此,西方发达国家政府都高度重视企业孵化器的建设与发展,制定出台了完善的孵化器制度,为高新技术顺利实现技术转化和产业化构建起了良好的孵化平台。以美国为例,美国是世界上最早建立企业孵化器的国家,目前美国企业孵化器数量已超过1000家,位居世界第一。而企业孵化器的发展,极大地促进了美国科技成果孵化水平的提高,一大批中小型高科技企业涌现出来。据统计,在企业孵化器诞生前20年中,美国年平均新增9000家企业,在企业孵化器诞生之后的5年中,美国年平均新增7.4万家企业。以色列地小人少,资源贫乏,但以色列全国共有高科技企业达3000

多家,其中在纳斯达克上市的科技企业已有120家,数量仅次于美国和加拿大,一举成为世界一流的高科技经济国家。以色列的成功也得益于政府高度重视企业孵化器建设,以色列于1991年在国家工贸部设立了首席科学家办公室,政府每年拨3-4亿美元专项资金扶持科学家创业,在全国建立的企业孵化器(园区)达24个之多。芬兰在2004年全球竞争力排名中,经济增长竞争力排世界第一,商业竞争力仅次于美国排全球第二名,在移动通讯技术领域居世界领先地位。芬兰从一个农业小国一举发展成为世界科技强国,其中孵化器的作用是不可忽视的。据了解,目前芬兰共有23个科技园,其中一半的科技园设有孵化器。①

二、有完善的风险投资体系,种子资金充足

根据西方发达国家的经验,一项科技成果从研发到产品孵化再到产业化所需资金的比例是1:10:100,对资金需求呈几何级数增长。而由于自主创新研发成果的孵化阶段具有不确定性和高风险性,使之很难获得以追求稳定收益为目标的银行贷款和其他债券的投资。因此,建立完善的风险投资制度,风险投资机构发达,种子资金充足,是自主创新研发成果得以顺利孵化的重要制度保障。风险投资最早出现于20世纪30年代的美国,是为适应当时新技术新产品创新的资金需要产生并发展起来的,现在已成为科技成果孵化和产业化的重要资金依托。风险资本对20世纪3个最重要的科学发现(可编程序计算机、晶体管、DNA)的最终商业化发展起了至关重要的作用。在美国,有高达50%以上的高新技术中小企业在其科技成果孵化过程中得到过风险投资的帮助,风险投资每年为1万多项科技成果孵化提供了资金支持。

在自主创新研发成果的孵化阶段需要的风险投资资金也称为种子资金,它是风险投资资金的一部分。目前国内外常见的种子资金主要有四种

---

① 李军、孙启新:"各国孵化器扫描",《中国高校科技与产业化》2006年第12期。

类型：一是政府种子基金，一般都具有一定的优惠性质，有时甚至是无偿提供的，但要获得它并不容易，而且金额也有限。二是孵化基金，包括孵化器投资和孵化政策基金两种。孵化投资基金即孵化器以投资的方式提供的各种资源和服务，如办公场地、办公设备、咨询服务等，有时也以少量资金进行投入。孵化政策基金是政府或孵化器为吸引投资项目而对某些特定项目或投资者而给予的政策性资金支持，如对海外留学回国人员、博士毕业生、专利持有人等创业者所给予的一次性奖励。三是风险投资机构种子基金，是风险投资机构为了发掘投资项目或测试项目发展前景而设立的。由于它比一般风险投资进入要早，所以也称为前风险投资。而且风险投资机构在种子期的投资多是一种试探行为，因此在其全部风险投资额的比例是很少的，一般不超过10%。四是天使基金，它其实是拥有资本的人所进行的个人（或多人联合）投资，也是一种前风险投资。天使基金在国外尤其是美国规模很大。

专栏10－2：广州开发区创新企业成长路线图：种子基金＋民营天使投资

广州开发区是我国规模最大的国家级开发区，连续四年生产总值和财政收入居国家级开发区首位，2007年工业产值达2451亿。目前广州开发区已累计孵化高科技创业企业1178家，2007年全年在孵企业755家。

为了给创业企业提供更好的资金支持，广州开发区正紧锣密鼓地筹备一支专门支持高科技创业企业发展的政府引导基金，首期规模定在10亿，预计年内将宣告正式成立。

在企业创业发展初期，最大的瓶颈是融资难题，单靠自有资金显然不现实。而初期阶段，公司通常只有一些科研成果，还没有转化为成熟的产品或商业模型，未来能否成功还不清楚，专业的风险投资机构往往不愿意冒险投入资金。

针对这种情况，广州开发区计划今年内成立金额为5000万元的科技创新企业种子基金，专门做一般风险投资不愿意投的种子期项目。这一基金目前的计划是与专业风险投资公司合作，专门投向广州开发区内新成立的科技企业。

"这一阶段的目标是把科研成果转化为实实在在的产品或是商业模式，投资金额大约每笔在50万至200万之间，是名副其实的天使投资。"广州火炬高新技术创业服务中心主任申平说。

除此之外，广州开发区内天使投资的另一股主要力量则是来自民营企业家。在珠三角，有大批老板、企业家正在寻求产业转型的机会，他们通过在传统产业领域的成功，手上拥有大笔资金，现在希望进入高科技领域，这批人群正成为广州开发区产业园区天使投资的主力军。

"由于各种原因，珠三角的传统产业正面临发展瓶颈，许多民营企业家都有转型或者投资高科技产业的动力，而对于这样的企业家，由于在传统行业摸爬滚打多年，对行业和人的判断都有相当的眼光，非常适合作为天使投资人。"申平说。

据了解，广州开发区政府已计划拿出10亿资金，与几家知名风险投资机构合作成立政府引导基金。目前这一方案正在审批过程中，前文提到的5000万元的科技创新企业种子基金亦包括在内。

按照方案，广州开发区会和外资及内资风投机构共同发起成立几只新基金，从出资比例上来讲，政府方面作为引导肯定是出小头，风投机构进来后还会带动更多资金。因此，整个规模会达到几十亿。

【资料来源："10亿组建引导基金，广州2010年培育30家上市企业"，《21世纪经济报道》2008年8月3日】

三、有政府强有力的政策支撑与扶持

自主创新研发成果的孵化阶段是一个高风险的阶段，而且离收获季节较长，在这种背景下，政府强有力的激励政策（如税收政策、财政政策、分配制度等）可以充分调动研发成果孵化参与者的积极性和创造性，这是加快研发成果孵化的一项至关重要的制度安排。例如，为了鼓励风险投资

机构积极投资科技成果转化项目,美国出台一系列的税收优惠政策,其中1978年、1981年分别颁布了《收入法》和《经济恢复法》,将风险投资企业的所得税率从最高的49%降至20%,从而有效地促进了风险投资的发展。日本政府为了扶持中小企业加快科技成果孵化进程,制定了《中小企业创造活动促进法》,实施"创造性技术研究开发补助金制度",从资金上支持中小企业对科研成果的应用开发。同时对研究开发型中小企业实施特别的税赋政策,减免法人税和所得税,企业因技术开发造成亏损,可转移到下一年度结算。① 又如,为了推动自主创新研发成果的顺利孵化,上海市政府1998年在全国率先出台了《上海市促进高新技术成果转化的若干规定》,其中包括凡经专家评估达到成果转化要求的自主创新研发成果,优先贷款并进行融资担保、允许优先从国内外引进人才、优先征用土地、优先供电供水等18条具有强烈激励作用的优惠政策。在这些激励政策的推动下,上海市自主创新研发成果的转化率大幅提高,成果转化率从40%左右提高到90%,大批被束之高阁的自主创新研发成果快步走向生产领域,走向市场。②

四、有严格的知识产权保护制度

实行严格的知识产权保护制度,对自主创新研发成果的孵化与产业化具有至关重要的作用。一方面,可以借助专利法使投资孵化者在一定的时期和范围内对其孵化产品拥有独占权,保障创新产品不被别人抄袭模仿;另一方面,可以依托产权法对孵化产品进行私有化,使投资孵化者能够真正拥有自己的创新成果,充分调动他们投资自主创新研发成果进行孵化的积极性。美国是最注重对科技成果进行知识产权保护的国家之一,早在

---

① 参见"日本:政府扶持 努力促进科研成果产业化",《北京青年报》2004年11月21日。

② 徐仙明:"科技型中小企业技术成果转化中介模式研究",新高度论文网,http://www.newtop5.cn/Management/show-13927-1.html

200多年前,美国宪法就规定,"(国会有权)保障著作家及发明家对其著作品和发明物于限定时间内之专有权利,以奖励科学和实用技术的进步。"依据宪法,美国在1790年就颁布了世界第一部专利法。此后美国还制定了《技术转让商业化法》(1998年)、《美国发明人保护法》(1999年)等一系列法律法规,更是全面加强了对专利权人利益的保护,对科技成果的快速孵化、产业化产生了极为深远的影响。澳大利亚在实施研发税收减免计划、研发启动计划、创新投资基金计划、合作研究中心计划等一系列科技计划的过程中,都明确专利在内的知识产权保护目标,使知识产权保护纳入科技计划的立项、实施、验收等整个过程。在这些科技计划中,有的计划还允许将部分资助经费用于知识产权保护。如旨在推动澳大利亚生物技术产业化进程的生物技术创新基金计划,为了加强专利在内的知识产权的保护,允许将不超过资助总额的5%同时又不超过3万澳元的经费用于知识产权的保护。①

五、有门类齐全的科技中介服务体系

科技中介机构是面向社会开展技术扩散、成果转化、科技评估、创新资源配置、创新决策和管理咨询等专业化服务的机构,在自主创新研发成果的孵化阶段起着重要的"催化剂"与"粘合剂"的作用。从西方发达国家的成功经验看,构建一个多层次、全方位、结构合理的完整的科技中介服务体系,是加快推进自主创新研发成果孵化进程的重要保证。比如,英国的科技中介机构可分为三个层面:政府层面、公共层面和私人公司。②在政府层面,英国政府在全国各地建立了240个地区性的"企业联系办公室",目的之一就是促进当地企业与大学、研究机构以及金融机构等的联

---

① 贾康、罗建钢、赵全厚:《促进我国自主知识产权成果产业化的财政政策研究》,《经济研究参考》2007年22期。
② 姜晓华、苗军:《发达国家科技中介服务业对中国科技服务业的启示》,http://www.cbtm.gov.cn/bbs/detail.asp id = 208

系，实现科技成果的转化与推广；在公共层面，主要有英国皇家学会、皇家工程院、研究理事会和大学科技政策研究机构等公共科技中介咨询机构，另外，各大学的科技成果转化中心、科技园、全国性的专业协会、慈善科技中介组织等，也是重要的科技中介服务机构；在私人公司层面，以盈利为目的、独立的私人中介公司是英国科技中介机构的主体。这些私人中介公司在数量较多，规模上以小型公司为主。

六、有勇于创业、容忍失败的良好社会环境

自主创新研发成果的孵化阶段具有高风险、不确定性的特点，总是伴随着失败的风险，因此研发成果的孵化应该是允许失败的。给创业者提供自由宽松的环境，让"敬佩成功者，尊重失败者"成为一种普遍认同的创业文化，这对自主创新研发成果的孵化具有极为重要的促进作用。硅谷是世界高科技产业的中心，集中了7000多家高新技术公司的总部，每年创造产值高达5000亿美元。硅谷的成功并非由于美国的科技人才比其他国家更加出类拔萃，而是因为它用"鼓励创新、容忍失败"的环境吸引了全世界最优秀的创业者和风险投资者。硅谷崇尚创业精神，如果创业成功，创业者会得到相当高的利益回报；如果创业失败，创业者仍得到相当的尊重。硅谷有很多人经过几次创业的经历，他们把失败当成一次学习的过程，不会被别人耻笑。著名经济记者米克莱维特和伍尔德里奇（John Micklethwait, Adrian Wooldridge）在其文章里归纳出硅谷最成功的10条"文化簇集"，其中第二条就是"对失败的极度宽容"。在硅谷常听到的一句话是："It is OK to fail"（败又何妨）。对失败的宽容气氛，使得硅谷整个环境非常适合创业，适合新兴公司的成长，这也是创业者愿意到硅谷创业的重要原因。而与此形成鲜明对比的是日本的筑波科技城。科技城区内设计豪华，生活舒适，日本把最好的大学毕业生都送来这里，创新的硬件环境非常优秀，但筑波科技城所取得成果却与硅谷不可同日而语，究其原因，不容忍失败已成为日本筑波科技城发展的致命伤。在这里，科技精英们对生活并无怨言,但却由于面对只许成功不许失败的精神压力而不堪重负,有些人甚至沮丧到自杀。

第三节 我国自主创新孵化阶段的制度缺陷

目前,我国每年有2万余项比较重大的科技成果和5千多项专利技术,虽然科技成果数量较多,但其中通过孵化成为商业产品的科技成果却不足5%,绝大多数成果并没有转化成生产力而贡献于社会。而同期欧美发达国家的科技成果转化率则高达45%。之所以造成这种尴尬的局面,虽有科技成果本身的原因,但更多的是我国在自主创新产品孵化阶段的制度缺陷所致。

一、孵化器管理的制度性缺陷造成较低孵化能力

如果我们把孵化看成是一种帮助创新型创业企业成长的运作机制,那么,孵化器就是执行孵化机制的社会经济组织。这种运作机制的初级形态是为被孵企业提供一些硬件设施和优惠政策,诸如办公场地和办公设备等;中级形态是为被孵企业提供一些与创业有关的中介、培训和管理服务,诸如法律培训和管理咨询等;高级形态是形成企业孵化器自身的商业运作模式和企业文化,使得企业孵化器和被孵企业能够形成良性的互动成长;甚至是形成"毕业生"的"校友联盟",以进一步促进"毕业生"的发展和企业孵化器的发展。[①]

据不完全统计,目前我国各类企业孵化器已达到了4000多家,数量仅

[①] 林强、姜彦福:"中国科技企业孵化器的发展及新趋势",《科学学研究》2002年第2期。

次于美国,居世界第二。但我国孵化器的数量虽然多,却没有发挥出应有的功能,孵化效果并不理想。我国孵化器虽然在物业、设备等基础建设方面成果显著,但大多数孵化器提供的服务主要集中在物业管理、房地产租赁和日常行政服务等方面,对入孵企业有较大影响的服务项目如投融资服务、政策法律信息咨询与扶助、会计服务、产品市场推广、技术转让中介等则是少之又少,服务功能很不完善。而孵化器的孵化能力与其所能提供的服务种类、质量、效率成正比,缺乏服务功能的孵化器,其孵化能力自然较弱。总之,我国孵化器充其量只能解决被孵企业的生存问题而难以真正帮助企业发展,因此还是初级形态的运作机制。

造成这种状况的主要原因,是我国孵化器管理模式存在着严重的体制缺陷。目前,我国企业孵化器的体制形态主要有三种:事业单位企业化管理体制、纯事业单位体制和纯企业体制。其中,事业单位企业化管理体制的孵化器占绝大多数,是我国企业孵化器的一大特色,其实质是政府主导的事业单位性质的非营利型孵化器,这种行政化的孵化器管理模式,一方面造成政府过度干预孵化器的管理和运作,不利于孵化器的市场运作;另一方面是导致孵化器管理机构行政化,容易形成重管理轻服务、内部办事效率低下的不良弊端。此外,这种既是事业单位又是企业的组织形式,还严重抑制了孵化器产权投资多元化、社会化和产业化进程,不利于孵化器与风险投资的结合,阻碍了孵化能力的有效提升。

二、风险投资发育不善导致孵化融资困难

如前所述,自主创新成果从诞生到转化为商品,需要经历研发(实验室成果)、孵化(中间应用放大实践)、产业化(批量生产)三个阶段,根据国外成功的经验,这三个阶段资金投入的比例约为1:10:100,但我国的这一比例却为1:1:10,可见,我国自主创新成果在孵化阶段的资金投入严重不足,而造成孵化资金匮乏的关键,就是缺少风险资金尤其是"种子型"创业资金的投入。据有关统计资料,在我国已经孵化的自主创新成果中，成功孵化的资金主要靠自筹的占56%，国家科技计划贷款占26.8%，而风险投资仅占2.3%。

我国政府一直非常高度重视风险投资的发展，从1985年就开始进行风险投资的探索（以中国新技术创业投资公司的成立为标志），目前全国已有约200家从事风险投资的创投公司，但由于许多管理制度不健全，市场机制更是差强人意，使得风险投资的发展还存在诸多问题。具体表现为，一是风险投资主体比较单一，投资机构自身实力不足。就资金来源而言，政府投资（各类计划资金、贷款）依然占有主导地位（美国风险资金的70%以上来自民间）。目前，我国种子资本基本上还是以政府种子基金和孵化基金为主，多数是优惠性种子资本。由于资金限制，风险资金的支持范围一般很小，门槛也很高，真正能获得风险投资支持的企业寥寥无几。二是专业人才极度缺乏，制约了风险投资机构的健康发展。风险投资是一个具有信息趋群、人才趋群、地域趋群特征的特殊行业，在风险投资主客观诸多要素的组合中，最重要的是人的资源。这个行业最著名的说法是，发展风险投资，第一是人，第二是人，第三还是人。三是风险资本的退出机制不够畅通，严重影响了风险投资的收益率，致使风险投资机构对风险高、短期内难有收益的科技成果孵化项目投资积极性不高。

三、科技体制的制约造成创新成果与市场严重脱节

学者研究发现，一项创新成果必须同时满足五大条件才真正具备孵化的价值。第一是原理上的合理性，即创新项目在构想之初就必须依据科学的基本原理，如近年来曾出现的"点水为油"的成果就与基本的科学原理不符。第二是实验上的可靠性，包括实验假设条件的可靠性、实验方案和过程的可靠性、实验结果的可靠性等三个方面。第三是操作上的可行性，即能够在复杂的现实条件下进行实际生产。操作上的可行性与实验上的可靠性区别在于，前者更强调科研成果转化过程在进入产品化阶段及商品化和产业化阶段时，该项技术应更能适应规模生产要求，使该技术产业在区域选择、产业带形成及研究、生产、销售等环节上都具有实现的可能。第四是造价预算上的经济性。第五是社会上的相容性。科研成果能否孵化，与社会环境、经济环境、制度环境是否相融密切相关的。① 由于我国科技管理体制长期与市场隔绝，造成了技术与经济"两张皮"的现象，科研机构与高等院校的研究人员和研究成果，长期与企业和市场脱节。在这种科技管理体制下，科研人员只关心课题研究经费、主管部门的验收、研究论文发表等与自己切身利益相关的问题，而较少考虑研究成果能否顺利孵化，成为具有实际功能的产品。这种体制造成的明显负效应就是，有些创新成果与市场的需求严重脱节，根本没有孵化价值；有些创新成果在技术上欠成熟，与市场的需求还有很大的距离，在成熟性、稳定性、可靠性等方面往往经不起复杂的现场条件的考验，不能达到孵化的要求等。

四、激励与保障制度缺失致使成果孵化动力不足

制订合理的激励机制可以充分调动研发人员的积极性和创造性，对于加快创新成果的孵化具有重要意义。但由于我国分配激励制度一直比较僵化，对科技人员的创造性劳动不够重视，在科技成果鉴定、奖励及对科技人员考核评价制度中没有与成果孵化相挂钩的机制，而且对科技人员在创新成果孵化后的分配政策也非常模糊，难以激发科研人员参与成果孵化的热情与积极性。另外，我国现行的创新激励政策存在严重脱离实际的现象，有时甚至阻碍了科研人员将创新成果进行孵化的积极性。例如，中央和各地方政府出台的针对创新成果孵化和产业化的贷款贴息和土地优惠政策，但现实中那些拥有自主知识产权成果的中小型企业，大多还处于创业期，没有足够的信用记录来获得银行贷款，也没有足够的资金来购买土地，使得这两项政策不仅不能发挥作用，反而成了政策门槛，一大批处于

---

① 王先庆："高校科技成果转化：过程与机制"，《深圳大学学报》2001年第3期。

初创期的中小创新型企业根本无法享受到该优惠政策。①

近年来,我国陆续制定了《专利法》、《促进科技成果转化法》、《关于促进科技成果转化的若干规定》等一系列保障自主创新成果转化的法律法规,但细究起来这些保障制度仍存在诸多不足。具体表现在,其一,我国现行的知识产权保护制度覆盖面比较狭窄,与创新成果孵化密切相关的知识产权评估、风险投资、税收优惠等法律制度都还不够完善;其二,现行法律原则性规定多,具体可操作性较差。虽然对创新成果孵化所涉及的政府、科研机构、企业、科技中介等各方主体之间的权利义务作了法律规定,但具体操作细则就比较模糊;其三,对创新成果孵化过程中的侵权行为缺乏有力的打击措施,孵化投资者的收益权得不到有效的保护,严重挫伤了他们参与和投资孵化的积极性和投资热情。

五、科技中介服务体系尚不完善

改革开放以来,我国以生产力促进中心、科技咨询机构、技术交易市场、创业服务中心等为代表的科技服务中介体系得到了长足发展,推动了创新成果的孵化和市场化,但从总体上看,我国科技中介服务体系仍然存在诸多问题,"桥梁"和"纽带"功能没有得到充分的发挥。具体表现在,第一,我国科技中介体系发育还不够完善,难以满足市场需要,比如,科技中介的地域发展不平衡,上海、广州等发达城市科技中介发展已有相当水平,但经济相对落后的内陆城市发展却很滞后,和当地日益增长的服务需求严重脱节;又如,科技中介业务结构发展失衡,生产力促进中心、创业服务中心等政府主导的常规中介机构发展较快,但为科技和金融结合服务等较高水平的科技中介机构发展较慢,造成金融部门有资金贷不出去,而科技企业资金严重匮乏的矛盾现象。第二,科技中介服务的专业人才普遍缺乏,影响了服务水平和服务质量。科技中介服务是一种软服务,服务

---

① 贾康、罗建钢、赵全厚:"促进我国自主知识产权成果产业化的财政政策研究",《经济研究参考》2007年第22期。

效果有赖专业人才的素质。但目前我国科技中介专业人才非常短缺,虽然中央和部分地区的科技管理部门已经进行了十多年的培训,但人才数量仍然十分有限,全国加起来还不足4000人,远远不能满足日益增长的市场需求,致使相当部分从业人员专业能力、服务经验不足,个别从业人员甚至缺乏职业道德,不顾行业信誉,直接导致社会上存在"轻视中介、怀疑中介、嫌弃中介"的倾向。[①]

第四节 自主创新孵化阶段的制度设计建议

一、大力发展企业孵化器,构建良好的创业平台

从西方发达国家的经验来看,经过孵化器扶持过的企业成功率高达80%,反之,没有得到孵化器扶持的企业,其成功率只有20%。可见,大力发展企业孵化器,构建良好的创业平台,是促进企业创新成果通过孵化实现产业化,帮助企业取得成功的一项重要的制度安排。具体来说,包括以下几方面的制度建设。

一是尽快建立和完善多元化投资体系,大力推行企业化运作模式。西方发达国家的经验证明,在孵化的起步阶段,政府投资是企业孵化器最重要的资金来源。例如,美国政府对孵化器的直接和间接投资占孵化器基本投资的比例就高达51-57%,对企业孵化器的发展起着重要的辅助和推动作用。但在孵化器发展到一定水平后,投资主体就应该由政府单一投资模式逐步向企业、民间机构和外资等共同参与的多元化投资体系转变。目前

[①] 徐冠华:"科技中介机构发展存在五大问题",中国网,2002年12月3日。

我国企业孵化器数量已居世界第二位，早已跨过了起步阶段的门槛，政府不能再包办一切，而应该通过制定合理的政策和法规，引导和鼓励各类民间资本投资于孵化器产业。政府不再直接参与孵化器的运营，也不对其具体事务进行干涉，孵化器完全按照市场原则规范化运作，按照企业原则进行专业化管理。这里需要的是，推行孵化器企业化运作模式，并不是鼓励企业孵化器完全成为以营利为目标的企业组织，而应该采取"非营利性公共组织"运作模式，这是得到国际社会普遍承认的企业孵化器的主流形态。

二是建立多元化服务体系，强化企业孵化器的服务职能。我国虽然孵化器数量众多，跃居世界第二位，但孵化能力却较弱，服务体系不健全，因此，现阶段的当务之急的是强化孵化器的服务职能。除继续稳定发展企业孵化器的物业管理、办公场地租赁和日常行政服务等基本服务职能外，还要加强投融资、政策法律信息咨询、会计、技术转让中介等高级别的服务项目，为入孵企业提供更全面和有效的服务，切实提高孵化水平。

三是按照专业化分工和服务的要求，加快推动企业孵化器向专业化方向发展。专业化是指企业孵化器在发展过程中要找到自己的核心优势行业。由于时间、精力和资金等资源有限，企业孵化器不可能擅长于所有的行业，因此需要聚集于某一个或者某几个相关的行业，并积累起自身在这一领域的核心优势。① 企业孵化器在孵化某项自主创新成果时，如果能够精通其所在的行业，则能够比较容易地使该自主创新成果孵化成功，并辅导初创企业的快速成长，企业孵化器本身也更能够取得专业化分工的规模效益。

专栏10-3：我国"孵化器"科技园获多项税收优惠

为了加快科技成果转化，鼓励科技企业孵化器（高新技术创业服务

---

① 朱国华、姜林："对中国科技企业孵化器发展方向的探索"，《中国科技成果》2007年第7期。

中心）和国家大学科技园发展，财政部、国家税务总局规定 2008 年 1 月 1 日至 2010 年 12 月 31 日期间对"孵化器"科技园实行一系列税收优惠政策。

1. 对符合条件的科技企业孵化器自用以及无偿或通过出租等方式提供给孵化企业使用的房产、土地，免征房产税和城镇土地使用税；对其向孵化企业出租场地、房屋以及提供孵化服务的收入，免征营业税。同时，对符合非营利组织条件的孵化器的收入，自 2008 年 1 月 1 日起按照税法及其有关规定享受企业所得税优惠政策。

科技企业孵化器应同时符合下列条件：孵化器的成立和运行符合国务院科技行政主管部门发布的认定和管理办法，经国务院科技行政管理部门认定，并取得国家高新技术创业服务中心资格；孵化器应将面向孵化企业出租场地、房屋以及提供孵化服务的业务收入在财务上单独核算；孵化器内提供给孵化企业使用的场地面积应占孵化器可自主支配场地面积的 75% 以上（含 75%），孵化企业数量应占孵化器内企业总数量的 90% 以上（含 90%）。

2. 对符合条件的国家大学科技园自用以及无偿或通过出租等方式提供给孵化企业使用的房产、土地，免征房产税和城镇土地使用税；对其向孵化企业出租场地、房屋以及提供孵化服务的收入，免征营业税。同时，对符合非营利组织条件的科技园的收入，自 2008 年 1 月 1 日起按照税法及其有关规定享受企业所得税优惠政策。

国家大学科技园应同时符合下列条件：科技园的成立和运行符合国务院科技和教育行政主管部门公布的认定和管理办法，经国务院科技和教育行政管理部门认定，并取得国家大学科技园资格；科技园应将面向孵化企业出租场地、房屋以及提供孵化服务的业务收入在财务上单独核算；科技园内提供给孵化企业使用的场地面积应占科技园可自主支配场地面积的 60% 以上（含 60%），孵化企业数量应占科技园内企业总数量的 90% 上（含 90%）。

【资料来源:"'孵化器'科技园,将获多项税收优惠",《中国财经报》2007年8月25日】

二、建立并完善风险投资体制,拓宽投融资渠道

在自主创新成果的孵化阶段,虽然各方都有较强的收益预期,但这个阶段也正是需要大量资金支持却又最容易出现投资失败的特殊时期,因此要想解决此阶段的资金"断层"问题,依靠银行、证券市场等传统融资渠道是难以实现的。而政府的财政资金投入也十分有限,它只能满足很少一部分基础性、战略性、前瞻性都很强的国家核心技术孵化项目的需要。因此,惟有拓宽投融资渠道,积极引入风险投资,才能真正满足自主创新成果孵化阶段的巨大资金缺口。

发展风险投资,首先要建立多元化的风险资本来源渠道,增强我国风险投资机构的孵化实力。鉴于孵化阶段的不确定性与高风险性,由政府出资建立风险投资基金的引导资金,不失为推动自主创新成果孵化的一种有效途径。但从欧美等风险投资发达国家的成功经验来看,风险资本仅靠政府财政投入是远远不够的,政府只是引导和保障风险投资的发展,风险投资的主体还是企业。西方国家风险资金的来源渠道很多,既有政府基金和金融机构,也有私人资本、养老基金、保险公司和企业集团。例如,1997年美国风险投资基金的主要资本来源,养老基金占了40%,企业集团占30%,私人资本占了13%。因此,我国要尽快建立以民营资本和外资为核心的多元化风险投资体系。

其次,良好的制度保障是风险投资得以健康发展的基本前提。它有利于帮助投资者建立理性预期,更好适应孵化阶段的高风险环境,提高参与孵化的积极性与热情。在建构风险投资体系中,政府应将自己主要定位为风险投资制度的供给主体,不断建立和完善风险投资制度。第一,由于风险投资有别于一般的直接性投资的投资行为与金融运作机制,因此,国外对风险投资一般都有专门的法律规定,如美国的《小企业投资法案》。我

国也要抓紧制定出台《风险投资法》等专门法律法规，为风险投资发展提供必要的制度保障。第二，为了调动各投资主体的积极性，要尽快建立适合我国国情的风险资金委托代理管理制度、收益分配和激励制度，以及从税收、工商登记、人才引进、商业资讯等方面制定全方位的优惠配套政策。例如，美国以政府出资三分之二、受益10%的特殊投资收益分配机制，鼓励通过在公开市场募集资金组建风险投资公司，支持其向科技型小企业进行风险投资，就取得了很好的效果。我们也可以借鉴美国这方面的经验，尝试以政府较多投资较少收益的激励机制，引导风险投资机构向科技型中小企业投资。第三，要不断完善风险投资的市场退出机制。风险投资有无通畅的退出渠道直接关系到创业投资资金的使用效率和投资信心。在自主创新成果孵化阶段，风险投资的退出渠道主要是高科技产品交易市场、高科技产品交易会等中介组织，因此要积极鼓励此类科技中介机构的发展。另外，要积极推动股份转让制度发展，大力鼓励科技企业间的并购，特别是上市公司参与的并购。

三、建立和完善知识产权制度，保护创新的合法权益

如前所述，自主创新成果孵化项目具有投入金额大、投入周期长、产出效益不确定等高风险特征，而创业者和投资者之所以愿意冒高风险，是由于他们期望所取得的科技成果能形成排他性的知识产权，并能享受由此带来的超额利润。但如果这些孵化成果可以任人仿制，投资者的盈利预期就无法实现，投入的巨额孵化费用也就无法收回，孵化投资的积极性必然受到极大挫伤。美国经济学家曼斯菲尔德指出，如果没有专利保护制度，60%的药品发明就不能研究出来，65%的发明成果不会被利用；38%的化学发明就不会研究出来，30%的发明成果不会被利用。[①] 因此，要扭转我国目前存在的自主创新成果孵化率过低的窘境，必须强化以知识产权保护

---

① 郭锦杭："中国高校科技成果研发及其产业化的法律问题浅究"，《广东行政学院学报》2006年第4期。

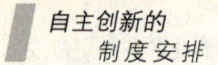

为核心的保障机制,保护创新成果的合法权益。

具体来说,要加强以下几方面的工作。一是要加强和完善专利、产权等方面的法律法规与制度建设,包括知识产权评估制度、知识产权信息统计和专报制度、专利申报优惠政策等。同时,对现行知识产权保护方面的法律法规进行及时修订,进一步提高法律法规的可操作性。二是加强知识产权执法力度,增设惩罚性损害赔偿规定,强化通过法律途径来保障自主创新成果孵化主体的合法权益。美国对专利侵权者的处罚力度则是相当严厉的,即一旦对行为者判为侵权,往往使其倾家荡产,并使其终身信誉受到影响。中国香港特别行政区版权法规定法院在处理侵权诉讼时,可根据案件需要增加一种额外损害赔偿,这实际上是增设了惩罚性损害赔偿。① 我国也有必要积极借鉴美国、香港等先进国家和地区的成功经验,在自主创新成果孵化法律制度中增设惩罚性损害赔偿规定,大幅提高侵权人的违法成本,有效阻吓其再次实施侵权行为,同时,也要使权利人得到了充分的司法救济,使他们的合法权益能得到法律保障。

四、完善科技中介服务体系,推动创新成果的孵化进程

科技中介服务是架设创新成果与企业、市场的桥梁和纽带。科技中介机构不断把科研机构和高等院校等研发单位的创新成果推介到企业和市场,同时也把企业与市场需求反馈到研发单位,在加速技术流动与促进创新成果的孵化发明,发挥着不可替代的关键作用。要不断完善我国的科技中介服务体系,大力发展门类齐全、功能活跃的各种有助于创新成果孵化的中介服务组织,既包括技术交易市场、科技咨询中心等服务中介机构,也包括技术评估、技术仲裁等技术服务机构。其中技术评估和仲裁是我国科技中介体系中的薄弱环节,严重制约了技术转让等的顺利开展,因此,我国有必要在政府专利局之外发展一批独立的专利成果评估和仲裁机构,

---

① 郭洪波:"科技成果转化法律制度比较研究",《政治与法律》2005 年第 1 期。

公正、客观地对专利成果进行定价，对技术交易中产生的纠纷提供司法外的公正仲裁。同时，要大力发展科技成果交易市场、高新技术产品交易会、高新技术产权交易所等科技中介机构，使之不仅成为重要的科技成果交易平台，也是自主创新成果孵化阶段的风险资本顺利退出的主要渠道。

五、继续推进科技体制改革，改革创新成果评价体系

建立一套公正、科学、行之有效的科技成果评估体系，也是创新成果能否顺利孵化的关键因素之一。因此，要继续推进我国科技体制改革，不断改革创新成果的评价体系，彻底改变当前技术经济"两张皮"的状况。特别是高等院校和科研院所，要改变目前这种对科研人员以发表论文数量为标准的考核制度，要将创新成果孵化数量、质量和效益纳入考核范围，促使科研机构树立起"研究为转化服务"的观念。要继续推动高等院校和科研机构对创新成果孵化的分配机制改革，明确规定在高校和科研机构，创新成果孵化后带来的经济效益由发明人及其所在单位共同分享，从而提高科研人员进行创新成果孵化的积极性。同时，要认真改变当前这种国家计划立项、政府财政拨款、科研机构申请研究的计划经济时期的科研管理模式，建立一种以市场需求为导向的科研管理体制。科研机构只有把解决生产单位的技术需求作为自己科研工作的出发点和着眼点，准确地了解和把握生产单位的技术需求，才能研制出对生产单位技术进步有效的科研成果，并使科技成果适销对路，把第一生产力实现的前提转化为有利条件。[①]

附件10-4：飞利浦公司消除实验室与产品发展部门之间隔阂的成功策略

飞利浦公司在全球建立了13个实验室，每年投入3亿欧元的经费从事新科技的发展，获得了65000个技术专利和无数研发成果。但实验室的研

[①] 敬志伟："科技成果转化：建设创新型国家的关键环节"，《红旗文摘》2006年第19期。

发成果却有许多不为产品发展部门知晓或使用，造成了严重资源浪费。为此飞利浦公司推行了以下战略：

1. 实验室的研究经费有2/3将由各产品事业部来支付，只有1/3来自总公司的直接编列。因此实验室的科学家们必须与各事业部的开发部门保持密切往来，实验室也必须评估新技术商业化的可行性与潜在市场效益，以争取产品事业部对于新技术研发的兴趣与经费支持。这种新的研发经费配置方式，明显拉近实验室与六大产品事业部开发部门之间的关系，也能兼顾实验室研发自主性与技术商业化的需求。

2. 设置名为业务发展官（CDO）的新职务，进驻到飞利浦的全球实验室。他将负责评估实验室的新技术发展蓝图，规划新技术商业化的战略。CDO扮演研发部门与产品部门的中介角色，致力于发展这两个部门的合作关系，同时也要负责将实验室研发成果推到市场上，为实验室创造实质的金钱收益。

3. 采取以产品的市场获利机会大小作为研发经费配置的主要依据。飞利浦将过去数十年来实验室的研发成果（包含技术、专利、研究报告等）对于产品获利的贡献关系进行详细的分析，企图建立一套比较科学化的指标，可以用来评估实验室所提出的各项研究计划与经费需求。飞利浦发展市场导向的研发绩效评估指标，目的就是希望能提升实验室研发成功商业化成功的几率。

【资料来源：刘常勇，《科技创新与竞争力—构建自主创新能力》，科学出版社2006年版】

六、合理分摊孵化成本，构建良好的创业生态

对大多数立志创业的人来说，创业成本和创业风险确实是不能承受之"重"。解决这个问题，首先，要构建一种社会合理分担孵化失败成本的机制，降低创新成果的孵化成本与市场风险。诺贝尔经济学奖得主弗农·史密斯（Vernon L. Smith）2003年12月在北京大学做题为《市

场、资本市场与全球化》演讲时就指出,从整个社会的角度来看,多数创新者的失败是少数创新成功者的成本和基石。因此,孵化失败的成本应该由社会、创业失败者、创业成功者三方按照一定的比例来共同承担。其次,要努力创建和完善以社会保险为依托的科技保险制度,由保险公司设立"国内新技术风险险"或"专利风险险"等险种,企业按一定程序进行保险金的缴纳和领取。这样有助于企业在科技投入中将孵化风险降到最低,解除了他们的后顾之忧,并使之在投入失败后能尽快恢复重新投入试验的能力。2007年以来,科技部与国家保监会已先后在北京、天津、重庆、深圳和苏州国家高新区、西安国家高新区等12个市(区)进行了科技保险创新试点,并取得良好的效果。科技保险制度有必要在条件成熟后尽快在全国普及推广。最后,我国高等院校要加强创新和创业教育,通过普及创业学课程教育、在本科和研究生教育中设立创业管理专业等措施,为高科技产业的发展培养出一大批具备创新和创业能力的高端人才。政府要通过引导舆论宣传,极力营造一种"鼓励创业、宽容失败"的创业文化氛围,为自主创新成果孵化创造良好的社会外部环境。

七、强化创新主体合作,构建"官产学研金"合作体系

创新成果的孵化是一个既需技术支撑,又需大量资金投入的重要阶段。在我国传统的科技体制中,掌握技术的科研机构与掌握资金的企业缺乏有机的联系。科研机构局限于研发阶段,既没有对创新成果进行孵化的经济实力,也缺乏进行孵化的市场动力,而企业更多的把眼光放在生产阶段,创新的积极性不高,对创新成果进行孵化的意愿也不强烈,这种状况是导致了我国创新成果孵化率明显偏低的原因之一,成为了我国科技成果转化的最大瓶颈。要解决这一问题,其有效途径就是在科学研究—技术开发—组织生产的结构上进行合理调整,实现"官产学研金"的有机结合,政府、企业、高等院校、科研机构与金融机构之间逐

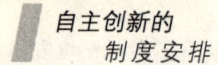

步形成一个制度化的有机合作、良性互动的网络系统。西方发达国家的实践证明,这种结合是促进创新成果孵化的一项重要制度安排。例如,日本在1982-1992年间,研制的新产品约70%是"官产学研金"联合攻关的成果,而由于这些机构的合作,使创新成果迅速形成了行业规模,获得了市场效益。①

---

① 王蕾:"我国科技成果转化中的融资问题",《经济界》2001年第5期。

第十一章

自主创新成果市场化阶段的制度安排

　　自主创新的目的，是通过研发过程获得创新成果，然后通过孵化过程和生产组织形成产品规模和产业规模，创新产品在占领市场的过程中获得独享的高额利润，提高企业的竞争力，提升国家的综合经济实力。从这个意义上说，市场化阶段是自主创新成果的收获期，是自主创新成果转化机制运行的终点。

自主创新的
制度安排

第一节 自主创新成果市场化的内涵与特点

一、自主创新成果市场化的基本内涵

自主创新成果的市场化是指对孵化产品进一步实现商业化和产业化的过程,是以获得最佳规模经济效益或社会效益为目的的活动,其实质是实现科技经济一体化。根据我国《促进科技成果转化法》对科技成果转化的定义,市场化阶段是指自主创新成果孵化成功之后的应用和推广阶段,其与研发阶段、孵化阶段共同构成了完整的自主创新的全过程。

自主创新成果的市场化过程,本身也包括了三个发展阶段:一是初创阶段。其标志是自主创新产品进入商品化批量生产,此阶段是纯粹的投入期;二是成长阶段。其标志是自主创新产品达到预期的大规模生产,企业跨过盈亏平衡点;三是成熟阶段。其标志是大量衍生产品出现,形成了产品系列化,企业获得稳定盈利。同时由于技术的扩散和市场的成熟,大量竞争者跟随涌入,从而逐渐扩散形成一个企业群,甚至形成新兴产业或行业,实现了自主创新成果的产业化。

衡量自主创新成果的市场化过程是否成功,主要有两个标准。一个是赢利标准。市场投资活动是以能否最终赢利即经济效益为最高标准,这是创新者和投资者的核心利益所在。因此市场化必须达到预期投资收益率,否则自主创新成果市场化的目标就不能说已经实现。另一个是规模标准。没有规模就没有效益,大规模生产可以有效降低产品的单位成本,增强产品的市场竞争力,从而取得最大的市场份额。可见,规模标准是赢利标准的重要前提条件。

二、自主创新成果市场化阶段的特点

1. 资本高投入阶段

高新技术产业是个典型的资本密集型产业,无论是自主创新成果的研发、孵化还是市场化,都需要投入大量资金。而根据国外学者的研究,市场化阶段所需的资金投入是三个阶段中最大的,一般会是研发阶段的100倍、孵化阶段的10倍以上。可见,高额的资金投入是自主创新成果市场化的一个显著特点。

2. 市场风险和财务风险高企

高风险是市场化阶段的另一个显著特点。但自主创新成果孵化成功后,技术风险和产品风险已得到了充分释放,在市场化阶段主要面临的是市场风险和财务风险。所谓市场风险,是指产品或市场的不确定性而导致市场化失败的风险。自主创新产品是一种独创性产品,问世之初不可能被社会大众立即普遍认知,其所面对的是一个很不确定的潜在市场,产品能否为市场接受,除了与产品本身的因素有关外,还要受社会文化、经济水平、消费者素质、消费习惯等诸多外部因素的影响,而且独创性产品的相关配套软硬件刚开始一般也都不很完善,这就决定了自主创新产品要比普通产品的市场失败率高得多。另外,当今世界是知识经济时代,创新发明层出不穷,产品更新换代速度很快,而且新产品一旦出笼也容易被仿冒盗版。可见,竞争性替代产品、盗版仿冒产品的出现也可能会改变市场格局,增加了自主创新产品的市场风险。

财务风险是指企业资金周转不灵而导致市场化失败的风险。在创业初期,由于产品销量小、成本高,企业的一般净现金流量为负值,此时,如果经营不善,导致企业资金链断裂,企业就会遭遇严峻的财务风险。另外,自主创新产品经常会出现叫好不叫座的情况,市场开发进度低于预期,此时,如果得不到风险投资或金融机构的持续资金注入,企业也会因财务状况恶化而破产倒闭。

3. 高成长性与高收益

自主创新产品虽然在市场化初期需要经历一个艰难的市场培养期，失败率远大于普通产品，但由于其具有独创性，容易获得垄断利润。因此，如果高新技术企业能成功度过市场化初期的黑暗时刻，产品最后为市场所接受，就会表现出极强的扩张性和高收益的特点。企业和产品的成长速度和盈利能力都远胜普通企业和商品，成为经济领域里一个最耀眼的增长点，并对其他行业产生深远的辐射效应。这也就是为什么自主创新成果市场化阶段虽然风险很高，而风险投资机构还趋之若鹜的重要原因所在。

4. 持续的市场化创新

高新技术产品无论具有多高的独创性，也会具有一定的生命周期；由于技术进步速度加快，导致自主创新产品的更新换代步伐也加快。在这种竞争压力下，企业不可能靠"一招鲜吃遍天、一个产品打天下"。因此，要保持创新产品的技术领先，防止被对手技术超越，占据有利的竞争位置，那么，企业一般在自主创新产品的市场发展阶段，就会同时进行后续产品的研发，根据市场的需求和反馈信息不断对原有产品进行改进和创新。可见，市场化阶段其实也是一个持续创新的过程，它不是自主创新活动的结束，而是自主创新活动新的开始。

三、影响自主创新成果市场化的主要因素

1. 外部环境因素

（1）社会经济环境

社会经济环境是影响自主创新产品市场需求水平和市场潜力的重要外部因素，包括经济水平、产业机构、收入水平、人口规模、人口素质等多项指标。一般而言，自主创新产品市场所属区域的经济水平越发达，人口总量和素质越高，则自主创新产品市场化就更容易取得成功。

（2）资金环境

资金环境是指一个区域的金融机构、资本市场、风险投资等投融资机

构的发展水平。自主创新成果市场化是一个需要大量资金支撑的阶段,资金环境的好坏直接影响到自主创新成果市场化的进程。

(3) 政策法律环境

政策法律环境对自主创新成果市场化进程产生重要的激励与保障作用。政府政策包括财税政策、产业政策、对外贸易政策等。法律体系包括公司法、专利法、知识产权保护法等。其中税收减免、银行担保、贷款贴息、出口退税等优惠政策会对市场化进程产生着极大的促进与激励,而法律环境则是确保自主创新成果市场化有序进行的必要的保障。

(4) 基础设施环境

基础设施环境包括交通设施、通讯设施、电力设施等多个方面。完善的基础设施环境是保障自主创新成果市场化工作开展的重要硬件基础。

2. 企业内部因素

企业是推动自主创新成果市场化的具体执行者和主要载体,企业自身的生产能力、管理能力、市场营销能力、研发能力是决定市场化进程的重要内因。其中生产部门负责为市场提供合格产品,控制生产成本,确保市场供应,是自主创新成果市场化的基础;市场营销部门负责让产品尽可能为更多消费者所接受,提高市场占有率,是实现企业经济效益的执行部门;研发部门负责技术创新和后续产品的开发,是自主创新市场化能否形成持续竞争力的重要保障部门。

第二节 市场化阶段对制度安排的要求

一、具有市场化初期风险投资的有效介入机制

创新成果在市场化初期,往往会面临初期资本饥渴期,这时就需要有风险资金的积极介入,这是一项必不可少的制度安排。其原因在于:一是在市场化初期,新产品刚进入市场销售,企业在产品成本和市场营销等方面都需要大量的投入;而且在这一时期,企业本身还没有形成自身的造血功能,需要得到外部资本的扶持。二是在市场化初期,企业拥有的主要资产还是专利技术等无形资产,市场预期方面只有负收益,未来前景也具有很高的不确定性,因此难以获得以追求稳定收益为主的银行贷款或其他债券的融资,而创新成果现实的高风险及潜在的高收益的特征,比较符合风险投资家的胃口。三是处于市场化初期的创新型企业,一般在管理、财务和经营方面都不够成熟,这就使得拥有经营、管理、财务、法律等各方面专才的风险投资机构,能够为初创企业提供管理、市场等方面的配套服务。而且,风险投资机构为使其投资尽快升值,也会主动参与企业的决策、管理与运营,帮助其迅速做大规模,拓展市场,这对初创企业的成长显然大有裨益。四是风险投资一般是中长期投资。从企业初创阶段开始投入资金,到最后企业发展成熟,其投资期一般为3-8年,在此期间,风险投资机构往往会对有成功希望的企业不断追加投资,而且其投入的资金流动性很小。[①] 这种稳定性的中长期投资,不仅可以降低初创企业的财务风险,也有利于初创企业原始资本的积累。

二、具有多层次多渠道的资本市场体系

资本市场通常是指期限一年以及一年以上的各种融资活动组成的市场,[②] 作为金融市场的重要构成,资本市场是自主创新成果市场化的高效融资渠道。一方面,资本市场的融资机制能够保证资金筹集与使用过程中的较高透明度,可以使市场化中的风险概率和收益高低透明地表现出来,使投资者可以通过市场反映出来的信息而作出收益与风险相对应的投资决

---

① 陈玉林:《高技术产业经济学》,中国经济出版社2004年版,第167-180页。
② 张铁男等:《企业投资决策与资本运营》,哈尔滨工程大学出版社2002年版,第44页。

第十一章 自主创新成果市场化阶段的制度安排

策。资本市场建立的这种风险与投资相对应的机制是其他融资渠道所不具备的。另一方面,资本市场具有很强的流动性并且有很好的退出机制,这也是风险投资能否成功发展的前提与基础,这种特质可以大大地刺激风险投资事业的发展。[1]

从发达国家的成功经验看,成熟的资本市场应该是个由主板证券市场、创业板市场、场外交易市场和债券市场构成的高低搭配的多层次体系。其中,主板证券市场的融资能力最强,但对企业规模、盈利能力等方面有严格的上市标准,一般只有那些大型高新技术企业才符合上市条件。创业板市场也称为二板市场,上市门槛和融资能力都大大低于主板市场,它是一种专为中小型高新技术企业设立的融资场所,是风险投资最重要的退出渠道之一。许多中小型高新技术企业在创业板市场融资发展起来后,可以转而进入主板市场获得更多的资金和发展空间。场外交易市场又称柜台交易或店头交易市场,指在证券市场以外由证券买卖双方直接议价成交的市场,其参加者主要是证券商、法人和个人投资者。一些尚达不到上市发行股票标准的初创阶段的企业,可以在场外交易市场进行筹资。债券市场是发行和买卖债券的场所,是资本市场的一个重要组成部分。根据发行主体的不同可以分为政府债券、金融债券和公司债券等类型。高新技术企业可以通过发行公司债券的方式向社会投资者筹资。

三、具有完善的中小企业征信担保服务体系

银行拥有最大的资金资源,是国民经济活动的重要融资机构。但在自主创新成果市场化阶段,大部分企业规模较小,资金较少,担保抵押物不足,征信基础较差,因此商业银行对中小型高新技术企业的融资贷款积极性不高。要解决这个难题,必须建立完善的企业征信担保服务体系,这是商业银行敢于对无抵押资质中小型高新技术企业大胆放贷的基础制度保

---

[1] 范德成、周豪:《区域高新技术产业化发展》,科学出版社2008年版,第95—96页。

障,也是金融资本与科技创新有效对接的一项重要制度安排。

中小企业征信担保体系建设在国外已经有几十年的发展历史,目前日本、美国、欧洲等经济发达国家基本都建立了有政府参与的、完善的中小企业征信担保体系。例如,日本信用支撑系统被概括为"一项基础、三大支柱",可以保障信用保证制度正常发挥作用。"一项基础"即基本财产制度,日本信用保障协会的基本财产由政府出资、金融机构摊款和累计收支余额构成,并以此作为信用保证基金,承保金额的法定最高限额为基本财产的60倍;"三大支柱"分别是信用保证保险制度、融资基金制度、损失补偿金补助制度。其中,信用保证基金制度和融资基金制度解决了信用保证的实力、融资来源,并通过存款业务提供业务运转所需经费。信用保证保险制度和损失补偿金制度则分担并最终承担了信用保证风险,保证了信用保证协会作为独立法人具有极强的公共保证能力和无可置疑的信誉。[①]

专栏11-1:加大对科技型中小企业信贷支持的指导意见

科技型中小企业是我国技术创新的主要载体和经济发展的重要推动力量,支持科技型中小企业对于调整产业结构、加速产业升级和自主创新、建设创新型国家和扩大内需、增加就业、促进经济平稳较快发展具有重要的战略意义。针对当前国际金融危机下科技型中小企业发展面临的问题,银监会、科技部在认真调查研究和梳理金融和科技支持科技型中小企业相关政策的基础上,2009年5月5日正式出台了《关于进一步加大对科技型中小企业信贷支持的指导意见》。

《指导意见》主要包括以下五个方面的内容:

一是完善科技部门、银行业监管部门合作机制,推动建立政府部门、各类投资基金、银行、科技型中小企业、担保公司等多方参与、科学合理的风险分担体系,引导银行进一步加大对科技型中小企业的信贷支持力度。

---

① 王晴:"国外信用担保政策对我国的启示",《中国物价》2005年第3期。

第十一章 自主创新成果市场化阶段的制度安排

二是建立和完善科技型中小企业融资担保体系，逐步设立不以盈利为目的、专门的科技担保公司和再担保机构。

三是整合科技资源，推动各级科技部门、国家高新区建立科技型中小企业贷款风险补偿基金，制定具体的补贴或风险补偿和奖励政策；定期推荐科技贷款项目，推荐科技贷款项目并提供科技专业咨询意见；推动科技型中小企业信用体系建设，建立企业信用档案；探索创新科技保险产品。

四是明确和完善银行对科技型中小企业信贷支持的有关政策。鼓励和引导银行设立科技专家顾问委员会，提供科技专业咨询服务；在审贷委员会中吸收科技专家，为科技贷款项目决策提供专业意见；建立针对科技型中小企业的风险评估、授信尽职和考核奖惩制度，适当下放贷款审批权限；积极开发适合科技型中小企业特点的金融服务产品，开展专利等知识产权质押贷款业务。

五是选择部分银行分支机构，开展科技金融合作模式创新试点。在东、中、西部涉农科技型中小企业密集省份，开展支持涉农科技型中小企业试点工作。

【资料来源："银监会、科技部加大对科技型中小企业信贷支持的指导意见"，人民网，2009 年 5 月 19 日，http：//finance.people.com.cn/GB/9329111.html】

四、具有完善的税收优惠政策体系

税收优惠是指政府运用税收政策对特定纳税人和课税对象给予一定减轻或免除税收负担的措施。对高新技术企业执行宽松的税收优惠政策，可以大大减轻市场化发展阶段企业的经营压力和税收负担，是政府对自主创新成果市场化进行财政激励的一种最直接的制度安排。目前，税收优惠政策已成为世界各国政府普遍采用的扶持高新技术产业发展的手段。

从具体实践来看，世界各国在促进自主创新成果市场化方面的税收优惠政策主要有直接优惠和间接优惠两种基本形式。其中，直接优惠主要是针对企业的经营结果进行税收减免,它是一种事后的利益让渡。间接优惠主要通过加速折旧、投资抵免、费用扣除、亏损结转、退税、税收递延和税转贷等方式对企业进行扶持,它侧重于税前优惠。虽然直接优惠在管理、操作上比间接优惠简便,但间接优惠可以更有效地引导企业投资或经营行为符合政府的长远政策目标,因此,西方发达国家的税收优惠政策基本是以间接优惠为主。例如,美国现行法律就规定,企业可以将科技开发与成果转化的费用支出一次性打入当期成本,并从税前所得中扣除,而无需将其资本化并在以后各期摊销,这就是一种典型的间接优惠措施。

五、具有公共财政采购创新产品的制度安排

在自主创新成果市场化发展阶段,创新企业面临效益预期不确定、市场需求不足等诸多市场风险。为帮助企业解决市场困难,政府有必要利用公共财政的直接采购政策,特别是推行首购制度,就可以形成市场消费的示范效应,帮助企业的自主创新产品迅速打开市场,奠定未来发展的基础。自1872年政府采购制度在欧洲出现以来,现在西方发达国家几乎无一例外的实行政府公共财政优先采购本国高新技术产品的扶持性制度,对推动这些国家的企业自主研发和高新技术产业发展发挥了极为重要的作用。

美国早在1933年就颁布了《购买美国产品法》,美国政府的高新技术产品采购不仅数量大,且采购价格也一般要高于市场价格,这是美国高新技术产业发展的第一推动力。例如美国的航天航空、计算机、半导体等产业就是在政府采购制度支持下发展起来的。硅谷和128公路高技术产业群能够取得今天的辉煌成就,也与美国联邦政府的采购政策密不可分。韩国的汽车、计算机等产品在刚刚起步的时候质量并不好,价格也较高,但为了支持本国高新技术产业的发展,韩国政府采取了政府首购制度,明确规定本国产品即使价格较高也要优先采用。例如,2004年韩国现代公司新研制的清洁燃料汽车刚刚上市的时候,财政部就以每台一亿韩元的高价带头购买了50辆,这个价格是市场普通车价格的十倍。

第十一章 自主创新成果市场化阶段的制度安排

六、具有严格的专利保护制度体系

任何技术都具有不完全排他性与重复使用性，这就意味着自主创新的产品也是具有很强正外部性的公共产品，很容易被模仿、抄袭，极易出现"搭便车"或者"外在化"的问题。相对于创新研发者所付出的巨大沉没成本而言，对其进行模仿、抄袭所需要的边际成本几乎为零。在这种情况下，如果没有严格的专利保护制度，仿冒者可以几乎无偿地使用创新者的科研成果，而自主创新成果的真正拥有者却在承担了巨大的研发成本后，却无法获得"熊彼特租金"的激励，这将严重阻碍自主创新成果市场化进程。

所以，专利保护制度的实施，就是政府通过法律手段赋予创新者在一段时限内（知识产权保护国际标准 TRIPS 协议第 33 条规定至少 20 年，在 TRIPS 出台前为 7 年、10 年、15 年不等）对专利技术以独占权，严禁他人非经其许可使用（包括生产、销售、要约销售、进口有关专利产品）其专利技术。可见，建立严格的专利保护制度体系后，自主创新成果拥有者就能够在法定的专利保护期限内享有对专利产品的市场垄断权，从而形成自己的独特的市场竞争优势，为及时收回研发投资成本并获取预期利润提供了必要的制度保障。

七、具有推进可持续的研发的制度安排

当今时代，技术进步日新月异，高新技术研发周期短，淘汰快，这也决定了自主创新产品更新换代的速度不断加快，产品生命周期比传统产品缩短许多。例如，3M 公司有约 30% 的收入来自于存在不到 4 年的产品，惠普公司 77% 的收入来自于仅有两年历史的产品。这说明，企业要想在市场竞争中长期处于有利地位，就必须持续不断地进行自主创新，一方面不断推出创新产品的改进品、衍生产品进入市场，另一方面，不断改进技术，扩大产品规模，降低市场成本，以此保持企业产品的创新竞争力，获得市场的高额利润。例如，飞利浦的 CD 唱机在推向市场后，一直不断进

行技术创新,开发出许多不同式样的衍生产品,产品零件从原来的 850 个减少到了 250 个,产品价格也因此下降七成,结果在 CD 唱机市场一直长盛不衰,占有率达到了 20%。这就表明,企业在创新产品获得市场成功后,必须保持可持续的创新热情和行动,并作出相应的制度安排,这样才能保持创新产品的真正的、长期的市场化优势。

第三节 我国自主创新成果市场化阶段的制度缺陷

我国高新技术产业发展水平与美国、日本等发达国家相比,存在着较大的差距,虽然原因有多方面,但自主创新成果的转化率太低是其中一个重要原因。据统计,目前我国每年授权专利有 30-40 万件,省部级科研成果 3 万多项,取得的成果不可谓不多,但我国科技成果转化率平均仅为 20%,实现产业化的不足 5%,[①] 远远低于发达国家。造成这种科技资源大量闲置与浪费的主要原因之一,就是我国自主创新成果市场化阶段还存在较多的制度缺陷。具体表现在以下方面。

一、科技金融结合成效不明显,企业获得银行贷款困难重重

在自主创新成果市场化阶段,我国高新技术企业尤其是中小型企业要想从银行获得贷款是很不容易的。根据上海银行对上海 2700 家科技型中小企业的调查结果显示,反映融资困难的企业占 68%,无融资困难的只有 14%。在停产的科技型中小企业中,有 47% 是因为资金短缺而停产的,占

---

① 参见"科研成果转化率低,高校部分科研经费被自娱自乐",中国青年报,2009 年 10 月 19 日,http://news.zcom.com/rollnews/31449/

第十一章 自主创新成果市场化阶段的制度安排

停产原因的第一位。① 而由于企业长期贷款供给严重不足,致使我国大部分高新技术企业固定资产规模偏低,根本无法支撑起自主创新成果市场化、规模化的发展需要。

我国银行业之所以出现对高新技术企业"惜贷"的情况,表层原因有三个:一是因为在自主创新成果市场化阶段,我国高新技术企业普遍规模较小,可抵押物少,经营业绩不稳定,抵御风险能力差,加上部分中小企业财务管理水平低下,信息不够客观透明,信用等级较低,确实有很多企业达不到商业银行的贷款要求。二是我国绝大多数自主创新产品都是工业品,因而受经济形势影响很大,极易产生产品积压、资金拖欠,更增加了其贷款的风险性,让许多商业银行对中小型高新技术企业是望而却步。三是中小型高新技术企业从银行贷款有金额小、笔数多、时间紧的特点,而银行信贷必须履行的经营环节,包括客户调查、资信评价、贷款发放、贷后监督等,却不能因此而减少,这就直接导致银行贷款的单位交易成本上升,使得银行对这种高风险低收益的业务缺乏积极性。

探究深层次的原因,则是我国在科技与金融对接的方面缺乏合理的制度安排。一是没有建立起与中小型高新技术企业资金需求相适应的企业征信担保服务体系。我国中小企业融资担保体系起步于1992年,但担保行业法律法规建设滞后,民间资本性担保发育缓慢,担保机构资金来源和补偿问题十分突出,致使至今我国的企业征信担保服务体系还不能完全满足高新技术产业发展的需求。二是银行业缺少相应的对中小型高新技术企业放贷的激励性政策制度安排。在现有商业银行政策中,还是实行同质化的利率杠杆政策和不良贷款考核评价指标与审贷风险责任追究制度,银行由于收益不能与企业高收益挂钩却要承担起高风险,自然束缚了银行开展科技金融合作的积极性。

---

① 史及伟:《中国高新技术产业发展规律研究》,人民出版社2007年版,第15-16页。

二、资本市场发育很不完善,中小型高新技术企业融资难

自 1984 年飞乐音响成为我国改革开放后第一家向社会公开发行的股票以来,我国资本市场快速发展起来。到 2009 年,我国上市公司数量已超过 1640 家,其中国家重点高新技术企业超过 300 家,占上市公司总数的五分之一。在 276 家中小板公司中,高新技术企业达到了 195 家。境内资本市场累计为企业融资超过 5.4 万亿元,其中为企业股票融资 2.5 万亿元,企业债券融资 2.9 万亿元,可见,我国资本市场的发展对于促进自主创新成果市场化进程、推动我国高新技术产业发展中发挥了很好的作用。[①]

但我们也要看到,我国资本市场体系其实是很不健全的,虽然上海证券交易所、深圳证券交易所两个主板市场 2009 年的市值已排在全球第三位,已具有相当规模,但主板市场对上市公司实行严格的资格审查制度,明确规定上市企业必须具备一定的规模,有赢利保证等,而我国高新技术企业大部分规模较小,盈利难以保证,甚至很多暂时没有盈利,因此这些企业其实是很难在主板市场上融资的。主要针对中小型高新技术企业的创业板市场,在经历了长达十年的酝酿后虽然在 2009 年 10 月 23 日已正式开板,但由于刚刚起步,融资能力还十分有限。我国债券市场虽然发展历史悠久,但发展规模也很不平衡,政府债券规模庞大,发展迅速,公司债券却发展缓慢。由于我国对债券的利率有严格规定,同时由于债券发行的周期较长,大部分中小型高新技术企业也不具备稳定性,很难满足债权人的低风险、稳定性强的预期,因此中小型高新技术企业通过发行公司债券这个渠道进行融资其实也是困难重重。

三、风险投资发展差强人意,远不能满足市场需求

自 20 世纪 80 年代始,我国开始出现风险投资,并获得长足的发展,对我国自主创新和高新技术产业发展做出了重要贡献。但由于风险投资在

[①] 参见"我国资本市场服务国民经济全局能力不断提升",新华社,2009 年 8 月 25 日电。

我国发展时间较短,缺乏经验,许多管理制度也不健全,市场表现更是差强人意,还远不能满足市场发展需求。从制度建设看,我国风险投资发展滞后主要有以下原因。

第一,缺乏有效的风险资金退出机制。风险投资既主动承担风险,也追求超常规股权投资收益,这在客观上就需要有一个通畅的资金变现渠道,风险投资与实业投资最大的区别就在于此。目前,我国风险投资的出口虽然有上市、回购、并购、清算等几种形式,但这几种方式在法律保障和操作可行性方面均存在问题,无法保证风险投资适时退出或套现。我国创业板市场虽然经过千呼万唤已经正式推出,但其规模不大,审批机制复杂,而主板市场上市门槛高,使风险投资的资本市场出口仍然是"画饼充饥"。由于缺乏合适的退出通道,风险资金就难以及时套现和规避风险,严重影响风险投资公司的投资信心,这也导致不少风险投资机构被纷纷套牢,使风险投资蜕变为实业资本,无法实现"投资—催生—套现获利—再投资"的有序流动和良性循环,风险投资能力受到严重削弱。

第二,风险投资公司的融资渠道过于单一,影响可持续发展。目前,我国风险投资资金的主要来源仍然是政府财政科技拨款和银行科技贷款,民间资本的参与度较低,这与美国风险资金70%以上来自民间的情况有很大的不同。融资渠道狭窄造成我国风险投资公司的资本实力不足,规模难以扩大,远不能满足我国高新技术产业发展的实际需求。

第三,由于缺乏有效的制度监管,再加上风险投资机构的弱势发展现状,我国风险投资机构经常背离风险投资的宗旨,并没有将有限资本投入到急需资金的高新技术产业和中小型创新企业,实现其"雪里送炭"的功能,而是在实际操作中"锦上添花"将资金投向本已资金充裕的成熟行业,这无疑使极度缺乏资金的高新技术产业"雪上加霜",面临更为严重的资金困境。

专栏11-2:对"胡晖现象"的反思

2002年6月,留美博士胡晖在中关村投资15万美元创办海纳维盛公

自主创新的制度安排

司,开发出国际领先的远程医疗诊断系统,多方开拓国内市场却无人问津。使用远程医疗图像传播诊断与会诊系统,医生坐在电脑前,就可以为世界上任何一个角落的患者看病,且显示图像为三维和四维的效果,既可使诊断更加准确,也缩短了诊治时间与距离。而此前,国际上最先进的远程诊断技术,仅能够达到二维图像的水平。

2004年2月,濒临倒闭的海纳维盛被在纳斯达克上市的美国威泰尔公司以1800万美元收购,两年内增值120倍,创造了国内企业高增长的奇迹,一时间被称为"胡晖现象"。

这件本该令人欣喜的事情却引起了中关村和社会各界的反思:

一、明明是世界尖端的高科技产品,在国内没人要,国外企业却以千万美元追着买,中关村养的"鸡","金蛋"为何流往国外?海归企业为何融资难?这说明国内缺乏成熟的风险投资商和多层次的资本市场。"胡晖现象"暴露出中关村乃至中国投融资体制的缺陷。虽然"胡晖现象"表面看是国内投资人失去了一次赚钱的机会,但折射出的却是国内投资者向中小企业投资时存在的问题,比如,缺乏对高新技术的正确评估;过于急功近利,希望能在短期内得到较高回报等。

二、远程医疗技术研发成功后,定价5万元人民币国内无人购买,在"非典"期间免费给北京捐赠的6套远程医疗会诊系统试用也无人愿意,国内市场推广举步维艰。而该技术被国外买断后,若国内医疗机构需要,就必须付出10万美元的高昂价格。奇怪的是,由美国公司来卖这套设备,尽管价格翻了数十倍,国内一些医院却又表现出兴趣。这一案例说明,我国扶持科技型中小企业成长的环境还很不完备,特别是市场对新技术产品的认同与接受,往往不是以质量和性价比来选择的。

【资料来源:"中关村反思'胡晖现象'",新华网,2004年7月22日,http://news.sina.com.cn/c/2004-07-22/14513167792s.shtml】

四、税收优惠政策存在一定缺陷,对企业支持力度和广度有待加强

自1994年税制改革以来,我国陆续制定了减税、免税、退税等一系列

第十一章 自主创新成果市场化阶段的制度安排

激励企业自主创新、促进科技成果转化的税收法律法规和优惠政策，对我国高新技术产业发展起到较好的推动作用。但与发达国家相比，我国税收优惠政策的力度还有待加强，政策措施的可操作性尚有不足，与自主创新成果市场化的发展需求也还有一定差距。具体表现在以下几个方面：一是在税收优惠政策方面，由于不少政策停留于原则性规定，缺少实施细则和具体的配套措施，所以实施起来困难较大。例如，对企业研究开发费用实行150%加计扣除的政策，由于认定程序与审批权限上缺少实施细则，加之对企业账务处理缺乏有效规范，此项优惠政策基本上无法操作。二是间接优惠措施太少，对自主创新成果市场化的激励作用有限。据统计，我国现行税收优惠措施多数属于直接优惠（约占全部优惠措施的三分之二左右），加速折旧、投资抵免、提高费用扣除标准及风险投资损失补偿等间接优惠较少，这与当今国际发展趋势是背道而驰的。因为直接优惠政策受惠的企业主要是那些已经成熟的企业，而那些真正需要得到扶持的初创企业则无缘分享直接的税收优惠。三是一些优惠政策限制条款显失公平，适用范围较窄，大多数企业和行业均难以享受。例如，税法规定，只有在国务院批准的高新技术产业开发区内的高新技术企业才能享受一些鼓励高新技术企业发展的税收优惠，而数量更多的区外企业则备受歧视。四是目前我国的税收优惠政策过于集中在生产环节，对创新产品消费优惠措施很少，尚无相关的通过税收手段鼓励消费者使用自主创新产品的政策。而在一种新产品刚刚问世，产品价格较高，消费者接受程度较低的时候，通过税收优惠鼓励消费者大胆使用新产品，就可以达到以消费促进生产的目的，这对自主创新成果的市场化发展是具有重要意义的。

五、公共财政采购政策没有给予自主创新产品有效支持

利用公共财政采购政策推动高新技术产业发展，是西方发达国家的普遍做法。我国《政府采购法》在2003年1月1日正式开始颁布实施，标志着我国公共财政采购制度开始起步。但从近几年实际实施效果看，我国

自主创新的制度安排

公共采购政策对自主创新成果市场化的作用是十分有限的。

第一,在政府部门的采购项目中,由于我国制定《政府采购法》的出发点主要以节约资金为目的,而不是鼓励自主创新,对促进自主创新特别是创新产品市场化的推动作用并不明显。政府产业政策本身应具有的强大产业拉动效用,不仅没能有效地作用和传导于自主创新活动产业化的能力建设系统,反而在实际执行过程中对国产科技产品产生了市场挤出效应。[①]对近些年我国政府集中采购目录和采购数量的统计数据分析就可以看出,政府采购的"本国"或"国产"商品多限于较为低端的日常用品,根本没有体现出对本国自主创新产品的倾斜,我国大多数高新技术企业并没有在我国近3万亿元人民币的政府采购市场中受益。

第二,在动用公共财政的大型装备采购项目中,也没有对我国自主创新产品进行扶持的相应政策。自主创新产品相对于老产品而言,缺乏运行记录和业绩,技术性能可能不稳定,只有在进入市场并且经过用户的大量使用后,才会发现产品缺陷并在以后的设计、生产中加以改进,使产品趋于成熟。但是,我国现行的有关政策对于自主创新产品如何进入市场没有提供有效的支持,许多自主研发的首台(套)产品由于没有运行业绩而根本没有参与竞标的资格,一些自主研发的装备只得借助"洋拐棍"才能获得招标单位的认可。例如,我国电力行业在招标或采购设备时,往往强调产品的运行业绩或成熟的技术或有依托工程,这在用户方考虑本是无可非议的,但对制造企业自主研发的首台套设备在运行业绩和成熟技术的要求,无异于是对自主创新产品的封杀。沈阳变压器制造厂为满足60万千瓦机组配套的需要,自筹千万元资金历时多年艰苦攻关,自主研发了一台500KV三相720MVA的大型变压器,因没有运行业绩,业主不愿意使用,在仓库停放半年时间,后因某工程中的国外同类产品出现了问题,一时解

---

① 邓天佐:"加强科技创新活动产业化能力建设,构建自主创新型国家",《中国科技论坛》2009年第3期。

第十一章 自主创新成果市场化阶段的制度安排

决不了,才选用这台设备,结果,设备安装运行后完全满足工程建设的需求。显然,如果不是国外产品出现问题,这台自主研发的变压器将永无出头之日。①

六、企业经营管理水平低,随意性与家族化管理倾向明显

我国大部分高新技术企业的创业者都出身于技术领域,他们往往缺乏企业管理方面的系统知识,经营管理水平比较稚嫩,难以驾驭自主创新市场化阶段的高风险环境,这是制约自主创新成果市场化成败的一个不可忽视的内部因素。一是企业制度建设滞后,企业决策、管理的随意性很大,使得不少企业"人治"特色明显,事事皆由老板说了算,增大了企业决策失误的风险。二是家族化管理倾向明显,不利于企业向正规化、规模化方向发展。我国不少高新技术企业创办之初都是靠几个亲戚、朋友或者同学鼎力相助才发展起来的。这些在公司发展初期立下过汗马功劳的人,在公司成长后往往会成为公司的既得利益者以及特权阶层,成了公司进一步发展的绊脚石。三是财务管理机制比较薄弱,比如,预算管理能力不足,企业资金使用失当,很容易因资金链断裂导致企业倒闭;应收账款管理不善,企业资金周转缓慢,而且极容易出现呆账坏账;库存管理不甚科学,容易出现存货积压或市场断货,对企业市场拓展极为不利等,这些现象对于原本处于财务高风险阶段的创新企业来说,无疑是雪上加霜,对发展极为不利。

七、漫长的专利审批和维权诉讼制度,专利产品保护不尽人意

2004 年,深圳市汤姆逊数码科技有限公司推出两款新型 MP3:带弹出 USB 接口的 F10E 型和被称为魔镜的 F10H 型,刚开始销售势头很好。但好景不长,在未经专利权人许可的情况下,近百家企业没多久就开始疯狂仿制这两款产品,严重扰乱了这两款专利产品的市场,导致公司直接经济损

---

① 科学技术部专题研究组编:《我国自主创新能力调研报告》,科学出版社 2006 年版,第 18-19 页。

失在500万元以上。① 像汤姆逊公司这样遭遇的自主创新产品在我国还有很多，盗版、仿冒等侵权行已成为影响我国自主创新成果市场化进程的一个重要制约因素。

出现这种状况的根源，主要是因为我国在专利产品保护方面还存在诸多制度上的缺陷。就时效性来看，在我国现行法律中，一般从专利申请到批复至少需要一年左右的时间，而申报发明专利等待的时间更长，有时这个过程可能需要两到五年。由于高新技术产品的生命周期很短，更新速度非常快，市场机会稍纵即逝，因此，研发产品经过孵化后，企业往往是一边申请专利，一边组织生产和市场开发，不会等专利证书到手后才开始市场销售。但是，没有专利的保护，企业的创新产品很容易被人仿造。虽然在获得专利权后可以对侵权企业"开战"，但时过境迁，市场推广的最佳时期早已随着侵权产品的泛滥而提早，维权的意义已不存在。而且，在现行专利保护制度下，企业的专利维权也不是件容易的事情，需要面临漫长的法律诉讼期、高额的诉讼费用、较低的法律执行效率等一系列问题，这是许多企业在面临侵权行为时不得不忍气吞声、不了了之的原因所在。

第四节 自主创新成果市场化阶段的制度设计建议

一、组建科技开发银行，创新担保制度，发挥商业银行的融资功能

充足的资金投入是保障自主创新成果市场化顺利进行的基础条件。银

---

① 参见"涉嫌专利产品疑遭仿冒 MP3 外观成被告昨天开庭"，新华网广东频道，2006年3月28日，http://www.gd.xinhuanet.com/newscenter/2006-03/28/content_6586968.htm

第十一章 自主创新成果市场化阶段的制度安排

行作为拥有最大资金资源的融资机构,高新技术企业必须与之加强合作,才有可能从根本上解决市场化阶段流动资金的紧缺问题。

一是要尽快设立科技开发银行,以弥补现有银行体系及银行功能上的缺陷。目前,我国无论是政策性银行还是商业银行,大都没有针对高新技术企业的金融服务业务,因此有必要建立一个专门的金融机构。美国的硅谷银行就是专门为硅谷科技企业服务的科技银行,它的建立、发展和成功运作,为硅谷科技企业的兴起和发展起了重大推动作用。科技发展银行可以由国家开发银行或信托投资公司为出资主体,并联合一定的社会资本,按股份制结构模式来构成。在区位选择上一般要依托国家级高新技术产业开发区来设立。其基本职能就是为中小型高新技术企业提供专业化的金融服务。而且,为了更好地服务于高新技术企业,应允许科技开发银行开展专利技术、股权等无形资产抵押贷款业务,也应该允许其参与企业风险投资。

二是要推进高新技术企业征信担保服务体系建设,有效释放银行科技贷款的市场风险。一方面,政府要加大出资引导的力度,广泛吸纳金融、保险、社会资金参与,组建多层次的中小型高新技术企业融资担保基金和担保机构,增强科技担保机构的担保能力。另一方面,建立和完善中小型高新技术企业信用信息征集机制和评价体系,构建守信受益、失信惩戒的信用约束机制,不断增强中小型高新技术企业的信用意识。

三是要加快金融贷款制度的改革,提高商业银行科技贷款的积极性。要适当提高银行对自主创新成果市场化项目贷款的利率浮动,提供贷款的商业银行除了得到正常的贷款本息外,还应该得到额外的风险收益,使收益与风险和成本相匹配。还要对科技贷款要实行特殊的考核评价制度与机制,降低信贷人员的职业风险,为银行贷款支持科技型企业发展松绑解套。

专栏11-3:解决中小企业融资难,广东酝酿设立"科技发展银行"

为了有效缓解中小企业融资难问题,广东正全力培育发展新型中小金融机构。2009年3月，已经成立了专责小组，加速筹备广东科技发展银行。

广东省科技厅厅长李兴华表示，现在设立"广东科技发展银行"的条件已相当成熟。广州开发区控股企业——广州凯得控股有限公司已明确为该行主发起人，广东中创信用担保有限公司也同时作为主发起人之一，还有粤财投资等多家知名企业有意加盟，使未来的科技发展银行有了充足的资本金来源和优良的股东结构。其注册地在广州科学城，初定注册资本为人民币50亿元，广州高新开发区管委会将无偿提供科学城内的办公室场所及基本配套设施，并拨付了前期开办经费。

据了解，"广东科技发展银行"将采用股份制发起、市场化运作模式，充分体现服务科技创新产业的专业特色，由政府引导，积极开展金融创新，一定时期内坚持区域化运营。主要服务对象包括高新技术产业（企业）、科技型中小企业、高新技术园区及国家重大科技项目。在坚持"安全性、流动性、盈利性"的经营准则基础上，充分分享高科技中小企业高成长的高回报。银行的融资来源主要为股东的资本金、发行债券、政府扶持性借款、吸收机构存款（前期）等。业务类型包括贷款业务、负债业务、中间业务和直接投资业务等。在风险管理方面，"广东科技发展银行"各类风控指标甚至会比一般商业银行更严格。

【资料来源："广东酝酿设立'科技发展银行'"，《羊城晚报》2009年3月19日；"广东科技发展银行正在加速筹备"，《人民政协报》2009年9月1日】

二、继续发展风险投资，为初创企业提供有效的原始资本筹集渠道

风险投资是初创高新技术企业获得起步资本的重要筹资渠道，也是我国自主创新成果市场化发展的原始动力源。要发展风险投资事业，首先，要改变目前风险投资由政府"一肩挑"的局面，尽快提高我国风险投资机构自身的融资实力。这就需要完善我国风险投资法律法规体系，为风险投

第十一章 自主创新成果市场化阶段的制度安排

资事业提供一个稳定的发展环境。政府应出台积极的政策和措施,引导民间资本、大型企业集团资本以及国外风险投资机构进入我国风险投资行业,不断壮大我国风险投资的资金规模和融资能力。其次,要建立通畅的风险资本变现渠道。风险投资的进入就是为了退出,这是风险投资与其他投资行为的最不相同的一点。风险资本能否顺利退出,是风险投资机构是否敢于大胆投资自主创新成果市场化项目的重要机制保障。完善的风险资本退出方式,包括首次公开发行(IPO)、企业兼并(M&A)、企业出售、企业回购和企业清算等五种不同的渠道。IPO方式是上市发行公司股票,M&A方式是与大公司交换股票或借壳上市,这两种是风险投资最理想的退出方式。企业出售是以"卖青苗"的形式将创业公司整体出售给其他有实力的大公司继续培育,出售和并购是风险资本最常用的两种方式。企业回购是公司管理层或员工集体回购风险投资机构的股份,这是风险投资机构最基本的一种退出方式。企业清算是在自主创新成果市场化项目失败时的一种断尾求生的退出方式。最后,要加强对风险投资市场的监管,规范风险投资行为,促进风险投资实现健康的可持续发展。一般而言,一个完善的风险投资监管体系应该由政府行政监管、行业协会的自律监管和风险投资机构内部自我监控三方面构成。

三、构建多层次资本市场体系,提升高新技术企业的再融资能力

要提升自主创新成果市场化阶段的融资能力,除加强银企联系、大力发展风险投资外,还应建立多层次的资本市场体系,以提升高新技术企业的发展再融资能力。这也是促进我国自主创新成果向产业化、规模化发展的关键一环。

首先,要继续推动和完善创业板市场。创业板市场主要服务于新兴产业尤其是高新技术产业,上市门槛较低,是专为暂时无法在主板上市的中小企业和新兴公司提供融资途径和成长空间的证券交易市场。在自主创新市场化阶段,很多企业创立的时间比较短,规模比较小,虽然具有较高的

成长性，但目前业绩并不突出，因此创业板市场是自主创新成果市场化阶段的最佳的资本市场平台。同时创业板市场的设立也为前期风险资本的退出并实现增值提供了最有利的途径。美国的纳斯达克市场就是培育美国高新技术企业的摇篮，美国的一大批高科技巨人，如微软、英特尔、苹果、思科等都是从这里起步发展起来的。我国的创业板市场虽然耗时十年千呼万唤始出来，前期融资规模不大，上市门槛也比较高，但应该以此为契机，将创业板市场逐渐发展成为我国中小型高新技术企业的主要融资平台。从西方发达国家的成功经验看，创业板能否真正成为广大中小型高新技术企业的融资福地，关键是要建立完善的发行制度、严格的信息披露制度、完善的投资者保护法律制度等一系列制度体系，以降低创业板市场所蕴涵的系统性风险。

其次，要继续发展壮大主板证券市场。虽然大部分中小型高新技术企业暂时无法到主板市场融资，但主板市场融资能力更强，是中小型高科技企业未来获得创新资金的重要渠道。在创业板市场融资的中小型高技术企业发展到一定规模后，可以再到主板市场上进行融资，从而实现更高层次的发展。

最后，要不断促进债券市场的发展。根据目前我国的实际情况，大力发展债券市场可以通过发行高新技术企业的可转换债券和无息票债券这样的方式进行。发行可转换债券，对于企业来说，可以筹集到发展所需要的资金；对于投资者来说，在企业上市以后，可以选择将债券转换为公司股票，也可以要求企业赎回债券，若投资失败，则按企业破产清算顺序作为债权优先偿还。无息票债券的发行者通常在面值的基础上以折扣的方式向投资者出售，该债券只在到期日提供一次性的现金。[①]

[①] 范德成、周豪：《区域高新技术产业化发展》，科学出版社 2008 年版，第 147 – 148 页。

第十一章 自主创新成果市场化阶段的制度安排

专栏 11-4：创业板十年磨一剑，中国版纳斯达克正式起步

2009年10月23日，中国证监会主席尚福林宣布创业板正式启动，这意味着筹备十年之久的创业板市场正式开板，我国多层次资本市场建设迈上新台阶。

我国创业板的设立经过了一个漫长的过程，可谓十年磨一剑。

1998年1月，国务院召开国家科技领导小组第四次会议，会议决定由国家科委组织有关部门研究建立高新技术企业的风险投资机制总体方案，进行试点。

1999年1月，深交所向中国证监会正式呈送《深圳证券交易所关于进行成长板市场的方案研究的立项报告》，并附送实施方案。3月，中国证监会第一次明确提出"可以考虑在沪深证券交易所内设立科技企业板块"。

2000年4月，周小川表示，中国证监会对设立二板市场已作了充分准备，一旦立法和技术条件成熟，我国将尽快成立二板市场。

2003年10月，党的十六届二中全会通过《中共中央关于完善社会主义市场经济体制若干问题的决定》指出，推进风险投资和创业板市场建设。

2004年1月，国务院发布《关于推进资本市场改革开放和稳定发展的若干意见》指出：分步推进创业板市场建设，完善风险投资机制，拓展中小企业融资渠道。

2007年8月，国务院批复以创业板市场为重点的多层次资本市场体系建设方案。

2008年3月5日，国务院总理温家宝指出，建立创业板市场，加快发展债券市场，稳步发展期货市场。17日，证监会主席尚福林表示，2008年将加快推出创业板，争取在今年上半年推出创业板。22日，证监会正式发布《首次公开发行股票并在创业板上市管理办法》，就创业板规则和创业板发行管理办法向社会公开征求意见。

2009年3月31日，证监会发布《首次公开发行股票并在创业板上市管理暂行办法》，办法自5月1日起实施。6月5日，深交所发布《深圳证券交易所创业板股票上市规则》。8月14日证监会第一届创业板发行审核委员会在北京成立。

2009年10月23日，创业板开板仪式在深圳举行，中国证监会主席尚福林宣布创业板正式启动。30日，首批28家创业板公司挂牌交易，创业板的推出过程最终画上句号。

【资料来源："中国创业板大事记"，中国财富网，2009年3月31日，http://finance.eastmoney.com/090331,1050141.html】

四、完善税收优惠政策体系，减轻高新技术企业经营压力

完善税收优惠政策体系，可以有效地减轻自主创新成果市场化阶段企业的经营压力，间接帮助解决高新技术企业的资金不足的问题。第一，要强化间接税收优惠措施，使我国的税收优惠由直接优惠逐步向间接优惠转变。我国应借鉴发达国家的成功经验，出台加速折旧、税前扣除、投资抵免和技术开发基金等更多的间接优惠政策，提高企业自主创新的积极性。第二，要不断扩大税收优惠的覆盖范围，统一高新技术产业开发区内、区外的企业税收优惠制度，使我国的税收优惠由"特惠制"向"普惠制"转变，保证税收优惠政策的公平合理性，发挥税收优惠的普适作用。第三，增加自主创新产品消费环节的税收优惠措施，鼓励消费者大胆使用创新产品，帮助企业快速打开市场。例如，允许消费者在购置自主创新产品的支出中从个人应纳税中进行部分抵消。值得强调的是，由于自主创新成果市场化阶段的企业大部分都是中小型企业，这类企业是我国高新技术产业的主体，应该得到特别的扶持和保护。例如，英国政府从2000年起就实行针对中小企业的税务信贷，将免税对象扩大到尚未盈利的企业，对小型高新技术企业投资减免20%的公司税。因此，我国要抓紧制定专门针对中小型高新技术企业的税收优惠政策，在税率、一般纳税人资格等方面给予这类企业更多的优惠待遇。

第十一章 自主创新成果市场化阶段的制度安排

五、不断完善公共财政资金采购制度，降低自主创新产品的入市难度

公共财政采购制度是世界通行的促进自主创新成果市场化进程的一项重要制度安排。我国虽然也有政府采购的法规，但我国现行的政府采购政策对自主创新活动支持力度还非常弱，需要根据现实情况对公共财政采购制度进行修订，要明确公共财政采购不仅要以成本节约为出发点，还应将扶持自主创新产品作为其基本立法原则，使我国政府采购制度真正成为一项促进自主创新成果市场化的重要制度安排。具体建议包括：（1）财政部门要将自主创新产品及时纳入政府采购目录并优先列入采购预算，在满足采购需求的条件下，优先采购自主创新产品。（2）自主创新产品价格高于一般产品的，要根据科技含量和市场竞争程度等因素，对自主创新产品给予一定幅度的价格扣除。（3）首次投向市场的自主创新产品，一时难以形成生产规模并未被市场广泛接受，需要政府重点扶持的，经认定政府要进行首购。对于经济社会具有重大影响的创新产品，政府还应建立自主创新成果市场推广机制。（4）对于国家重大建设项目以及其他使用财政性资金采购重大装备和产品的项目，应将承诺采购自主创新产品作为申报立项的前提条件。在国家和地方政府投资的重点工程项目中，应以采购自主创新设备为主，采购比例不能低于总价值的60%。（5）要优先采购满足国防或国家安全需求的自主创新产品和技术。

六、加大专利产品保护力度，严打盗版、仿冒等侵权行为

要更好地发挥专利保护制度在保障我国自主创新成果市场化过程中的作用。首先，要不断完善我国的专利保护制度体系。要充分考虑到高新技术产品生命周期短、技术升级快的特点，国家专利主管部门应尽早出台有关高新技术企业的专利审批操作细则，简化专利审批程序，尽快缩短专利申报获批时间，提高自主创新成果的专利审批效率。对去国外申请专利的企业，国家要给予大力扶持，以此来鼓励国内企业积极申请国际专利，为我国自主创新产品更好占领国际市场创造条件。同时要简化自主创新专利

产品的维权诉讼程序，降低专利维权成本，提高对专利侵权行为的维权实效，防止出现"赢了官司，失了市场"的悲剧出现。其次，要加强专利保护机构的建设，壮大专利执法队伍，加大对盗版、仿冒等侵权行为的打击力度，为自主创新成果市场化发展提供公平、有序的市场经济环境。建议在我国有关法律制度中，增设冒充专利罪、伪造专利特许证罪、伪造专利记录罪、泄露专利秘密信息罪、故意销售假冒专利产品罪等罪种，并对所有专利犯罪者处以严厉的经济制裁，强化对专利犯罪的震慑力。最后，要加大对我国专利保护制度的宣传力度，形成尊重知识，维护知识产权的社会氛围。一方面，要促使企业专利保护意识的形成，提升专利保护地措施；另一方面，促使消费者形成自觉抵制仿冒产品的消费意识，为高新技术企业发展营造良好的市场环境。

七、加快现代企业制度建设，提升创新企业管理水平

现代企业制度是指以企业法人制度为基础，以有限责任制度为保证，以"产权清晰、权责明确、政企分开、管理科学"为基本特征的新型企业制度。现代企业制度是企业实现可持续发展的重要保障。在自主创新成果的市场化阶段，大部分都是尚处于幼稚期的中小型高新技术企业，老板亲力亲为，决策随意性大，家族化管理趋势明显，因此有必要加速现代企业制度建设，以逐渐推动中小型创新企业的决策、管理走上正规化、制度化的发展轨道。

第一，应当建立健全的公司治理结构。应当严格按照公司法形成完善的法人治理结构，将公司的技术研发、项目开发、重大投资、利润分配、人事安排置于公司治理的框架内，避免人治或家族化的决策。第二，建立明确的岗位责任制。无论是领导岗位还是普通员工，都应当通过岗位责任制确定任务和职责，形成企业内部有效的行为约束和制度化约束。第三，建立企业科学顾问小组，为企业的技术研发、项目开发、重大投资等提供咨询与决策意见。第四，建立灵活的决策机制。在"自主经营，自负盈

第十一章 自主创新成果市场化阶段的制度安排

亏"等方针的指导下,促使企业建立起高效和富有活力的决策、开发、经营、用人、分配等机制,确保企业能够快速响应技术和市场变化。第五,建立灵活的激励机制。采取要素参与分配的方式,通过设立技术股、创业股和管理股,将企业利益和员工利益融为一体。第六,建立"哑铃型"公司组织机构。将新产品研发和市场营销作为重中之重,使企业形成研发和市场两个拳头。①

八、重视创新产品的衍生产品研发,确保企业可持续发展

自主创新产品一旦成功第推向市场,就意味着企业拥有了核心产品和技术,无疑为企业未来的发展奠定了坚实的前提基础。但这时如果哪个企业以为大功告成、可以坐享其成的话,那就是大错特错。在知识经济时代,技术更新速度越来越快,高新技术产品生命周期已越来越短,如果企业不能持续进行新产品的创新与开发,源源不断地向市场推出后续衍生产品,就很可能被蜂拥而入的竞争者所超越,导致多年苦心开发的新市场拱手让人,最后落得昙花一现的结局。飞利浦在全球推出了划时代的首台CD播放机产品后,曾一度忽视了后续衍生产品的开发与改良,结果其市场几乎被跟进的日本厂商所占据。幸好飞利浦的高层及时警觉,发现问题的严重性,立即组成项目开发团队,倾全力投入衍生产品的功能改良、品质提升与成本降低任务,最后才保住了几乎流失了的市场。飞利浦CD事业负责人范戴克说:"如果当初没有及时警觉开发后续衍生产品的重要性,今天飞利浦很可能早就被排除在CD市场的领导群之外。"②

一般说来,对自主创新产品的后续衍生产品的研发应主要集中在两个层面:一是在原有产品基础上,根据细分市场的需求,以及弥补原有产品

---

① 史及伟:《中国高新技术产业发展规律研究》,人民出版社2007年版,第126-127页。

② 刘常勇:《科技创新与竞争力——建构自主创新能力》,科学出版社2006年版,第160页。

在功能、工艺、外观等方面的瑕疵，不断进行技术改进和产品改良，最终形成价格高低搭配、功能齐全的完整产品系列，通过这些衍生产品将进占各个细分市场，扩大市场占有率，有力第阻击竞争者的入侵。二是进行下一代产品的开发。这种产品的创新幅度较大，创新难度也较高，但其在产品的功能、性价比等方面都将显著超越原有产品，可以为企业带来巨大的利润，是长期维持企业在市场上的竞争优势的关键所在。

第十二章

结 语

在经济全球化时代，科技成为推动经济社会发展的主要动力，科技的竞争已成为国家间竞争的焦点。谁在知识和技术方面占据优势，谁就拥有了核心竞争力，谁就能够在发展上掌握主动。为了占据世界科技领域的制高点，无论是发达国家还是发展中国家都不约而同地把推进科技创新做为一种获取国家核心竞争力的战略选择。我国是一个后发展中国家，科技、经济实力与发达国家还有很大的差距，我国要想实现经济上的赶超与跨越，就必须加强自主创新能力，利用科技手段获得后发优势。而且我国过去实行的大投资、大消耗的发展模式已造成了生态环境破坏、资源浪费等一系列严重问题，这种发展模式已经证明是不可持续的。因此，我们必须进行科技创新，推动我国经济增长从资源依赖型向创新驱动型转变，推动经济社会发展转入科学发展的轨道,这样才能确保我国经济社会的可持续发展。

而推进科技创新,并不是一个简单的技术问题,也不仅是一个资金投入问题,更多的是一个制度问题。历史经验已经证明,没有一个先进的制度安排,技术的创新将成为空谈,制度安排是决定一个国家的科技创新战略能否顺利实施的关键性因素。正因为这样,如何正确认识制度安排在自主创新战略中的重要意义与地位,如何进行合理的制度设计来推动自主创新战略发展,就自然成为了国内外学者研究的热点课题。

从当前国内外学者的研究成果看,大家对制度安排在技术创新中的作用认识不一,并出现了"技术决定论"、"制度决定论"、"互不决定论"等截然不同的观点。本书在系统研究了技术创新理论、制度理论、国家创新体系理论等基础理论的基础上提出,这些观点要么忽视制度安排对技术创新的重要,要么夸大了制度安排对技术创新的影响,都是有失偏颇的。我们认为,应该把技术创新和制度创新放在一个动态的创新系统中去研究,认为技术创新与制度创新构成了一个动态的创新系统,两者之间互相联系,又互相推动,是创新系统中的两个不可或缺的基本要素。具体而言,技术创新是制度创新的源泉和动力,也是制度创新的基本前提,而制度创新又是推进技术创新的基础,是技术创新得以进行的保障,双方构成为相互联系、相互促进的有机整体。由技术创新和制度创新共同形成的创新系统,总是处于一种动态平衡的状态;而且,这个创新系统还是在技术创新与制度创新的共同作用下不断发展,形成推动社会和经济发展的强大现实力量。

在研究了技术创新与制度创新一般理论的同时,本书进一步深入探讨了自主创新制度结构、自主创新主体功能、国家创新体系等与自主创新制度安排息息相关的微观方面的理论。我们认为,自主创新制度结构就是促进和支持自主创新活动的多种制度安排以及它们的实施机制共同构成的一个制度系统。其具有复杂多样性、结构层次性、相互关联性、动态演进性

第十二章 结 语

等四个主要特点，具有降低创新过程中的交易费用、减少创新活动的外部性、激发开展自主创新活动的积极性、减少自主创新活动的不确定性、约束创新主体的机会主义行为、促进市场竞争等六个方面的功能。创新者之间互动形成自发演进力量和人为制度设计形成的外部力量是推动自主创新制度结构演进的两大主要动力。在自主创新主体功能研究方面，本书首先明确自主创新主体包括政府、企业、科研机构、高等院校、科技中介组织等五种基本类型，这五大主体在自主创新活动中承担不同的功能，其中企业、科研机构、高等院校是技术创新主体，而政府和科技中介组织则是技术服务主体。而且这五大自主创新主体并不是彼此孤立、单独存在的，它们之间主要通过政策引导、资源配置、协调合作等多种方式实现知识、技术、信息、人才和资金等要素的双向流动，不断产生互动作用，形成共赢效应，不断推动自主创新的制度设计，推动自主创新活动继续向前发展。对于国家创新体系，我们认为其是自主创新制度设计的国家战略，并由此提出国家创新体系五个基本内涵：具有制度属性、是一个知识和技术流动的网络、国家创新体系建设是一种国家行为、具有明显的国家边界、是一个动态的开放系统。国家创新体系的系统结构由知识创新系统、技术创新系统、知识传播系统、知识应用系统、创新支撑系统和国家调控系统等六大子系统构成，它们各有侧重，相互交叉，互相支持，构成一个运行有序、统一开放的国家创新体系有机体。

深入的理论研究的主要目的还是为了让我们的对策研究更能做到有的放矢，使我们提出的自主创新制度设计建议更具有针对性与可操作性。本书在结构安排上按照两条不同的主线为自主创新战略进行了富有针对性的制度设计：一条是根据创新类型的不同，从原始创新、集成创新和引进消化再创新等三个方面提出了具体的制度安排，另一条是根据创新链条的不同阶段，对自主创新的研发、孵化和市场化三个环节提出了具体的制度安排。

本书在分析了我国在原始创新、集成创新、消化吸收再创新方面存在的制度制约的基础上，提出来一系列针对性很强的有利于自主创新的制度设计。我们对提升我国原始创新能力的制度设计建议是：完善激励机制，降低原创成果的外部性；健全评估体系，提高科技资源的配置效率；创新人才机制，培养杰出科学家人才"链"；拓展开放交流合作，提高创新效率等。对提高我国集成创新水平的制度设计建议是：一是在政府层面需要增强创新主体集成创新的意识、加大对企业的科技投入、加大知识产权保护力度、搭建集成创新的支持和媒体平台、构建适应集成创新的有效协调与整合、促使产学研合作上一个新台阶；二是在企业层面需加大创新资金的合理投入、培育集成创新的文化底蕴、建立健全创新激励机制、加强与外界合作。对提升我国消化吸收再创新水平的制度设计建议是：完善政府的规划引导与宏观管理；加大并落实对引进技术消化吸收再创新的财税优惠政策；加强引进技术消化吸收再创新人才建设；培育消化吸收和创新的主体及中介组织；强化引进消化吸收再创新的配套经济政策建设；注重国际技术合作与国内产学研合作等。

  本书同样在分析了我国在自主创新研发、自主创新孵化、自主创新成果市场化三个阶段存在的制度缺陷的基础上，也分别提出来一系列富有个性和可操作性的制度设计。本书对提升我国自主创新研发水平的制度设计建议主要包括：建立企业管理层新的激励与考核机制，提高企业研发投入的积极性；建立稳定的财政科技投入机制和政府研发资金使用绩效考核机制，不断提高研发力度和效率；创新科研体制，培养创新文化，为研发活动营造一个良好的外部环境；推动产学研研发联盟发展，建立更加开放的研发合作体系；建立合理的研发人员激励制度安排；建立高效的研发管理体系，提高自主创新研发的成功率等。对提升我国自主创新孵化水平的制度设计建议主要包括：大力发展企业孵化器，构建良好的创业平台；建立并完善风险投资机制，扩宽融资渠道；构建完善的知识产权保护制度，保护合法权益；不断完善科技中介服务体系，有效推动自主创新成果孵化进程；推进科技体制改革，创新自主创新成果评价体系；合理分摊孵化成本,构建良好的创业生态;强化创新主体之间的有机联系,构建"官产学研金"合作体系等。对提升我国自主创新成果市场化水平的制度设计建议主要包括:组建科技开发银行,创新担保制度,更好发挥传统金融机构的融资功能;大力促进风险投资发展,为初创企业提供更有效的原始资本筹集渠道;构建多层次的资本市场体系,提升高新技术企业的再融资能力;创新并完善税收优惠政策体系,减轻高新技术企业经营压力;不断完善公共财政资金采购制度,降低自主创新产品的入市难度;加大专利产品保护力度,严厉打击盗版、仿冒等侵权行为;加快现代企业制度建设,推动管理、决策走上正规化与制度化;高度重视后续衍生产品研发,确保企业的可持续发展等。

参考书目

Brezis, Paul Kruman, Tsiddon: leap – frogging in international competition: a theory of cycles in national technological leadership. american economic review, 1993.

C. E. Ayres: The theory of economic progress. Uniersity of North Carolina Press, 1944.

C. E. Ayres: The industrial economy: Its technological basis and institutional destiny. Cambridge, MA: Houghton Mifflin, 1952.

C. E. Ayres: Toward a reasonable society: the values of industrial civilization. Austin: University of Texas Press, 1961.

Daniele Archibugi, Jonathan Michie: "Technological Globalization or National Systems of Innovation?" in Futures, Volume29, No. 2, 1997.

Freeman C: Technology Policy and Economic Performance: Lessons from Japan. London: Pinter., 1987.

Grossmna G. M., E. Helpman: Quality ladders and product cycle. quarterly journal of economics, 1991.

Lundvall B. A: National Systems of Innovation. London: Pinter, 1992.

M. Abramjoritz: thinking about growth. cambridge university press, 1989.

North D: Institutional Change and Economic Performance. Cambridge University Press, 1990.

N. Rosenberg: Inside the black box. London: Cambridge University Press, 1982.

Steven W. Popper, Caroline S. Wagner: New Foundations for Growth: The US innovation System Today and Tomorrow. Rand institute, Jan. 2002.

Richard R. Nelson: National Innovation System. Oxford University Press, 1993.

Vanelkan R: Catching up and slowing down: learning and growth patterns in an open economy. journal of international economics, 1996.

彼德·德鲁克：《创新与企业家精神》[M]，企业管理出版社1989年版。

陈华：《生产要素演进与创新型国家的经济制度》[M]，中国人民大学出版社2008年版。

陈玉林：《高技术产业经济学》[M]，中国经济出版社2004年版。

乔瓦尼·多西等：《技术进步与经济理论》[M]，钟学义等译，经济科学出版社1992年版。

董静：《企业创新的制度设计》[M]，上海财经大学出版社2004年版。

凡勃仑：《有闲阶级论》[M]，商务印书馆1964年版。

范·杜因：《经济长波与创新》[M]，刘宇英等译，上海译文出版社

1993年版。

范德成、周豪：《区域高新技术产业化发展》[M]，科学出版社2008年版。

菲吕博腾、配杰威齐："产权与经济理论工作近期文献的一个综述"，载《财产权利与制度变迁》[M]，上海三联书店1991年版。

傅家骥主编：《技术创新学》[M]，清华大学出版社1998年版。

傅家骥等：《技术经济学前沿问题》[M]，经济科学出版社2003年版。

何自力等：《比较制度经济学》[M]，南开大学出版社2003年版。

金鳞洙：《从模仿到创新——韩国技术学习的动力》[M]，新华出版社1998年版。

金炳穆、梁俊杰："韩国国家创新系统的结构及特点"，载《国家创新系统的理论与政策文献汇编》[M]，群言出版社1999年版。

科斯、威廉姆森、阿尔钦等：《财产权利与制度变迁——产权学派与新制度经济学译文集》[M]，上海三联书店、上海人民出版社1994年版。

拉坦："诱致性制度变迁理论"，载《财产权利与制度变迁》[M]，上海三联书店1994年版。

罗伯特·金·默顿：《十七世纪英格兰的科学、技术与社会》[M]，商务印书馆2000年版。

卢现祥主编：《新制度经济学》[M]，武汉大学出版社2004年版。

卢瑟福：《经济学中的制度》[M]，中国社会科学出版社1999年版。

林毅夫："关于制度变迁的经济学理论：诱致性变迁与强制性变迁"，载《现代制度经济学》（下）[M]，北京大学出版社2003年版。

刘常勇：《科技创新与竞争力——建构自主创新能力》[M]，科学出版社2006年版。

李湛、吴涛仁：《走向自主创新——中国现代创新的路径》[M]，上海人民出版社2008年版。

李正风，胡钰：《建设创新型国家——面向未来的重大抉择》[M]，人民出版社 2007 年版。

李钟文，威廉·米勒等：《硅谷优势——创新与创业精神的栖息地》[M]，人民出版社 2002 年版。

诺思：《经济史中的结构与变迁》[M]，上海三联书店、上海人民出版社 1994 年版。

诺思：《制度、制度变迁与经济绩效》[M]，上海三联书店 1994 年版。

诺思、托马斯：《西方世界的兴起》[M]，华夏出版社 1999 年版。

纳尔逊："美国支持技术进步的制度"，载《技术进步与经济理论》[M]，经济科学出版社 1992 年版。

南亮进：《日本的经济发展》[M]，经济管理出版社 1992 年版。

齐建国："技术创新——国家系统的改革与重组"，载《知识经济与国家创新系统》[M]，经济管理出版社 1998 年版。

钱俊生主编：《自主创新与建设创新型国家学习读本》[M]，中共党史出版社 2006 年版。

秦海：《制度、演化与路径依赖——制度分析综合的理论尝试》[M]，中国财政经济出版社 2004 年版。

孙福全等：《主要发达国家的产学研合作创新—基本经验及启示》[M]，经济管理出版社 2008 年版。

史及伟：《中国高新技术产业发展规律研究》[M]，人民出版社 2007 年版。

吴敬琏：《制度重于技术》[M]，中国发展出版社 2002 年版。

汪立鑫：《经济制度变迁的政治经济学》[M]，复旦大学出版社 2006 年版。

王春法：《技术创新政策：理论基础与工具选择》[M]，经济科学出版社 1998 年版。

王滨：《自主创新纵横谈》［M］，上海科学普及出版社2007年版。

谢富纪："典型创新型国家建设的经验与借鉴"，载《自主创新与国家强盛——建设中国特色的创新型国家中的若干问题与对策研究》［M］，科学出版社2008年版。

袁庆明：《技术创新的制度结构分析》［M］，经济管理出版社2003年版。

中央教育科学研究所，《创新教育》［M］，教育科学出版社1999年版。

赵刚、孙健：《自主创新的人才战略》［M］，科学出版社2007年版。

赵建春、张治学等：《技术创新原理及体系构建》［M］，河南人民出版社2002年版。

张铁男等：《企业投资决策与资本运营》［M］，哈尔滨工程大学出版社2002年版。

安卫：《资本主义世界经济二元结构产生根源解析》［J］，《南开经济研究》1999年第2期。

柏振忠：《我国技术引进效率存在的问题探析》［J］，《理论月刊》2007年第8期。

曹洲涛，杨建梅：《现代企业创新新模式——集成创新》［J］，《科技管理研究》2003年第5期。

曹洋、陈士俊、王雪平：《科技中介组织在国家创新系统中的功能定位及其运行机制研究》［J］，《科学学与科学技术管理》2007年第4期。

陈绍红：《政府如何支持企业自主创新》［J］，《北方经济》2006年第22期。

邓天佐：《加强科技创新活动产业化能力建设，构建自主创新型国家》［J］，《中国科技论坛》2009年第3期。

方勤学：《大力支持和开拓源头创新——从物理研究探讨源头创新》［J］，《科技导报》2001年第5期。

郭捷：《重视大学本体功能，做好人才培养工作》[J]，《中国高教研究》2007年第3期。

郭熙保、胡汉昌：《后发优势研究述评》[J]，《山东社会科学》2002年第3期。

郭锦杭：《中国高校科技成果研发及其产业化的法律问题浅究》[J]，《广东行政学院学报》2006年第4期。

郭洪波：《科技成果转化法律制度比较研究》[J]，《政治与法律》2005年第1期。

贾康、罗建钢、赵全厚：《促进我国自主知识产权成果产业化的财政政策研究》[J]，《经济研究参考》2007年22期。

敬志伟：《科技成果转化：建设创新型国家的关键环节》[J]，《红旗文摘》2006年第19期。

金懿：《区域科技创新体系建设中政府功能定位研究》[J]，《理论学习》2008年第3期。

金芳：《国家创新体系的模式比较及其借鉴》[J]，《毛泽东邓小平理论研究》2006年第9期。

鲁克俭：《西方制度创新理论中的制度设计理论》[J]，《马克思主义与现实》2001年第1期。

路甬祥：《立足国情建立国家创新体系》[J]，《中国科学院院刊》2006年第2期。

刘新同：《我国大中型企业R&D活动特点实证分析》[J]，《工业技术经济》2006年第11期。

刘涟、索柏民：《高等院校科技创新成果转化模式研究》[J]，《科技与管理》2002年第1期。

李军、孙启新：《各国孵化器扫描》[J]，《中国高校科技与产业化》2006年第12期。

林强、姜彦福：《中国科技企业孵化器的发展及新趋势》[J]，《科学学研究》2002 年第 2 期。

邱举良、任中保、乔岩：《国家创新体系的演进之路——美日韩三国技术创新模式案例分析与启示》[J]，《科学新闻》2007 年第 3 期。

任秀奎、祝士明：《我国研发转化体系构建模式研究》[J]，《科学学与科学技术管理》2009 年第 1 期。

孙福全、王文岩：《国外社会公益研究状况比较》[J]，《科技潮》2005 年第 6 期。

孙辉：《美国创新型国家的基本特征和主要优势》[J]，《全球科技经济瞭望》2006 年第 8 期。

唐齐千：《企业应成为自主创新的主体》[J]，《上海企业》2005 年第 7 期。

王先庆：《高校科技成果转化：过程与机制》[J]，《深圳大学学报》2001 年第 3 期。

王蕾：《我国科技成果转化中的融资问题》[J]，《经济界》2001 年第 5 期。

王晴：《国外信用担保政策对我国的启示》[J]，《中国物价》2005 年第 3 期。

新望：《技术创新的背后是制度创新——吴敬琏教授访谈录》[J]，《中国改革（综合版）》2006 年第 9 期。

吴敬琏、范世涛：《技术创新的制度基础是现代市场经济体制》[J]，《当代经济》2008 年第 8 期。

吴坤：《我国高技术成果转化的制度性障碍分析》[J]，《科技情报开发与经济》2007 年第 8 期。

夏益俊：《企业创新的政府定位》[J]，《中国中小企业》2007 年第 8 期。

徐冠华：《重视基础研究，推动原始性创新》[J]，《中国科技奖励》2001 年 2 期。

徐朝阳:《专利制度与创新:争抢及进展》[J],《经济社会体制比较》2009年第1期。

约瑟夫·斯蒂格利茨:《创新的制度设计》[J],《财经》2007年第6期。

阎维洁:《浅析我国国家创新体系模式的特点及其构建》[J],《全球科技经济瞭望》2007年第1期。

杨宁:《基于原始创新的一流大学》[J],《现代教育科学(高等教育)》2001年第5期。

严建新:《原始性创新综议》[J],《发明与创新》2003第5期。

余日昌:《西欧国家的创新个性》[J],《世界经济与政治论坛》2006年第6期。

余佳群,王晓辉:《我国企业研发联盟产生的动因分析》[J],《辽宁工业大学学报(社会科学版)》2008年第5期。

郑传锋:《国家创新体系建设中的政府职能定位》[J],《经济师》2003年第5期。

张婵爱、王向荣、冯有斌:《加强原始性创新促进基础研究的发展》[J],《山西高等学校社会科学学报》2002年10期。

张纪:《开放环境下的我国集成创新战略》[J],《科技创业月刊》2007年第7期。

朱国华、姜林:《对中国科技企业孵化器发展方向的探索》[J],《中国科技成果》2007年第7期。

姜波:《中国技术引进问题与对策研究》[D],2002年哈尔滨工程大学硕士学位论文。

李冬梅:《现代化进程中农业园区制度结构的研究》[D],2004年浙江大学博士论文。

王凤丽:《技术引进政策对经济增长的作用研究》[D],2004年天津财经大学硕士学位论文。

杨坤:《论中国技术引进的机制》[D],2001年东北财经大学硕士学位论文。

《大学如何培养创新型人才》[N],《江西日报》2007年3月12日。

《芬兰的国际化科技创新道路》[N],《科技日报》2007年11月9日。

《密切关注,积极应对——对"智慧地球"的分析和认识》[N],《中国经济时报》2009年7月28日。

《日本企业技术研发投入持续增加 同比增长3.4%》[N],《南方日报》2004年9月9日。

《日本:政府扶持 努力促进科研成果产业化》[N],《北京青年报》2004年11月21日。

《提高研发效率中国科技实力才会跃升》[N],《科学时报》2007年12月28日。

《我国高科技企业的股权激励与研发支出分析》[N],《证券市场导报》2008年10月号。

《源头创新:原始性+唯一性》[N],《科学时报》2001年5月27日。

《制造业为主国家,大学生自然找不到好工作》[N],《中国青年报》2008年4月18日。

白万纲:《如何实施研发体系的管控?》[DB],中国研发管理网,http://www.chinardm.com/info/html/200907296885.html

《08年企业研发费用前50名日企占据13席》[DB],中新网,2009年11月17日,http://news.kantsuu.com/200911/20091117105414_165423.shtml

《芬兰研发投入占GDP比例全球第三》[DB],新华社,2005年12月8日,http://intl.ce.cn/gjzx/oz/finland/jjsj/200706/21/t20070621_11867825.shtml

《韩国研发投入进入世界前十》[DB],科技部门户网站,2007年01月16日,http://www.most.gov.cn/gnwkjdt/200701/t20070115_39666.htm

《科技中介是技术成果转化的关键环节——访北京中科前方生物技术研究所所长蒋佃水教授》[DB],中国经济网,2005年10月31日,http://

www. ce. cn/macro/home/tszl/xhft/fangtan/200511/01/t20051101_5082763. shtml

金德万:《如是我闻丛札·正式制度与非正式制度》[DB],中国社会科学院网站,http://www. cass. net. cn/file/2004122829925. html

《美国人才引进的政策机制分析》[DB],联合早报网,2007 年 6 月 11 日,http://www. zaobao. com/special/forum/pages5/forum_us070611. html

《秦绍德:人才培养是衡量大学办学质量的核心标准》[DB],中国教育报,2009 年 3 月 17 日,http://news. xinhuanet. com/edu/2009 - 03/17/content_11025964. htm

《日本的科技投入未受严峻经济形势的影响》[DB],科技部门户网站,2009 年 02 月 19 日,http://www. most. gov. cn/gnwkjdt/200902/t20090218_67477. htm

《实施自主创新战略,建设创新型国家》[DB],《董事会》,2007 年 11 月 14 日,http://finance. sina. com. cn/economist/jingjiguancha/20071114/15594173839. shtml

《生物技术成为芬兰经济新动力》[DB],人民网,2000 年 9 月 15 日,http://www. people. com. cn/GB/channel2/19/20000915/234929. html

《我国科技人力资源总量已达 4200 万》[DB],新华网,2008 年 4 月 29 日,http://news. qq. com/a/20080429/003630. htm

《我国规模以上工业企业申请专利比例不足 10%》[DB],新华网,2008 年 03 月 17 日,http://news. sohu. com/20080317/n255749638. shtml

《涉嫌专利产品疑遭仿冒 MP3 外观成被告昨天开庭》[DB],新华网广东频道,2006 年 3 月 28 日,http://www. gd. xinhuanet. com/newscenter/2006 - 03/28/content_6586968. htm

《中科院举行"坚持科教结合,培养创新人才"研讨会》[DB],中央政府门户网站,2008 年 12 月 4 日,http://www. gov. cn/gzdt/2008 - 12/04/content_1167769. htm

也算后记

2004年,我"受命"担任广州市社会科学院软科学研究所所长,开始了"半间房、一杆枪"的"空头所长"和"光杆司令"生涯。在当今这个十分讲究学术专业分工、人们热衷于跑马圈地各占山头画地为牢的学术江湖里,我以哲学文化研究的专业背景、十年杂志主编的职业经历,陡然转入自己完全不熟悉的科技政策、自主创新这类"软科学"研究领域,感觉像是经历了一场学术的"发配"和科研的"充军"。而且,由于在那个众所周知的"文化酱缸"里浸泡得太久,身负着许多说不清、道不明的舆论压力,也就时常成为一些自命的"公共知识分子"们的"评价"对象,这既让我深切感受到什么叫"祸从口出",也让我真切体会到谁是冠冕堂皇的"真小人"!时光虽已转过了六个年轮,但每每回想起当时的彷徨、愤懑、困惑与痛苦,仍有清晰如昨之感。

好在我天生就是一个不服输的人,身上有股子湖南人的犟脾气。既然非要赶着鸭子上架,那我就硬着头皮上马。抱着"死马当做活马医"的想法,我觉得如果不做出一番样子出来,那就真是对不起自己,也对周围的朋友不好交代了。几年来,我放下编辑的挑剔眼光,重新回归研究者的角色,先学习理论再研究课题,先做参与者再做组织者,几乎是从头再来,一步步迈入软科学研究的领域。谁曾想,"发配"和"充军"固然同时会伴随着心灵的煎熬,也带来了一些知识的积累与学术的长进。现在,我可以理直气壮地对自己说,六年的心血和努力,我没有白费;我曾经辛勤地耕耘过,但我也有了较

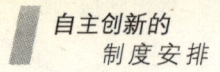

好的收成。

其实,按照"软科学"的原初定义,当今中国各类研究机构所从事的应用性研究,都可以归属到软科学研究的范畴。我虽然在学术资历上是"老骥伏枥",但在软科学研究领域仍是"初生牛犊",因此也就没有了"通吃"的学术雄心。我谨慎地选择了相对狭窄的科技政策研究作为突破口,以便与国家科技系统的"软科学计划项目"相对接,最终找到了"别有洞天"的研究感受。在担任软科学所长的六年里,我策划、参与和组织了众多的研究课题,形成了具有相对优势的研究品牌。这其中,既有广东省政府决策咨询委托课题如"建立和完善市场经济条件下区域科技创新体系建设",也有广州市软科学计划课题如"增强广州科技中心城市地位"、"广州市区(县)科技合作调研与对策"以及"关于提高广州自主创新能力的若干研究"等;既有广州市领导交办课题如"广州建设创新型城市评价考核体系"、"关于提升广州科技创新动力的对策研究"、"广州创新型城市的发展目标与对策"等,也有广州市社科院立项课题如"国际金融危机对广州高新技术产业的影响"、"金融创新推动科技创新的对策建议"、"广州创新型城市的评价体系和比较研究"等;在繁忙的应用对策课题研究之余,我还应邀参与了广州市委、市政府组织的多次政策调研和专家咨询活动。

近几年来,"提升自主创新能力"、"建设创新型国家"成为引领我国未来发展的基本国策。但"自主创新"、"创新型国家"等一旦成为国策和口号,便会引来许多媒体竞相炒作,闹得鼓角争鸣。作为研究者,我们自然不必去趟这潭浑水。我在应用对策研究中时常感到,虽然人们对自主创新一类的话题似乎都耳熟能详,但许多基础的概念和理论问题,学术界其实并没有做出清晰的界定,更没有形成系统的研究成果。而我本人系"被转行"的非科班出身,确实需要进行基础理论的研究和专业知识的积累,为进一步的研究打好基础。基于这个原因,我萌生了以"制度重于技术"为原则,对自主创新与制度创新的相关基础理论问题进行系统研究的想法,这个想法虽然大胆了一些,但它对学术的积累、学科的发展特别是对于拓展我本人的研究视野来说,都无疑是一项非常基础性、也非常重要的工作。如果说这套《科技与制度创新研究丛书》有什么来由的话,其渊源与动机盖出如此。

《自主创新的制度设计》是《科技与制度创新研究丛书》的第一卷,主要立足于"制度重于技术"的原则,力图解释清楚为什么科技资源禀赋接近的国家,科技发展的水平会有很大的不同?本书在假设科技发展的其他条件基本一致的前提下,将制度设计作为科技创新的主导力量之一,既论述了自主创新的三个类型即原始创新、集成创新、引进消化再创新的不同制度需求,也论述了自主创新的三大阶段即研发阶段、孵化阶段和市场阶段的制度偏好,还提出了相关的制度设计建议。从目前的资料看,本书是国内第一本以"自主创新和制度设计"为主题的著作,无论是对于学科建设和学术积累,还是对于实际的应用与操作,都无疑具有一定的意义。

值得提出的是,本书是众多同行共同商议、集体合作的研究成果。最早由我提出课题的设想和写作的框架,然后大家分工写作。具体分工如下:涂成林:第一章、第二章、第三章、第五章、第九章、第十章、第十二章;梁加宁:第六章、第十一章;易卫华:第七章、第八章;曾恒皋:第四章。在收到其他各章的初稿后,我进行了初审并提出了各章的修改建议;待修改稿汇总后,我又利用出国访学的机会,对全部稿件进行了终审。由于水平所限,我们无法穷尽本书所应该涵盖的全部问题,也对所涉问题的解读和论述也难免存在不尽如人意之处,这些需要我们在今后的研究中逐步解决。我们计划在推出丛书的第一卷之后,继续努力,推出该丛书的其他各卷,使之形成系统的研究成果。

书稿一旦出版,就成为社会的公共产品,我们便再也无力左右它的命运;坦率地说,人们对这部书稿如何评说,我既不会太在意,也不抱乐观的预期。纵观当下的学术"江湖",以应用咨询对策研究的形式穿行于政府坊间,以专家学者大师泰斗的名头出台于大学机关,的确是令时下许多识时务的研究者趋之若鹜、名利双收的好事。就算百事不为,坐而论道,空耗光阴,也可以赚个"大隐于市"的噱头,在一些不明真相的人那里博得个"名士"的江湖地位；如果偶尔发点高论，就算不做"学问"，仍然可以靠着年轻时的小册子，借助于港澳媒体炒作"出口转内销"自封个"君子"的虚名法号。显而易见，在当下这种熙熙攘攘、利来利往的学术市场"假象"下，如果有人还醉心于研究"学问"甚至还求爷爷告奶奶申请出版经费乃至于"倒贴钱"出书，肯定有"非傻即痴"之嫌。说你是智商低、本事差、不会玩，那的确是客观中肯的求实之论；倘若有人说你干的是前人栽树、为人作嫁、累死活该的蠢事，那简直是让人无比感动的好心劝告了。

在近30年的工作经历中，我多多少少也做了些"拓荒"的壮举。我深知所谓"开拓、创新"的悲壮无助，也深知"前人栽树，后人乘凉"的人生三昧。但我就是这样一个顽固不化的人：哪怕干一件小事，总希望尽可能做到完美，不仅把自己累了个贼死，也让身边的同仁累得东倒西歪。记得早几年曾有机会经常赴国外访学，这本是一个修身养性的好机会，我仍然不甘寂寞，自得其乐，捣鼓出这个"游记"、那个"新闻"，甚至还有"多棱镜"一类的闲聊作品。为了自娱和自欺，还经常编排出"不要浪费生命"的豪言壮语。看来是江山易改，本性难移。人生如此，夫复何求？

牢骚发过之后，还是应该说几句客气话。首先要感谢我原工作单位广州市社会科学院的领导，特别是李江涛、蒋年云诸君，他们给我提供了能充分积累本书素材的研究平台和相对优裕的研究条件。感谢广州市宣传文化出版资金的支持以及我所在单位广州大学的领导和同事们，他们的支持、鼓励和肯定为本书的完成和出版提供了基础和动力。最后还得说一句，本书如果有些价值，确实得益于诸多前辈和同行们的研究成果；倘若本书有什么不足，当然得由我来文责自负。谁让我是这套丛书的始作俑者呢。

涂成林

二〇一〇年十月于广州自如斋